D0842181

LA TENDRESSE

SYLVIE CONSOLI

LA TENDRESSE

De la dermatologie à la psychanalyse

Odile
Jacob

« À cette cause [l'apprentissage] le commerce des hommes y est merveilleusement propre [...] pour frotter et limer notre cervelle contre celle d'autruy. »

Montaigne, *Essais*,
Livre I, De l'institution des enfants.

« À trop s'attendrir sur l'âme d'autrui, le psychanalyste ne risque-t-il pas de perdre son âme ? »

Raymond Cahn, *La Fin du divan ?*

Aux malades dont les rencontres m'ont suffisamment touchée pour me pousser à vivre et à penser autrement ma pratique de la psychanalyse et à la modifier un peu chaque fois...

À mon mari,
À mes enfants,
À mes parents,
À tous ceux qui m'accompagnent,
Avec tendresse.

Avant-propos

Souvenirs, souvenirs...

J'ai entrepris des études de médecine après avoir songé à faire des études d'histoire et alors que ma mère, pour différentes raisons, n'avait pas pu accéder au souhait de son propre père, mourant, à savoir qu'elle devienne... médecin. Les études médicales ne m'ont guère enthousiasmée. Je trouvais, déjà, qu'on y parlait beaucoup d'anatomie, de biochimie, de physiologie et peu... des malades eux-mêmes.

Cependant deux rencontres ont été certainement déterminantes dans la poursuite de ces études qui s'étaient révélées, au bout du compte, assez décevantes pour moi. Celle d'un professeur de médecine interne, le Pr Fred Siguier, qui exerçait son art, alors qu'il était devenu aveugle, avec la seule parole et le seul toucher, et qui diagnostiquait, encore, avec élégance, des maladies que ses jeunes collaborateurs avaient parfois méconnues. Je me souviens, tout particulièrement, d'une jeune femme souffrant d'un lupus érythémateux disséminé (maladie générale auto-immune avec des auto-anticorps dirigés contre l'ADN, un des constituants du noyau des cellules et comportant entre autres des lésions cutanées) à laquelle il s'était adressé avec tact et respect. Celle d'un petit homme moustachu, un vrai titi parisien, intelligent et spirituel, journaliste, passionné de littérature, qui se mourait, les membres inférieurs grignotés par la gangrène, dans une salle commune d'une quarantaine d'hommes à l'hôpital Tenon. C'était l'un de mes premiers stages d'externe des hôpitaux et j'étais terriblement bousculée par des aspects de la vie des hommes que je n'avais jamais imaginés ! Chaque matin, ce malade et moi nous parlions littérature et histoire et nous échappions ainsi, tous les deux, au malheur et au sordide ambiants. Chaque matin aussi, comme le voulait ma fonction d'externe, je l'examinais et je palpais donc les artères de ses membres inférieurs, qui ne battaient presque plus, ainsi que la peau froide et violacée de ses jambes. Je pouvais voir ainsi progresser jour après jour les stigmates de la gangrène. Une des jambes de ce malade fut coupée, puis l'autre. Un matin, en arrivant dans « ma » salle, son lit, dans un coin près de la fenêtre était vide... je n'avais pas pu, pas su (?) lui dire adieu.

Déjà, en ces deux souvenirs, se mêlaient la parole, le toucher, la tendresse et la peau.

Plus tard, lors d'un stage choisi surtout parce qu'il se tenait dans un hôpital proche... d'un jardin et... de mon domicile parisien où, jeune mariée, ayant quitté les bords de la Seine, je venais de m'installer, je découvris, avec soulagement, la dermatologie. Avec soulagement parce que, tout à coup, il me devint évident que j'aimais m'occuper de la peau. La peau m'apparaissait comme un organe différent des autres. Elle renvoyait, beaucoup plus que l'estomac ou le poumon, au sujet tout entier et je pouvais aussi, beaucoup plus fréquemment que dans les autres spécialités médicales, partager avec les malades dermatologiques, les démarches diagnostique et thérapeutique. Nous nous penchions ensemble sur leur peau malade ; les soins que je leur prodiguais étaient facile-

12

ment relayés par les malades eux-mêmes ; je percevais aussi, plus ou moins confusément, qu'en touchant et en soignant la peau abîmée de mes malades, je leur apportais, en même temps, un certain apaisement et, donc, un soin psychique. Je me souviens que, lors d'une consultation au cours de laquelle je m'étais penchée sur le genou rouge et suintant d'une petite fille effrayée, je m'étais sentie envahie par un sentiment de tendresse et de compassion lié au brutal surgissement de l'image de ma mère nettoyant tranquillement la plaie d'un de mes genoux pendant que mes pleurs s'arrêtaient. Je rencontrais aussi des malades souffrant de maladies des muqueuses (buccale, génitale, anale) et de maladies sexuellement transmissibles. Ces maladies sont, en effet, rattachées à la dermatologie. Le chef de service de mon premier stage de dermatologie, le professeur Jean Hewitt, fut, d'ailleurs, je crois, le premier dermatologue (et peut être même médecin) à s'intéresser aux maladies de la vulve.

Les malades que je rencontrais, en dévoilant leurs maladies dermatologiques, dévoilaient donc des souffrances qui pouvaient être exposées au regard d'autrui, mais qui étaient aussi secrètes et liées à l'intimité. Il m'apparaissait évident qu'il était impossible de réduire ces malades à leur peau malade. Bien au contraire, ils prenaient de l'épaisseur : celle de leur vie affective et psychique, celle de leur subjectivité.

C'est alors que j'étais déjà dermatologue que je me suis lancée, sur les conseils du psychiatre et psychanalyste Louis Dujarrier, dans l'inconnu : une psychanalyse, afin de trouver des voies de compréhension et une issue à des difficultés personnelles. Au fur et à mesure de la progression de mon propre travail analytique, je m'autorisais à exercer la médecine, et plus particulièrement la dermatologie, comme, en fait, je le désirais depuis toujours,

13

c'est-à-dire en privilégiant la rencontre avec un homme, une femme ou un enfant malade. Je prenais donc le temps d'écouter ce que les malades avaient à me dire de leur maladie cutanée, mais aussi d'eux-mêmes. Enfin, je quittai, naturellement ai-je envie de dire, la pratique de la dermatologie pour celle de la psychanalyse en même temps que je commençai, puis que je poursuivais ma formation de psychanalyste, d'abord hors toute institution, avec le psychanalyste, membre de la Société psychanalytique de Paris, Sidney Stewart (dont la phrase : « Sylvie, quand c'est difficile avec un patient, écris », me guide toujours dans mes élaborations cliniques), puis au sein de la Société psychanalytique de Paris. Les traces laissées par ma pratique de la dermatologie et par l'attention que j'ai portée à la peau de mes malades dermatologiques, sont inscrites en moi. Elles ont influé ma façon de penser la psychanalyse et les psychanalystes ainsi que ma propre pratique de la psychanalyse.

Ainsi, il est évident pour moi que la psychanalyse n'est ni une théorie, ni une pratique désincarnée, ni une démarche « intellectuelle » séparée de la vie. Daniel Widlöcher, psychiatre et psychanalyste français, a écrit, dans un article intitulé « L'hystérie dépossédée » : « La psychanalyse n'est pas une expérience en champ clos [...]. Elle se joue parallèlement à la vie. Et c'est cette dernière, en définitive, qui offre les moyens pour que s'organise une nouvelle manière de vivre et de jouir [1]. »

* * *

Toute jeune psychanalyste exerçant dans un service de médecine interne, j'avais été amenée à participer à la constitution dans ce service de ce qu'il est convenu d'appeler un groupe de paroles. Ce groupe réunissait, une fois par mois, en ma présence, différents membres du personnel soignant de ce service. Ces derniers pouvaient ainsi exprimer leurs difficultés relationnelles avec les malades et les familles des malades, ainsi qu'avec leurs collègues et tenter d'en comprendre les ressorts.

Lors d'une des réunions de ce groupe, une jeune élève infirmière se désespérait de n'avoir rien pu faire pour un malade en fin de vie. Au détour de sa plainte, elle rapporta incidemment qu'elle avait tenu au creux de ses deux mains la main glacée de son malade jusqu'au dernier souffle de ce dernier. Je lui dis alors qu'à mon avis elle avait fait beaucoup pour son malade. Son étonnement à mes propos fut de courte durée. En effet, elle se souvint brutalement à cet instant d'une sensation très forte : la main de son malade s'était réchauffée et celui-ci, si angoissé les heures précédant ce contact, était mort tranquillement.

Ce bref échange avec cette jeune élève infirmière m'a laissée perplexe et vaguement inquiète : le toucher risquait donc d'être oublié, considéré comme dépassé, voire méprisé par les soignants eux-mêmes alors que déjà, dans notre société occidentale industrialisée, son champ semble se réduire comme une peau de chagrin, au fur et à mesure que les moyens d'expression des individus, leurs modes de communication se diversifient, les distances s'abolissent et le temps s'accélère... Or, par le toucher, de notre naissance à notre mort, nous nous ouvrons au monde, nous en explorons les différents domaines. Nous ne croyons aussi longtemps à la réalité des choses du monde qu'en les touchant, comme George Bailey, alias James Stewart, qui, dans *La vie est belle*, un film de Frank Capra réalisé en 1946, croit enfin à la réalité de... son ange gardien, Clarence, en le touchant...

Le toucher, en tant que sens du tact assuré par la

peau, est non seulement fondateur de l'individu lui-même, mais aussi de la relation des individus entre eux et souvent indispensable à la poursuite et à l'approfondissement de cette relation. Dès sa naissance ou dès les premiers moments de vie, le petit d'homme est enveloppé par les échanges tactiles, avec principalement, le personnage maternel, et ces échanges sont très importants pour que, entre autres, ce petit d'homme devienne un individu adulte autonome. Devenu autonome, il n'en restera pas moins tout au long de sa vie en relation avec les autres. Comme le dit André Green, psychanalyste français, « ce qui différencie l'homme de l'animal, ce n'est pas le langage seulement ; dans aucune espèce, l'action de l'autre semblable n'a autant de place. L'interaction entre un homme et un autre, entre congénères, a des conséquences psychiques incalculables. C'est la relation mère-enfant, la relation d'objet, l'Œdipe structural, etc. [2] » Les échanges tactiles médiatisent en grande partie la relation de tout individu avec l'autre, selon des règles propres au milieu socioculturel de cet individu. Ces échanges favorisent ainsi l'amorce et le développement de la relation intersubjective en permettant le rapprochement physique et émotionnel entre deux individus.

* * *

Le toucher entretient avec mes deux formations, celle de dermatologue et celle de psychanalyste, des relations contradictoires : il est au cœur de la pratique dermatologique, que ce soit dans une démarche diagnostique, comme dans une démarche thérapeutique, alors qu'il est interdit dans la pratique psychanalytique. Or, loin de me sentir déchirée par ces relations contradictoires, j'ai pris, au fil du temps, conscience de l'importance pour moi et

16

mes patients, de rassembler en moi-même les liens qui unissent le toucher et la parole, la dermatologie et la psychanalyse, la peau et le psychisme.

Parmi tous ces liens, la tendresse est, à mon avis, l'un des plus fondamentaux. D'un point de vue étymologique, elle renvoie à l'idée d'enfance avec la notion de fraîcheur, exprime le caractère de ce qui se laisse entamer, s'étend au domaine des sentiments (« être touché, attendri »). L'adjectif « tendre », dont provient le nom « tendresse », est, lui, à rapprocher de la famille de *tendere*, « rendre droit », (« déployer » et, au figuré, « diriger vers », « avoir tendance à ») et de la famille de *tenere* (« avoir quelque chose dans la main », « tenir », et aussi « garder à l'esprit », « durer », et... « se souvenir »)[3]. Mais la tendresse, aussi étrange que cela puisse paraître, est aussi un concept psychanalytique. Elle apparaît dans le fameux *Vocabulaire de la psychanalyse* de Jean Laplanche et Jean-Bernard Pontalis entre le concept de « Technique active » et celui de « Thanatos »[4].

Selon Freud, l'amour, quand il se développe harmonieusement, réunit deux courants, le courant tendre et le courant érotique. Toutes les formes du désir concernent alors le même objet d'amour et permettent à la satisfaction sexuelle de ne pas éteindre le désir. Freud affirme aussi que le courant tendre est le plus ancien, qu'il est lié au besoin des fonctions corporelles nécessaires à la conservation de la vie du sujet (comme la faim, par exemple) et qu'il est dirigé vers les personnes (la mère, en particulier) qui donnent les soins à l'enfant[5]. Et, en effet, comme nous le verrons plus loin, la tendresse naît de la peau. Anatole France l'avait très bien noté, qui écrit : « La pitié est dans les entrailles comme la tendresse est sur la peau[6]. » La tendresse se construit dans la relation de corps à corps, de peau à peau entre l'enfant et la mère.

Elle emprunte le plus souvent, encore à l'âge adulte, pour s'exprimer, le toucher dans ses deux acceptions, corporelle et psychique (on a, par exemple, un geste tendre), même si on peut parler d'un regard ou d'une parole tendre (mais, bien souvent, on joint le geste à la parole...). La tendresse est ce qui porte un individu vers un autre, ce qui favorise la rencontre de deux subjectivités.

Dans la relation analytique, avec des patients dont les échanges infantiles corps à corps, peau à peau avec la mère ont été insuffisants ou dysharmonieux, marqués par de brutales alternances, faites de rejet et de trop grande proximité corporelle, le psychanalyste doit construire ce qui a fait défaut : un lien d'attachement nourri de tendresse. Ce sera le préalable au travail psychanalytique traversé par la sexualité infantile. De toutes les façons, dans une séance d'analyse, on parle beaucoup d'amour : de l'incapacité des patients à aimer et à être aimés, de l'amour de transfert, du côté de l'analysant, moins souvent de l'amour de contre-transfert du côté du psychanalyste... Tendresse et sexualité sont complémentaires et entretiennent entre elles une relation dialectique.

Que la tendresse soit au cœur de la pratique psychanalytique n'est pas étrange si l'on considère que cette pratique nécessite ce que le concept de tendresse rassemble en lui-même d'un point de vue étymologique : fraîcheur... quant aux positions théoriques et pratiques, quant aux sentiments ; capacité à se laisser entamer... par les idées, les sentiments des autres et les siens ; capacité à tenir, le plus souvent bien sûr, psychiquement le patient pour lutter, par exemple, contre la menace d'un effondrement de ce dernier (on retrouve le « holding » cher à Donald W. Winnicott, c'est-à-dire la capacité du psychanalyste à contenir psychiquement son patient comme une mère contient physiquement et psychiquement son bébé); capacité, enfin, à se souvenir...

Bien évidemment, la technique analytique impose au psychanalyste, selon les propres termes de Sigmund Freud, « l'obligation de refuser à la patiente avide d'amour la satisfaction qu'elle réclame ». Un peu plus loin, pourtant, Sigmund Freud ajoute : « Certes, il faut bien accorder quelque chose, plus ou moins suivant le cas et la personnalité du malade, mais il n'est pas bon d'exagérer dans ce sens [7]. » Tout est donc affaire de... tact. Pour ma part, j'attache une grande importance à la capacité d'un psychanalyste à se laisser attendrir par un patient, non pas seulement dans le sens habituel de ce terme (« s'attendrir »), mais aussi dans celui de se laisser entamer par l'autre. C'est-à-dire déformer, changer. Comme si tout changement du patient, par un travail analytique visant à affaiblir ses résistances intérieures à guérir, passait par la capacité de l'analyste lui-même à changer avec son patient et à garder l'empreinte de ce changement tout au long de sa vie d'analyste et même de sa vie, en général... Peut-être mon métier de dermatologue m'a-t-il tout particulièrement confrontée à des patients dont les maladies peuvent être l'expression d'un manque de tendresse et bouleversent l'expression de la tendresse. Ces patients attendent d'abord de la part du dermatologue lui-même, bien souvent, la restauration de la tendresse perdue. Une telle restauration initiera bien souvent la dynamique de changement vers un mieux-être corporel et psychique.

Chapitre premier

À LA SURFACE

La peau n'est pas du tout un organe comme les autres, que l'on répare quand il est malade et dont on attend un fonctionnement silencieux et même invisible. Elle est non seulement l'organe du toucher, dont elle est à la fois le contenant et le support, mais l'organe privilégié, visible, de la vie de relation, le lieu de naissance de la tendresse, la limite de l'individu et la représentante de la limite de son espace psychique. Quand Guy de Maupassant dit de Rose, une fille de ferme, « ces questions [à propos d'un éventuel amoureux] lui entraient dans la peau comme des épingles [1] », on comprend qu'il fait référence, en fait, à l'effraction psychique douloureuse que ces questions provoquent chez Rose... De même, quand une jeune femme est angoissée lorsqu'on la touche, craignant, dit-elle, d'être envahie et débordée par les sentiments d'autrui et craignant de ne pas pouvoir contenir ses propres sentiments, on se doute que ce qui apparaît à cette jeune femme facilement pénétrable, ce n'est pas sa peau mais l'enveloppe imaginaire de son espace psychique. Comme le dit Paul Valery dans les *Cahiers*, « l'homme n'est l'homme qu'à sa surface. Lève la peau, dissèque : ici commencent les machines. Puis tu te perds dans une substance inexplicable, étrangère à tout ce que tu sais et qui est pourtant essentielle [2]. »

Une protection indispensable

La peau assure de multiples fonctions nécessaires à la survie de l'individu. C'est une enveloppe résistante, imperméable, qui protège contre les agressions extérieures (mécaniques, solaires, thermiques, microbiennes, chimiques). La peau est d'ailleurs appelée aussi tégument, dérivé du latin *tegumentum* qui signifie « couverture ».

– *Une barrière contre le soleil.* La peau oppose aux radiations ultraviolettes une barrière protéique concentrée dans la couche cornée (la kératine) et une barrière mélanique (la mélanine) dispersée dans l'épiderme. Cette barrière mélanique est plus ou moins importante selon la couleur de la peau. Chez l'albinos, son absence laisse la peau sans défense face au soleil, ce qui provoque l'apparition de cancers cutanés et un vieillissement cutané précoce.

– *Un isolant contre les variations de température.* La peau, grâce aux vaisseaux situés dans le derme, à la graisse de l'hypoderme et aux glandes sudoripares, participe à la régulation thermique de l'organisme permettant à l'homme de maintenir sa température constante même si la température extérieure change...

– *Une défense contre les infections.* La peau assure la défense immunitaire de l'organisme, en particulier contre les agents infectieux et contre les proliférations tumorales qui la concernent, et initie donc, par l'intermédiaire des cellules de Langerhans situées dans l'épiderme, cellules clefs de l'immunité cutanée, la production d'anticorps dirigés contre les substances étrangères à l'organisme (les antigènes).

– *Un imperméable presque étanche.* La peau a été longtemps considérée comme absolument imperméable et, en effet, elle s'oppose à la perte des fluides de l'organisme et elle constitue, grâce à la kératine, une barrière contre la pénétration des liquides, gaz et solides extérieurs (on peut se baigner en toute tranquillité !). Cependant, actuellement, on sait que la peau est perméable pour certaines substances. Cet aspect a renouvelé l'approche cosmétologique de la peau elle-même ainsi que l'approche thérapeutique générale. Ainsi, la voie percutanée est une voie de plus en plus souvent utilisée en thérapeutique (en particulier, pour les traitements hormonaux). La pénétration cutanée s'effectue par les orifices des annexes cutanées, à travers les kératinocytes ou entre ceux-ci. Elle varie donc selon l'intégrité de ces cellules, ainsi que selon la nature de l'excipient, le mode d'application de la substance (sous occlusion ou non par exemple) et son lieu d'application (dans les plis par exemple).

– *Un réservoir essentiel.* La peau a un rôle métabolique : elle synthétise la vitamine D ou vitamine antirachitique, sous l'influence des rayons ultraviolets B. En outre, l'hypoderme, grâce au tissu adipeux, constitue le plus grand réservoir d'énergie de l'organisme [3].

Les trois tissus de la peau

La peau est l'organe le plus étendu (2 m² de surface) et le plus lourd (4 kg) du corps. Son épaisseur est de 2 mm en moyenne. La peau n'est pas la même partout : ses différentes épaisseurs et les répartitions différentes de ses constituants

23

induisent des touchers différents. Elle est constituée de trois tissus superposés. De l'extérieur à l'intérieur, ce sont :

L'épiderme. C'est un revêtement non vascularisé, formé à 80 %, de kératinocytes. Ces cellules, fortement attachées entre elles et au tissu sous-jacent, se différencient en fabriquant la kératine. La couche la plus externe de kératinocytes, la couche « cornée », faite de kératinocytes qui desquament, est réduite au niveau des muqueuses : lèvres, parois nasales, organes génitaux externes, anus.

Autres cellules présentes dans l'épiderme : les cellules de Langerhans, véritables sentinelles du système immunitaire, qui captent toute substance reconnue comme étrangère à la peau et à l'organisme, puis vont la présenter à des globules blancs spécialisés dans la réponse immunitaire : les lymphocytes ; les mélanocytes qui fabriquent un pigment, la mélanine (du grec *melas*, « noir »), qui protège les cellules cutanées du rayonnement solaire ; et les cellules de Merkel, qui appartiennent au système nerveux.

L'épiderme est extensible, il résiste aux étirements, aux dépressions, aux frottements. Il est attaché solidement au tissu sous-jacent (le derme) par une structure très complexe (la jonction dermo-épidermique).

Le derme. C'est un tissu conjonctif, traversé par un très grand nombre de vaisseaux avec de nombreuses communications artério-veineuses appelées « anastomoses » et des connexions avec le système nerveux cutané qui permettent l'adaptation de la circulation sanguine à la température extérieure. Le derme renferme, baignant dans une substance fondamentale, des cellules (les fibroblastes) qui synthétisent les fibres de collagène et les fibres élastiques. Il est, lui aussi, extensible et élastique, et protège les réseaux vasculaires et nerveux qu'il renferme des divers traumatismes.

L'hypoderme. C'est un tissu adipeux, vascularisé et innervé, qui contient, dans du tissu conjonctif, des fibroblastes, cellules appelées ici préadipocytes et de nombreux adipocytes, cellules dont l'espace intérieur est rempli par une grande vacuole bourrée de triglycérides. Le tissu adipeux a plusieurs fonctions essentielles : réservoir énergétique, réserve hormonale (les androgènes s'y transforment en œstrogènes), « manteau » thermique et, enfin, amortisseur en cas de choc venu de l'extérieur – il protège les réseaux vasculo-nerveux et les différents organes internes.

La peau est capable de maintenir son intégrité et de continuer à jouer ces différentes fonctions grâce à ses capacités à réguler sa teneur en eau et à s'autoréparer (la « cicatrisation »). La teneur en eau diminue avec le vieillissement cutané. Toutefois, il est intéressant de remarquer que l'application d'une crème hydratante permet, outre ses effets cosmétiques, d'augmenter, chez le sujet âgé, la sensibilité cutanée et, en particulier, la capacité de discrimination tactile. Il est aussi intéressant de noter qu'une lésion cutanée va mettre plus ou moins de temps à cicatriser selon que le sujet est plus ou moins « stressé ».

Les secrets de la cicatrisation

On a étudié deux groupes de treize femmes chacun, appariées selon l'âge et le milieu socioculturel. Dans l'un de ces groupes, les treize femmes s'occupaient d'un proche souffrant d'une maladie d'Alzheimer. Chez toutes les femmes des deux groupes, on a pratiqué une petite biopsie cutanée. Cette biopsie a mis significativement plus de temps à cicatriser dans le groupe des treize femmes qui s'occupaient d'un proche souffrant d'une maladie d'Alzheimer[4]. Une autre étude a été réalisée chez des étudiants dont on avait coté le stress lors de trois périodes de leur vie scolaire : pendant les examens, au retour des vacances d'hiver et quatre semaines avant les examens. Lors de ces trois périodes on a plusieurs fois appliqué sur la même zone cutanée de ces étudiants un ruban adhésif. La peau ainsi agressée a vu sa

25

perméabilité augmenter. On a donc mesuré le temps mis par la peau à cicatriser en mesurant le temps mis par la perméabilité cutanée à diminuer. Il a été ainsi constaté que le temps de cicatrisation était significativement plus long chez les étudiants, en général, lors de la période de stress maximum (c'est-à-dire lors de la période des examens) ainsi que chez les étudiants, en particulier, dont les scores de stress étaient les plus élevés pendant la période des examens [5].

Un tissu vivant, mais qui s'use

La peau est vivante et, comme tout organisme vivant, elle vieillit et elle meurt. Nous ne pouvons pas, toute notre vie, garder notre « peau de bébé », son éclat, sa souplesse, son velouté, sa douceur (encore que... la peau de bébé est souvent sèche et cette sécheresse cutanée s'aggrave avec les bains quotidiens que les mères se sentent parfois obligées de donner à leurs bébés...). Nous ne pouvons pas, non plus, « changer de peau » même si on sait maintenant la mettre en culture. Or, avec les années, le teint s'altère, le grain de peau n'est plus ce qu'il était : la peau vieillit.

Le vieillissement cutané est programmé génétiquement et il est la conséquence du temps qui passe et de certains bouleversements hormonaux (chez la femme, lors de la ménopause). Il est aussi la conséquence de facteurs environnementaux, tels que le tabac, l'alcool, la nutrition, le stress et, surtout, le soleil. La « vieille peau » est ridée, pâle, couverte de taches brunes (appelées aussi « fleurs de cimetière »), sèche, mince, dépourvue de tonicité et d'élasticité (« affaissée »). En outre, chez la femme, ces modifications s'accompagnent d'une hyperséborrhée, d'une chute de cheveux (semblable à celle observée chez

les hommes) et d'un hirsutisme (les grands-mères
« piquent » parfois quand on les embrasse...). En effet,
lors de la ménopause, le taux des hormones féminines
s'effondre alors que celui des androgènes reste inchangé.

Les annexes cutanées

Pendant la vie embryonnaire, à partir de l'épiderme, se différencient les glandes et les phanères (ongles et poils) : ce sont
les annexes cutanées.
– *L'appareil pilo-sébacé.* Il comporte le poil dans son follicule,
la glande sébacée – elle fabrique le sébum qui va se déverser
dans le follicule pour constituer le film lipidique recouvrant
l'épiderme – et le muscle arrecteur, appelé aussi horripilateur,
qui réunit le follicule à l'épiderme – c'est ce muscle qui, en se
contractant, provoque la « chair de poule ». Nous avons environ
cinq millions de poils sur tout le corps. La chevelure, elle,
comporte de 100 000 à 150 000 cheveux et se renouvelle très lentement. S'il est normal de perdre environ 100 cheveux par jour,
la densité de la chevelure diminue, de toutes les façons, avec les
années, certains bouleversements hormonaux et la survenue
d'événements favorisant les chutes temporaires : maladie aiguë
fébrile, hémorragie, accouchement, intervention chirurgicale
médicaments, traumatisme psychique.
– *L'ongle.* Comme le poil, c'est une annexe cutanée kératinisée
qui se développe à partir des kératinocytes de l'épiderme. Sa
croissance est, en moyenne, à l'âge adulte, de 0,1 mm par jour.
Outre un rôle esthétique, l'ongle joue un rôle relativement
important dans le toucher. Il protège la dernière phalange des
divers microtraumatismes qu'elle peut rencontrer. Il sert à saisir
tous les objets tels qu'un cheveu, une épingle... Quand il est
trop court, il constitue plutôt une gêne. L'ongle sert aussi à
couper, gratter, déchirer, griffer : quand l'individu utilise
ses ongles comme des outils, par exemple pour récurer un objet,

découper ou rayer une surface, enlever une épine, se défendre, ou enfin, attaquer (on dit alors « avoir toutes griffes dehors »).
– *Les glandes sudorales apocrines et les glandes sudorales eccrines.* Les premières sont situées dans la région des aisselles ainsi que dans la région pubienne et anale. Les secondes sont réparties sur tout le tégument, mais plus particulièrement au niveau de la voûte plantaire, du thorax et du front. Les substances qu'elles sécrètent s'étalent sur l'épiderme, donnent du goût à la peau (ne parle-t-on pas de « baiser salé » ?) et la rendent aussi odorante. Elles pourraient jouer, encore pour notre espèce, un rôle non négligeable dans l'attirance sexuelle.

Les signes visibles et palpables du vieillissement cutané sont le résultat d'un amincissement de l'épiderme et du derme, d'une diminution de la vascularisation, d'une diminution et d'un arrêt de synthèse des fibres collagènes et des fibres élastiques par les fibroblastes. Le vieillissement cutané induit par le soleil, lui, se voit tout particulièrement sur les zones exposées au soleil (visage, dos des mains, décolleté). Il se manifeste par des rides très profondes, une peau épaissie, rugueuse, jaunâtre, parcourue de petits vaisseaux tortueux et dilatés et parsemée de tâches hypo ou hyperpigmentées. Ce vieillissement cutané photo-induit est surtout sous-tendu par d'importantes modifications des fibres élastiques qui s'épaississent et s'agglutinent pour former des mottes occupant tout le derme : c'est l'élastose solaire.

Malgré l'arrivée dans la vieillesse de la génération de l'après-guerre et l'immense marché que cette génération ouvre, la dégradation physique et la vieillesse restent, dans la société occidentale, le plus souvent cachées et honteuses comme si elles dérangeaient l'ordre social. Et il est vrai que les « beaux vieillards » existent plutôt dans les romans et les films... Cependant, l'espérance de vie s'allonge, il y a une vie après la retraite et, sans faire, pour autant, à la suite des médias, du «jeunisme», il paraît de bon aloi de vouloir repousser les ravages de l'âge sur le corps et sur la peau.

Une telle approche du vieillissement, qu'elle soit cosmétique (les crèmes hydratantes, par exemple), médicale (les crèmes qui apportent les hormones féminines manquantes ; les crèmes contenant de la trétinoïne, un dérivé naturel de la vitamine A ; le peeling ; les injections répétées de collagène ou de toxine botulique qui, en paralysant de façon localisée les muscles du visage, permettent d'effacer les rides profondes, du front en particulier), ou chirurgicale (le lifting), demande à tous les intervenants beaucoup de tact et de doigté pour aider leur interlocuteur à trouver une solution raisonnable à ses problèmes esthétiques.

L'organe du toucher

Enfin, la peau est un organe sensoriel qui assure le sens du tact. Par l'intermédiaire de la peau qui enveloppe tout le corps, c'est tout le corps qui peut toucher. Comme l'écrit François Roustang, «le toucher ne se réduit pas à la possibilité pour la main d'appréhender, de tâter, de tester et de caresser. Car c'est le corps en son volume et en sa surface qui appréhende, tâte, teste et caresse, parce qu'il est continuellement touché par l'extérieur.» Un peu plus loin, s'interrogeant sur l'existence ou non d'un organe spécifique du toucher, il ajoute même : «S'il [l'organe du toucher] n'est pas seulement le tact de la main, s'il est toucher du corps, c'est le corps tout entier qui est organe. Mais alors il n'est pas organe, il n'a pas d'organe, car l'organe est toujours une partie spécifiée du corps. Et s'il

n'a pas d'organe, le toucher devient le fondement per-
manent et continu des autres sens. Il devient la sensibilité
comme telle [6]. »

La peau, cependant, est l'enveloppe extrêmement
sensible qui entoure le corps et le met en contact avec
l'extérieur. Elle reçoit, grâce à ses récepteurs sensoriels,
des informations variées – les sensations cutanées –
comme la chaleur, le froid, la douleur, l'étirement, la
pression forte ou faible...

Carole ou la peur d'aimer

Carole m'a rencontrée sur les conseils de son dermatologue.
Lors d'une consultation avec ce dernier à propos d'une urticaire
chronique déclenchée par la pression (la pression exercée en
particulier par ses ceintures provoquait des lésions d'urticaire),
elle s'est effondrée en larmes en évoquant ses difficultés conjugales. Ce dermatologue me dit dans sa lettre qu'il n'y a aucun
rapport entre l'urticaire et les difficultés conjugales de sa
patiente, mais qu'il me l'adresse tout de même...

Lors de son premier entretien avec moi, Carole me confie ce
qu'elle n'a pas osé dire à son dermatologue : les premières
lésions d'urticaire sont survenues, alors qu'une profonde mésen-
tente s'installait dans son couple, dès que son mari commençait
à l'enlacer tendrement au cours des relations sexuelles. Carole,
en fait, ne parvient pas, une fois de plus lors d'une relation
amoureuse, à s'imaginer pouvoir être aimée et elle est sur le
point de divorcer.

Carole fera une psychothérapie analytique avec moi, associée pendant les six premiers mois à un traitement antidépresseur prescrit par un collègue psychiatre. Elle prendra
principalement conscience, au cours de cette psychothérapie,
qu'elle craint tout rapprochement avec l'autre et en particulier

avec l'homme aimé, car, celui-ci va, selon elle, immanquablement, un jour ou l'autre s'apercevoir de son peu de valeur.

Ce n'est que lorsque Carole sera parvenue à s'apprécier et à s'aimer qu'elle pourra, plus tranquillement, accepter l'amour de son mari. Dans le même temps, l'urticaire disparaîtra sans que l'on puisse vraiment s'autoriser à affirmer pourquoi... On ne peut que suggérer le rôle du traitement chimique antidépresseur, celui de la relation psychothérapique elle-même, celui enfin de la prise de conscience par Carole de ses conflits intrapsychiques.

Les sensations cutanées qui renseignent sur l'environnement (et sur les autres individus, donc) sont véhiculées par des fibres nerveuses sensitives centripètes jusqu'à l'aire sensitive de la partie la plus externe du cerveau (l'aire « pariétale » du cortex cérébral controlatéral par rapport au côté du corps concerné, soit le cortex de l'hémisphère cérébral gauche pour le côté droit du corps, et vice versa). Cette aire sensitive est constituée par la projection précise de tous les points du corps. Ainsi, à chaque point du corps correspond un point précis de l'aire sensitive du cortex cérébral : c'est ce que l'on appelle la « somatotopie ». On désigne par le terme *homonculus* (ou « petit homme ») cette surface corticale de projection des différentes parties du corps. Mais il ne s'agit pas d'une projection proportionnelle ou homothétique. La surface correspondante à certaines zones cutanées et corporelles est disproportionnée, car elle est en rapport avec la richesse des éléments sensoriels propre à chaque zone du corps. C'est ainsi que, par exemple, la main, le pouce, l'index, les lèvres et la langue occupent une surface au niveau du cortex cérébral pratiquement équivalente à celle du tronc. Outre ces constatations physiologiques liées à l'inné, on peut penser que certaines zones corporelles sources de plus de plaisir que d'autres, à cause de l'histoire affective de chacun d'entre nous et des péripéties de nos relations avec les autres, ont ainsi, de façon acquise, une surface corticale de projection plus importante que des zones corporelles moins investies par l'histoire affective du sujet.

Le cerveau répond aux informations sensitives en envoyant, par des fibres nerveuses centrifuges, des informations aux cellules cutanées, permettant à ces dernières de s'adapter aux modifications de l'environnement externe. Mais bien sûr le cerveau répond aussi de façon plus globale. Par exemple, dès le réveil, avant même d'ouvrir les yeux, le premier geste de malades souffrant d'une affection dermatologique du visage est, très souvent, de toucher leur peau pour savoir comment sera la journée : bonne, si la peau n'est pas trop atteinte ; mauvaise, dans le cas contraire...

À fleur de peau

La fonction sensorielle de la peau est possible grâce à une innervation cutanée extrêmement riche. C'est à peine une métaphore que de dire que « l'on a les nerfs à fleur de peau » ou « une émotivité à fleur de peau »... Les récepteurs sensoriels sont constitués par les extrémités des fibres nerveuses sensitives. Ces extrémités sont situées dans le derme ou l'épiderme et se présentent soit sous forme de terminaisons libres, dilatées ou non, soit sous forme de terminaisons encapsulées (appelées corpuscules). Ces derniers sont surtout nombreux dans les zones cutanées particulièrement sensibles : doigts, visage, organes génitaux. Ils semblent avoir, chacun, leur spécificité, même si certains chercheurs s'élèvent contre une relation trop simple qui ferait correspondre une sensation à un récepteur [7].

À chaque sensation, son type de récepteur ?

Parmi les récepteurs, on distingue :
– *Les corpuscules de Ruffini*, situés surtout au niveau des plantes et des paumes, sensibles aux vibrations et aux étirements.

– *Les corpuscules de Krause*, situés dans les zones de transition entre la peau et les muqueuses (lèvres, langue, gland, clitoris, région périanale, paupières), sensibles aux déformations.

– *Les corpuscules de Pacini*, situés au niveau des doigts, du pénis et du clitoris, sensibles aux pressions fortes.

– *Les corpuscules de Meissner*, situés au niveau des plantes, des paumes, des lèvres, des organes génitaux externes, sensibles aux frictions.

– *Les cellules de Merkel*, isolées ou regroupées en amas (elles constituent alors les corpuscules de Merkel) et situées dans l'épiderme, sensibles aux moindres vibrations. Elles jouent un rôle important dans le tact discriminatif épicritique utilisé, par exemple, dans la lecture de l'écriture braille par les aveugles.

Les informations sensorielles reçues par les récepteurs sensoriels sont véhiculées par les fibres nerveuses centripètes qui se réunissent d'abord en deux réseaux dermiques (un réseau profond et un réseau superficiel) avant de rejoindre la moelle épinière, puis de traverser plusieurs structures cérébrales, pour arriver enfin au cortex cérébral. Parmi les structures cérébrales, certaines (comme le système limbique) participent au traitement de la dimension émotionnelle des informations et à l'élaboration des sentiments qui pourraient être définis, selon la formule du psychiatre américain Peter E. Sifneos, comme « des émotions plus les images, fantasmes et pensées faisant partie des processus psychologiques et qui y sont attachés[8] ». C'est ainsi qu'un bain chaud, par exemple, peut procurer un sentiment de bien-être avec des images de plages exotiques et des scénarios amoureux fantasmatiques. Didier, quant à lui, ne sait jamais apprécier s'il a froid ou chaud. Il a l'impression que, dans une pièce dont la température ne varie pas, il enlève puis remet son pull-over selon les personnes qui l'entourent. Songeur, il ajoute qu'il a aussi toujours l'impression d'être tiraillé entre une mère exubérante et intrusive (« trop chaude ») et un père distant et... froid.

Les terminaisons nerveuses et la plupart des cellules cutanées (y compris les cellules de l'immunité) sont en contact entre elles et communiquent les unes avec les autres par l'intermédiaire, en particulier, des neuromédiateurs (vecteurs chimiques de l'information nerveuse) et des cytokines (substances chimiques qui jouent un rôle dans l'induction et l'entretien des états inflammatoires et des réponses immunitaires, ainsi que dans la sensibilité à la douleur). Les cytokines, notons-le, n'agissent pas seulement localement au niveau de la peau, mais aussi au niveau des centres nerveux cérébraux grâce à la circulation sanguine.

Les interrelations étroites entre peau et psychisme s'enracinent ainsi dans l'organisation fonctionnelle des différents constituants de la peau.

Les supports de la transmission des informations sensorielles sont de deux sortes. L'un, connu depuis longtemps, est physique, électrique : c'est l'influx nerveux. L'autre, découvert plus récemment, est chimique : c'est l'ensemble des très nombreux neuromédiateurs – molécules de type protéique constituées de très petites protéines composées chacune d'une dizaine d'acides aminés.

LE TEST DE VÉRITÉ

La conductance électrique cutanée est modifiée par les émotions. Cette modification est le principe sur lequel est fondé le réflexe psychogalvanique. Plus précisément, l'humidité de la peau palmaire est liée à l'activité des glandes sudoripares particulièrement nombreuses dans cette partie du corps : la peau palmaire est pratiquement sèche à l'état basal, mais elle devient humide avec l'anxiété. Cette humidité diminue la résistance au passage d'un courant électrique (ou, c'est la même chose, augmente la conductance), c'est ce qu'on appelle le réflexe psychogalvanique.

Ce principe du réflexe psychogalvanique est mis en application dans des techniques thérapeutiques de type biofeedback, qui reposent sur l'apprentissage d'un contrôle progressif de paramètres physiologiques dont on n'est habituellement pas maître (température, rythme cardiaque, tension musculaire, pression artérielle, etc.). Par exemple, grâce à un appareillage approprié, on peut transformer en un signal sonore ou lumineux la température cutanée, phénomène qui, naturellement, échappe à toute commande volontaire. On aide ainsi les malades qui souffrent de troubles circulatoires se traduisant par un refroidissement douloureux des doigts et/ou des orteils à apprendre progressivement à mieux « contrôler » la température cutanée de leurs extrémités et à moins souffrir de leurs symptômes. Ce même principe est à la base du test de vérité auquel a parfois recours la justice américaine. Le prévenu est soumis à un certain nombre de questions plus ou moins embarrassantes pour lui, pendant que sa conductance cutanée est enregistrée en continu. Une brusque augmentation de cette conductance (et donc de la moiteur palmaire liée aux émotions) est censée détecter des propos mensongers.

Fiable ou pas fiable ?

Un condamné, après 18 ans d'emprisonnement dans une prison de haute sécurité, dans l'État de l'Idaho aux États-Unis est sorti du « couloir de la mort ». Il a été innocenté grâce au résultat d'un test ADN montrant que les poils trouvés sur la victime (une fillette de 9 ans violée et tuée) n'étaient pas ceux du condamné. Lors du procès de ce dernier, le tribunal n'avait pas retenu le résultat du test de vérité qui montrait que la conductance électrique cutanée du prévenu ne s'était pas modifiée lorsque ce dernier avait nié le crime dont il était accusé[9].

LES NEUROMÉDIATEURS

Les neuromédiateurs sont produits par les fibres nerveuses, mais aussi par les cellules de Merkel et les autres cellules cutanées. Ils assurent la transmission des informations sensorielles aussi bien depuis les cellules cutanées vers les fibres nerveuses que dans le sens inverse. Les cellules cutanées possèdent elles-mêmes des récepteurs aux neuromédiateurs et leurs propriétés peuvent donc être modulées par les neuromédiateurs. Par exemple, certains neuromédiateurs augmentent la prolifération des kératinocytes ; d'autres la diminuent. Ainsi, lors d'un psoriasis, la concentration cutanée d'un neuromédiateur appelé « la substance P », qui joue un rôle très important dans les phénomènes inflammatoires en général, est nettement diminuée, alors que celle d'un autre neuromédiateur, le « VIP », est augmentée. Or la substance P inhibe la production de VIP qui, lui, facilite la prolifération des kératinocytes qui finissent par former des squames quand ces cellules deviennent trop nombreuses [10]. Il faut enfin noter que des fibres nerveuses motrices, appartenant au système sympathique et répondant à des stimuli émotionnels, existent aussi dans la peau. De telles fibres innervent les vaisseaux qui peuvent provoquer une pâleur extrême, par vasoconstriction, en cas par exemple de peur, et les muscles arrecteurs des poils qui, en des circonstances variées, occasionnent la fameuse « chair de poule » ; ces fibres nerveuses innervent également les glandes sudoripares.

Edmond, ou la peur de ne pas être à la hauteur

Tout serait parfait dans la vie d'Edmond, jeune cadre marié et père comblé, si chaque matin, en arrivant dans son bureau, « cela ne se mettait à couler ». En effet, à ce moment précis, les mains d'Edmond deviennent chaque fois extrêmement moites, couvertes de sueur, gênant considérablement celui-ci quand il doit serrer une main ou manipuler des papiers. Cette hypersudation palmaire se produit aussi lors des réunions professionnelles qu'il évite dès qu'il le peut, mais il ne peut pas éviter d'aller travailler...

En fait, Edmond n'est jamais sûr de ses capacités intellectuelles, il craint toujours de ne pas correspondre à ce que les autres attendent de lui. D'ailleurs, il n'envisage pas de partir du « cocon » (selon ses propres termes) qu'il s'est fabriqué dans sa banque depuis 15 ans, tant il a peur de prendre des risques. Pourtant, il est arrivé souvent que des « chasseurs de tête » le sollicitent et il sait qu'en partant vers d'autres horizons sa carrière professionnelle pourrait progresser. Edmond a aussi beaucoup de difficultés à parler de ses émotions, de ses sentiments, de lui. Il attend plutôt que son interlocuteur (en l'occurrence, ici, la psychanalyste, qu'il rencontre pour la première fois et qui perçoit la richesse psychique présente dans une forteresse bien fermée) exprime à sa place ses sentiments et ses pensées. Alors, du bout des lèvres, Edmond dit brièvement : « Exact ».

Pour tout individu, les informations recueillies par le toucher sur l'environnement et sur les autres sont donc très importantes. Ces informations sont même souvent vitales. Comme le dit François Dagognet, dans *Philosophie d'un retournement*, « c'est au-dehors de lui – l'organisme – que se jouerait l'essentiel, aussi bien parce qu'il doit s'informer du milieu dans lequel il se meut (l'importance du sensori-moteur) ou encore parce qu'il doit se mettre en relation avec des semblables (la sexualité) [11] ». Ainsi, on peut communiquer et vivre, privé de tous ses autres sens, pourvu que soit gardé le sens du toucher. C'est l'histoire d'Hélène Keller, petite fille aveugle, sourde et muette de naissance, qui parvient, avec infiniment de courage, à communiquer avec le monde. J'ai pensé à elle quand, dans les premières images de son film *La Leçon de piano* (1992), Jane Campion montre, sur un écran rouge sanguin, les mains translucides d'une femme sourde et muette, inquiète devant le spectacle du monde. Dans le film de Lars von Trier, *Dancer in the Dark* (2000), l'actrice Catherine Deneuve, quant à elle, marque sur la main de Björk, qui joue le rôle d'une jeune femme en train de devenir aveugle, les pas délirants d'un danseur inspiré.

Des écrivains témoignent

L'importance et la diversité des sensations tactiles sont illustrées par les nombreux témoignages de malades et d'écrivains souffrant d'une affection cutanée. En voici un petit échantillon :

Le dénommé Edgar Peau écrit, dans une de ses *Chroniques atypiques et atopiques* intitulée « La vie quotidienne d'un poil à gratter » : « Le grattage, ça ne démange pas de pain. [...] Tout se passe en une· seconde : un doux picotement diffus presque agréable, puis une contraction des pores de la peau nettement plus précise, ensuite un fourmillement appuyé qui va crescendo, enfin un besoin vital et irrépressible d'y mettre fin [12]. »

Jean-Didier Wolfromm, dans *Diane Lanster*, évoque « la volupté bizarre, malsaine, tournoyante de la démangeaison. Oh ! Ces raclements salvateurs, ces griffures sacrées qui éteignaient le mal, engourdissaient les membres et chassaient l'intrus. Quelle paix après la bataille ! Écorché vif mais heureux, soulagé, neuf... Trois heures plus tard tout recommençait. » Plus loin, il confie : « Je me regardais attentivement dans le miroir au-dessus de la cheminée et me parlais à moi-même pour ne rien dire, pour me rassurer, pour rêver tout haut qu'un jour, plus tard, je serais comme les autres, lisse de haut en bas, blanc et doux au toucher. Plus tard, un jour [13]. »

Françoise, quand elle me rencontre pour la première fois, n'est pas encore écrivain. Elle le deviendra au décours de sa psychothérapie analytique. Lors du premier entretien qu'elle a avec moi, elle m'explique que depuis la mort brutale de son père, en pleine nuit, elle vit seule dans l'immense appartement que tous deux partageaient. « Depuis cette nuit terrible, c'est plus fort que moi, me dit-elle, je dois arracher la peau de tout mon corps, me faire saigner, me faire mal. Cette douleur cutanée exquise (quelle polysémie dans ce terme [14] !...) lui rappelle et lui rend présentes, précise Françoise, les violences corporelles que son père, alcoolique invétéré, lui infligeait, à elle ainsi qu'à sa mère, quand il rentrait le soir de son travail. « C'est comme si, me dit Françoise, je voulais ainsi garder un lien vivant, mais tellement violent avec mon père. » Françoise ajoutera, à la fin de son premier entretien avec moi, qu'elle a pris la décision de me rencontrer pour tenter de changer ce lien.

Les armes secrètes de la cosmétologie

Les sensations tactiles sont, depuis quelques années, à l'origine de recherches scientifiques très innovantes, en particulier dans le domaine de la cosmétologie, explorant, à leur façon, cette réflexion d'un des personnages du roman d'Anatole France, *Le lys rouge* : « C'est vrai que l'amour conserve la beauté et que la chair des femmes se nourrit de caresses comme l'abeille des fleurs [15]. »

Ces recherches intègrent les sensations tactiles, gustatives, olfactives et visuelles des produits proposés aux consommateurs, pour mieux répondre à l'attente sensorielle de ces derniers et en favoriser l'achat. Une telle « évaluation sensorielle » est née dans le domaine agroalimentaire et est désormais réalisée par des entreprises de conseil de formation en qualité sensorielle. Ces entreprises (l'une d'elles s'appelle « Sensoria ») réalisent des animations suscitant l'éveil sensoriel des enfants et des adultes. Ainsi, par exemple, dans la restauration scolaire, les responsables de ces entreprises incitent-ils les enfants à découvrir des aliments mal aimés comme, par exemple, les épinards ! L'évaluation sensorielle s'étend actuellement à d'autres domaines que celui de l'agroalimentaire – par exemple, les peintures ou les automobiles.

Dans le domaine de la cosmétologie, les équipes de laboratoire ont vite perçu l'intérêt d'une évaluation précise des sensations procurées par l'application d'un produit sur la peau, le cuir chevelu, les lèvres, en objectivant et en mesurant les caractéristiques sensorielles de ce produit. Le profil sensoriel conventionnel d'une crème, par exemple, est ainsi constitué en s'appuyant sur une liste réduite de descripteurs qualitatifs (« fluide », « gras », « collant », « brillant »...). Ces descripteurs qualitatifs doivent être simples, précis, pertinents, discriminants, indépendants et exhaustifs. Pour chacun d'eux, la sensation perçue est quantifiée sur une échelle d'intensité. L'instrument de la mesure sensorielle est constitué par un groupe de personnes sélectionnées selon leurs aptitudes sensorielles, puis régulièrement entraînées et contrôlées en particulier sur le sens précis des descripteurs qualitatifs. Ces personnes, appelées « juges sensoriels », sont aussi sélectionnées selon leur motivation, leur sérieux, leur disponibilité, leur faculté d'apprentissage et sur leur capacité d'intégration à un groupe. L'évaluation sensorielle d'une crème est faite par chaque juge sensoriel dans une cabine d'évaluation isolée où l'influence de l'environnement sera donc réduite au minimum. Si la méthodologie tout au long de l'évaluation sensorielle est rigoureuse (par exemple, grâce à un choix judicieux des descripteurs qualitatifs et à un entraînement et un contrôle réguliers des juges sensoriels), les informations recueillies seront précises et reproductibles [16].

Des chercheurs appartenant à des laboratoires de cosmétologie ont aussi expérimenté les effets cérébraux des applications de produits à visée cosmétique. Parmi les zones cérébrales, on distingue les aires corticales de projection sensorielle et les aires corticales dites « associatives ». Les premières se situent dans le cortex cérébral opposé à la moitié du corps stimulée : par exemple, le toucher de la main droite par un tiers active une partie du cortex cérébral (le cortex pariétal) controlatéral (gauche, donc). Les aires dites « associatives » se situent dans différentes zones corticales et pas forcément dans l'hémisphère cérébral controlatéral. Ces aires dites « associatives » ont pour vocation d'intégrer et de traiter des informations multiples et en particulier les émotions. C'est ainsi que si on demande à un sujet d'imaginer un toucher sur sa main droite par un tiers, c'est une aire « associative » du cortex cérébral droit qui est activée.

Il a aussi été constaté que lorsqu'un tiers appliquait une crème sur la peau de la main droite d'un sujet, les zones cérébrales qui s'activaient étaient non seulement le cortex cérébral pariétal gauche mais aussi certaines zones « associatives » du cortex cérébral droit.

Ces études laissent penser que l'application d'une crème par un tiers induit chez le sujet un ensemble de phénomènes émotionnels qui débordent largement la simple information tactile.

Les dermatologues savent bien combien la prise en compte de la peau, d'un point de vue cosmétologique, et donc, de la peau-plaisir, est une démarche fondamentale dans le suivi des malades dermatologiques, et ce, quelle que soit la maladie dermatologique dont ces derniers souffrent.

Une vieille dame indigne...

Une très vieille dame, discrètement coquette, veuve depuis quinze ans, m'avait rencontrée à l'occasion d'un prurit généralisé s'inscrivant dans un état dépressif sévère. En même temps qu'un traitement chimique antidépresseur et des entretiens réguliers à visée psychothérapique, je lui avais conseillé quelques crèmes agréables à appliquer sur son visage et sur son corps. Elle revint me voir, très contente, me dit-elle, d'avoir pu, avec mon autorisation, toucher à nouveau sa peau pour la rendre plus belle. Elle ajouta alors qu'elle voulait me dire maintenant ce qui, à son avis, l'avait rendue malade : ce n'était pas seulement, comme elle avait pu me le confier, parce que son petit-fils, depuis quelque temps, lui préférait les matchs de football avec ses copains, mais surtout à cause d'un rêve : elle avait rêvé qu'elle avait des relations sexuelles avec un vieux monsieur qu'elle rencontrait dans un club de bridge (depuis ce rêve, d'ailleurs, elle n'était plus retournée à ce club). Elle précisa combien elle avait eu honte de ce rêve et avait craint de devenir folle et elle s'écria : « Docteur, vous vous rendez compte, je ne peux pas imaginer la peau d'un autre homme que celle de mon mari sur ma peau.» Je lui répondis tranquillement qu'elle était bien en vie et qu'il était donc naturel qu'elle éprouve des désirs de toutes sortes. Cette vieille dame indigne, comme je l'appelais en moi-même avec tendresse, alla mieux et m'apprit un jour, incidemment, on pourrait dire « sans avoir l'air d'y toucher », qu'elle fréquentait à nouveau son club de bridge.

Quand le toucher devient virtuel

Plus récemment, et dans un domaine que l'on pourrait qualifier de plus sérieux – encore que le bien-être physique et psychique provoqué par une crème chez quelqu'un ne soit absolument pas négligeable –, la recherche en informatique conduit « les ordinateurs à la conquête des sens artificiels [17] ». Toutefois, pour les informaticiens, simuler l'exacte sensation du contact de la main sur un objet reste très difficile. La main, en effet, reçoit dans ces conditions, des stimuli sensoriels beaucoup plus complexes à analyser et à simuler que, par exemple, la rétine. Ainsi pour tromper l'œil et lui donner la sensation d'une succession continue d'images un signal d'une vingtaine de hertz est suffisant (c'est pourquoi 24 images par seconde sont nécessaires pour voir un film au cinéma). Les récepteurs sensoriels du toucher sont stimulés, quant à eux, par des signaux d'une fréquence d'environ 3 000 hertz. Aussi, actuellement, la simulation du contact direct de la main avec un objet virtuel en trois dimensions sur un écran d'ordinateur et donc la simulation de la préhension de cet objet est impossible. Aujourd'hui, pour s'approcher au mieux d'une telle simulation, on a élaboré des périphériques dits « à retour d'effort ». Ceux-ci reproduisent seulement la force exercée sur la main d'un intermédiaire (un stylet le plus souvent) situé entre la main de l'utilisateur du périphérique et l'objet virtuel en trois dimensions reproduit sur l'écran de l'ordinateur.

Les informaticiens ont donc imaginé un périphérique formé par un bras articulé connecté à un ordinateur et terminé par un stylet manipulé par l'utilisateur comme une souris. Quand l'objet virtuel est heurté par le curseur qui représente sur l'écran les mouvements dans l'espace de l'extrémité du stylet, c'est le « retour d'effort » ou « retour de force ». L'utilisateur du périphérique ressent alors la résistance de l'objet virtuel et il peut éprouver la rigidité, le poids, voire la rugosité de l'objet virtuel heurté par le curseur. En effet, quand le curseur « touche » l'objet virtuel en trois dimensions, plusieurs moteurs bloquent ou modulent les mouvements des articulations du bras auquel est relié le stylet. C'est ainsi que, par l'intermédiaire du stylet, l'utilisateur ressent la résistance de l'objet virtuel. En outre, ce stylet peut, comme un burin, sculpter aussi bien une motte de beurre virtuelle qu'un bloc de béton armé... Ces avancées techniques innovent dans des domaines aussi différents que celui du dessin animé (la conception de personnages) ou celui de l'armement (entraînement au déminage sur une terre meuble, dure ou boueuse par exemple).

Toutes ces recherches sophistiquées ne doivent cependant pas faire oublier deux caractéristiques du toucher : c'est le sens réflexif par excellence (il annonce en cela la réflexivité de la pensée – se penser pensant) et il est indissociable des autres sens. La relation psychothérapique avec un psychanalyste illustre bien cette réflexivité du toucher et de la pensée. La parole du psychanalyste touche le patient parce qu'elle renvoie à ce dernier quelque chose de lui qu'il va reconnaître comme lui appartenant et qu'il va re-trouver et se ré-approprier. Mais cette parole du psychanalyste, si elle touche le patient, c'est aussi parce que le psychanalyste lui-même a été touché par la parole de son patient. Ainsi, dans cette relation, deux sujets se rencontrent, se reconnaissent, se pensent grâce à l'échange d'une parole sincère et donc non dénuée d'affects.

Toucher l'autre, se toucher...

« Toucher, c'est se toucher », a écrit Maurice Merleau-Ponty [18]. En effet, dans le toucher, outre le fait que le sujet peut explorer une partie de son corps avec une autre partie de celui-ci, deux messages sensoriels se fondent toujours en un seul. Celui de la peau de la main (par exemple) qui touche et celui de l'objet inanimé qui est touché et, surtout, de la peau touchée par cette main (le toucher de corps à corps). Il est donc impossible de se toucher, sans être dans le même mouvement, touché par l'objet que l'on touche. Cependant, les autres sens peuvent avoir cette qualité réflexive. Par exemple, quand le bébé suce son pouce, il goûte et il se goûte. Didier

45

Anzieu, a précisé dans un article intitulé « La machine à décroire » paru dans la *Nouvelle Revue de psychanalyse* : « La peau est perçue à la fois de l'intérieur et de l'extérieur et elle fournit le modèle du Moi qui va pouvoir percevoir de façon séparée les sensations d'origine interne et externe [19]. » Mais une telle séparation peut se révéler impossible et peut alors s'installer une réelle fusion annonciatrice même d'une confusion des corps et des pensées.

Et quand la séparation est impossible

La psychanalyste Diane de Loisy écrit dans un article intitulé « Du reflet à la grotte, ou l'émergence d'un double interne ? » : « Le toucher [...] ce peut être le sens fusionnel par excellence, celui qui implique confusion/collage de morceaux de soi aux morceaux de l'autre [20]. »

Le toucher de peau à peau, de corps à corps, implique donc la fusion des messages sensoriels puisque, en touchant, l'individu est lui-même touché. Dans un tel mouvement, certains peuvent vivre leur peau comme incapable d'assurer non seulement son rôle de limite corporelle, mais aussi celui de représentante de la limite de l'espace psychique. Les peaux, les corps, les espaces psychiques se collent, se mêlent, se fondent en partie ou en totalité. Un tel vécu réveille alors une angoisse majeure car l'altérité est estompée et l'identité de l'individu concerné par un tel vécu est menacée.

LE BAISER DE LA MORT

Georges, séropositif au virus VIH depuis 8 mois, est hospitalisé dans le service de médecine interne de l'hôpital de la Salpêtrière où je travaille, à cause de la survenue d'une toux persistante, première manifestation d'un sida. Je le rencontre à la demande des différents membres de l'équipe soignante qui, selon les expressions de l'un d'entre eux, nagent en pleine confusion et s'affolent. En effet, Georges est hospitalisé dans la salle où il a été lui-même, voici quelques mois seulement, aide-soignant. Les soignants de la salle l'appellent donc par son prénom et le tutoient. Georges, ayant commencé des études de psychologie, ne se prive pas d'interpréter « sauvagement » les gestes et les paroles de ses anciens collègues. En outre, c'est dans cette même salle que son ami Vincent, lui aussi séropositif au virus VIH, est mort quelques semaines auparavant des suites d'une tentative de suicide. Cerise rouge sur le gâteau, Georges demande avec insistance à tout soignant rencontré, bouleversant les règles de la médecine, de l'aider à mourir en lui faisant une injection mortelle (le « baiser de la mort », comme il l'a dit une fois à un soignant).

Lors du premier entretien avec Georges, je me sentirai longtemps entraînée et submergée par son discours très dense, compliqué, fait de bribes interrompues par des digressions variées de tous ordres, mais surtout professionnelles et... psychologiques. Pendant un bref moment, je ne sais plus trop moi-même où j'en suis, qui est qui. Heureusement, brutalement, je me rappelle avec soulagement que je suis assise sur une chaise face au lit sur lequel est lui-même assis Georges. J'avais, en effet, refusé de m'asseoir sur le bord du lit de Georges malgré

47

l'insistance de ce dernier à m'y faire une place. J'avais aussi très vite adopté une attitude très attentive et concentrée, mais aussi plutôt distante et assez froide, moi qui ai habituellement un abord plutôt chaleureux.

C'est ainsi que je me mets à interrompre fréquemment et assez vivement Georges (sinon, il ne s'arrête pas de parler) pour me faire expliquer un contexte biographique ou pour me faire préciser une date ou pour recentrer le discours de Georges sur lui-même et sur ce qu'il a pu éprouver dans telle ou telle situation. Je montre ainsi à Georges que j'existe avec mes propres pensées et mes propres désirs, pas forcément identiques aux siens et non confondus avec eux. Mais une pensée me mobilise surtout : comprendre la signification du scénario mortel que Georges désire imposer à ses soignants. Je parviens alors à saisir un fil de l'histoire de Georges au moment même où une phrase de Donald W. Winnicott me traverse l'esprit : « Il est possible et bon, pour le psychanalyste, de se mettre dans la peau du patient tout en gardant la tête sur les épaules [21]. »

Vincent a pris la décision de se suicider après avoir, plusieurs fois auparavant, évoqué ce projet avec Georges. Il décide de passer à l'acte à la fin d'une journée tout au long de laquelle Georges a pris dix comprimés d'un tranquillisant. Georges parvient tout de même à se réveiller et à discuter avec Vincent. Ce dernier dit une fois de plus à Georges que tout cela, c'est son affaire à lui, Vincent, homme adulte et libre. Georges lui demande alors de le faire mourir en même temps que lui ; Vincent acquiesce. Tous deux s'allongent côte à côte. Vincent fait une injection intraveineuse à Georges et ce dernier se rendort. Le lendemain, quand Georges se réveille, il ne se souvient de rien, il constate seulement que son ami dort à ses côtés. C'est un peu plus tard, en prenant son petit déjeuner, qu'il se souvient de la scène de la veille. Il se précipite dans la chambre et s'aperçoit que Vincent est en fait dans le coma. Vincent mourra quelques semaines plus tard dans le service où je rencontrerai plus tard Georges, sans s'être réveillé de son coma, assisté nuit et jour par Georges. Alors que Georges continue à parler sans se préoccuper une seule fois du temps qui passe, je lui signifie la fin de notre entretien au bout d'environ une heure et quart d'échanges. Aussitôt, Georges me rappelle que son unique désir est de trouver quelqu'un pour l'aider à mourir. Il ajoute qu'il espère que ce sera moi. Il ne craint absolument pas, poursuit-il, les souffrances physiques, mais ce qu'il ne veut pas c'est subir, impuissant, les attaques de la maladie et la mort.

Je réponds à Georges, en tentant de l'intéresser à mes propres pensées. J'insiste tout d'abord sur le fait que je ne comprends pas bien ce qui lui arrive. Bien sûr, j'ai entendu sa demande, mais je ne sais pas encore dans quel contexte elle se situe et quel sens profond elle a pour lui. Cependant, pour ma part, aux origines de sa démarche, il me paraît important de tenir compte de ce qu'il a vécu avec Vincent et de ce qu'il a subi tout à fait récemment lors de la mort dramatique de ce dernier.

J'ajoute que je pense qu'il traverse en ce moment précis une période de deuil très éprouvante et que je ne peux pas, là encore, réfléchir aux origines de sa démarche comme si ce vécu n'existait pas. Je propose à Georges de le revoir afin d'éclaircir ce qui, à mon avis, reste obscur. Je précise aussi que nous pouvons tenter de nous comprendre, même si nous pensons différemment, en particulier à propos du rôle que je devrais tenir à ses côtés. Je lui rappelle que je me situe en effet résolument du côté de la pensée, du sens à trouver et donc de la vie. C'est pourquoi je ne suis pas là pour aider les vivants à mourir.

Georges fera une psychothérapie analytique pendant les dix-huit mois précédant sa mort, d'abord pour ne pas mourir idiot, selon ses propres termes, mais surtout pour mourir non pas seul et abandonné, comme il le craignait, mais en ayant accepté l'aide de sa famille et celle de sa mère en particulier.

Un jour, alors que j'avais accepté la décision de Georges d'arrêter son travail analytique avant la phase terminale de sa maladie (probablement pour ne pas se montrer à moi trop dégradé), je fis un « acte manqué », signature de l'existence de l'inconscient, probablement parce que j'avais été très attendrie par ce patient, et que je me sentais très triste à l'idée d'en être définitivement séparée. Trois semaines après l'arrêt de nos entretiens, j'ai en effet envoyé un mot à Georges pour lui demander de me donner de ses nouvelles, comme j'ai l'habitude de le faire lorsqu'un patient interrompt inopinément un travail analytique ou ne vient pas sans m'en avertir à plusieurs séances. Dans le cas de Georges, j'avais totalement oublié notre décision commune d'arrêter les entretiens...

Malgré une cécité et de nombreux autres handicaps physiques qui l'accablaient alors, Georges vint me voir à ma consultation. Il me rappela gentiment – c'est le terme exact qui convient – notre décision. Je lui répondis que, probablement, cet oubli montrait que, inconsciemment, je souhaitais le revoir. Georges me dit alors, en souriant, qu'il était heureux de me voir contente de le rencontrer une nouvelle fois. Il ajouta qu'il s'était enfin aperçu que quelques personnes tenaient tout de même à lui. Cette fois-là nous nous quitterons pour de bon.

À LA SURFACE

JUSQU'À LA FUSION AMOUREUSE

La sensation de « ne plus faire qu'un » ne s'origine
pas toujours dans une souffrance psychique. Elle est, bien
au contraire, désirée par les amants, au moins pendant
l'acte sexuel.

Sans aller jusqu'à la confusion de Georges, le toucher
peut annoncer une fusion amoureuse. Dans *Le Rouge et le
Noir*, le héros, Julien Sorel, en gesticulant, touche un jour
la main de Mme de Rénal. Cette main, écrit Stendhal, se
retira bien vite. Dès cet instant, Julien se fait à lui-même
la folle promesse de prendre cette main... Un soir, à la
nuit tombante, sous un grand tilleul, et « comme le dernier coup de dix heures retentissait encore, il étendit la
main et prit celle de Mme de Rénal, qui la retira aussitôt.
Julien sans trop savoir ce qu'il faisait, la saisit de nouveau. Quoique bien ému lui-même, il fut frappé par la
froideur glaciale de la main qu'il prenait ; il la serrait avec
une force convulsive ; on fit un dernier effort pour la lui
ôter, mais enfin cette main resta. » Et Stendhal poursuit
ainsi le récit de cette première union amoureuse :
« Madame de Rénal qui avait été obligée de lui ôter sa
main, parce qu'elle se leva pour aider sa cousine à relever
un vase de fleurs que le vent venait de renverser à leurs
pieds, fut à peine assise de nouveau, qu'elle lui rendit sa
main presque sans difficulté, et comme si déjà c'eût été
entre eux une chose convenue [22]. »

Quant à Éric Laurrent, il décrit avec force dans *Ne
pas toucher* le mélange des corps pendant l'union
sexuelle : « [...] puis les corps enfin nus se rejoignirent,
aussitôt explorés, remués, pétris, étirés, ouverts et fouillés
par les mains et les bouches. Et bientôt les baisers
qu'échangèrent Véronica Lux et Clovis Barrara le furent

si profondément – confinant parfois à la morsure – que les limites mêmes de leurs lèvres s'en trouvèrent excédées, et davantage encore : dans cet entrelacs de langues, de membres, de doigts, de poils et de cheveux, sous ces sécrétions de sueur, de salive et de larmes, mais aussi de cyprine et de sperme, que leurs tissus et organes exsudaient, ainsi que des onctions par quoi, tous deux se fussent mutuellement consacrés, c'est leur chair tout entière qui dépassait ses confins, jusqu'à sembler s'étendre, quand ils eurent versé sur la méridienne et que leurs sexes s'y unirent, jusqu'à sembler s'étendre au-delà du point où commençait celle de l'autre et, par coalescence presque, s'incorporer en elle, s'y fondre, s'y dissoudre, comme si dans une transfiguration générale des notions d'identité et d'altérité la substance qui leur était propre à chacun était devenue miscible, comme si, encore, leur être-là ne fut plus tout à fait et qu'il l'était ailleurs[23]. »

La main et l'œil

Le toucher, comme le souligne Jean-Louis Chrétien dans *L'appel et la réponse,* est certainement indissociable des autres sens[24]. D'ailleurs, nous avons indiqué plus haut combien la peau avait du goût et était odorante. Il a même été montré que les jeunes rats développaient une attirance pour des odeurs artificielles lorsque ces dernières étaient associées à des stimuli tactiles et, en particulier, aux soins maternels comme le toilettage[25]. Cependant le sens du toucher est surtout indissociable du sens de la vue.

Caresser des yeux

On dit par exemple « caresser du regard ». Virginia Woolf écrit : « Elle [Mrs Dalloway] regarda Peter Walsh ; son regard, traversant tout ce temps et toute cette émotion, l'atteignit de manière incertaine ; se posa sur lui, plein de larmes ; puis s'envola et répartit, comme un oiseau se pose sur une branche et s'envole et repart [26]. »

Longtemps contestée, cette complémentarité avait pourtant été notée par Denis Diderot dès 1749 dans *La lettre sur les aveugles* : « En un mot, on ne peut douter que le toucher ne serve beaucoup à donner à l'œil une connaissance précise de la conformité de l'objet avec la représentation qu'il en reçoit [27]. » Diderot, qui insiste sur le caractère perfectible des sens et, en particulier, du toucher, écrit, toujours dans *La lettre sur les aveugles*, à propos de Sanderson, mathématicien anglais aveugle de naissance : « Il voyait donc par la peau, cette enveloppe était donc en lui d'une sensibilité si exquise, qu'on peut assurer qu'avec un peu d'habitude il serait parvenu à reconnaître un de ses amis dont un dessinateur lui aurait tracé le portrait sur la main, et qu'il aurait prononcé, sur la succession des sensations excitées par le crayon : c'est monsieur Untel. Il y a donc aussi une peinture pour les aveugles, celle à qui leur propre peau servirait de toile [...], le tact peut devenir plus délicat que la vue, lorsqu'il est perfectionné par l'exercice [28]. » Bien après Diderot, Henri Bergson relèvera, à son tour, la complémentarité de ces deux sens, faisant de la vue « l'éclaireur du tou-

cher », « qui prépare notre action sur le monde extérieur [29] ». D'ailleurs, le sculpteur César a insisté sur les
liens entre la vue, la pensée et le toucher et la création. Un
ami dermatologue m'a rapporté ces paroles de César : « Je
vois, je réfléchis, je touche. »

Quand voir et toucher se confondent

Voici, décrit par Éric Laurrent, le moment où la vue et le
toucher en arrivent à se confondre. Rappelons que Clovis, le
héros du roman, est chargé par son associé et ami Oscar qui
vient de se marier d'accompagner loin de Paris, dans un palace
surplombant les plages de Malibu et de Santa Monica, la jeune
et désirable jeune mariée, Véronica. En effet, Oscar, placé en
garde à vue le soir de ses noces a été contraint de demander à
Clovis de le remplacer auprès de Véronica pendant les premiers
jours de son voyage de noces. Si l'injonction de regarder sans
toucher est tacite, elle n'est pas pour autant extrêmement forte.
Une nuit, pourtant, après plusieurs heures d'une proximité véritablement affolante avec Véronica, Clovis se dirige vers la
chambre de cette dernière : « Et, comme si, portée à un degré de
contention extrême, de pénétration presque, l'acte de voir finis-
sait inéluctablement par toucher un moment à l'expérimenta-
tion tactile en une sorte de confusion du visible et du tangible,
de l'optique et de l'haptique, il porta doucement ses doigts trem-
blants vers la cadence cambrée de ces reins où s'écrasait maintenant son souffle [30]. »

On sait aujourd'hui que, dès la naissance, la vision
est prédominante et performante. Quant aux perceptions
tactiles, elles sont d'abord buccales avant d'être
manuelles (à l'âge de trois semaines, un bébé distingue
différentes tétines par la bouche). Le bébé possède donc

un système visuel très performant, qui va vite acquérir des compétences considérables et un système tactile un peu moins performant qui va évoluer plus lentement mais qui offre des possibilités discriminatives intéressantes. Mais surtout, ce qui est remarquable, c'est la coordination précoce entre l'œil et la main. Bien sûr, il existe une spécialisation fonctionnelle des modalités : la vision est le mode privilégié d'accès aux propriétés spatiales de l'environnement ; le toucher traite les propriétés de substance ou de qualité des matériaux. Le toucher n'est pas en effet adapté à la perception et à la représentation du mouvement. De plus, le toucher n'est pas seulement contemplatif, il peut transformer l'état de l'objet. Reste que la coordination avec l'œil alimente et enrichit les perceptions tactiles. Dès la naissance, la vision apporte des informations qu'elle transmet à la main et le toucher transfère ses informations à la vision. Les deux systèmes sont imbriqués. D'ailleurs, les aveugles tardifs (à 3-4 ans) sont moins handicapés sur le plan spatial que les aveugles-nés. Ces aveugles tardifs ont pu se constituer un espace multimodal, un monde dont l'organisation correspond à l'organisation du monde des voyants. Ainsi, pour les éducateurs, il est important de savoir faire utiliser à de tels enfants leurs restes visuels.

Enfin, Diderot, à propos du toucher, a développé une idée originale mais très polémique : nos sens joueraient un rôle important dans la formation de nos idées morales. C'est ainsi qu'il écrit dans l'ouvrage précédemment cité : « Toutes nos vertus dépendent de notre manière de sentir et du degré auquel les choses extérieures nous affectent. » Diderot va même jusqu'à penser que les aveugles, privés de la vision des signes de la souffrance, devaient être cruels [31]... Dans le langage courant, on parle de l'insensibilité d'un individu qui aurait, par exemple la peau dure (une peau qui ne se laisserait donc pas entamer, attendrir). Cette expression a donc à la fois une connotation physique et une connotation psychique qui se répondent l'une l'autre.

La peau est loin de constituer seulement l'enveloppe de notre corps. Sa structure extrêmement complexe lui permet d'assurer de très nombreuses et très variées fonctions vitales pour l'individu. Au cœur de ces fonctions le toucher, souvent indissociable bien sûr des autres sens mais sens réflexif par excellence, occupe une place fondamentale. Il tisse les relations entre le monde extérieur (dont les autres font partie) et le monde intérieur de l'individu, en particulier son espace psychique dont la limite est représentée par la peau. Parfois même, ces deux mondes vont jusqu'à se confondre.

La peau, support et contenant du toucher, est ainsi un organe privilégié des relations et est liée à l'affectivité et au plaisir. Dans ces conditions, on imagine facilement combien les maladies cutanées, les aléas des échanges tactiles peuvent bouleverser les relations de l'individu avec les autres et avec lui-même.

Chapitre II

LA PEAU MALADE

Il y a très longtemps, bien avant les prémices de la dermatologie psychosomatique, les liens entre maladies de peau et psychisme allaient de soi. Sauf que en ces temps-là, on ne parlait pas de « psychisme » encore moins d'« inconscient », on parlait plutôt de « surnaturel », d'« âme », du rôle des « divinités » bienfaisantes ou malfaisantes, de Dieu ou de Satan... Et, en effet, pendant longtemps, il ne fut pas question de l'homme souffrant de sa peau malade et, bien sûr, de son inconscient. Les prêtres, puis les dermatologues, s'acharnaient plutôt, et il est vrai qu'une telle approche s'imposait, à trouver des « clefs » diagnostiques fondées sur des caractéristiques morphologiques – surtout, des lésions cutanées – pour repérer les différentes maladies cutanées et, en particulier, celles qui étaient contagieuses. Puis, peu à peu, les dermatologues ont dû s'arracher à cette seule démarche et considérer les « clefs » invisibles, du moins à un premier regard, des maladies cutanées : la peau est en contact avec l'intérieur du corps et les différents organes qui le constituent, avec le psychisme de l'individu et son histoire, et avec ce qu'on appelle maintenant les facteurs environnementaux. Les dermatologues sont devenus des découvreurs qui portent leur regard, leur écoute, leur esprit au-delà des lésions cutanées tant ils sont désormais convaincus de l'indissociabilité de la peau, du corps et du psychisme.

Entre châtiment divin et mise à l'épreuve satanique

Les liens entre les maladies de peau et le regard redoublaient ceux noués entre les maladies de peau et le surnaturel. Le caractère visible et, le plus souvent, affichant des maladies de peau a, en effet, favorisé une interprétation surnaturelle de leur survenue : les maladies de peau pouvaient être considérées comme les marques d'une souillure, d'une impureté de l'âme, d'un châtiment divin. C'est aussi parce qu'elles étaient visibles et affichantes qu'elles ont favorisé la peur de la contagion et, donc, la marginalisation et l'exclusion du malade dermatologique qu'il était interdit de toucher. Au Moyen Âge, dans le monde occidental chrétien, la lèpre en est l'exemple le plus frappant. Chacun de nous a vu un jour dans un livre d'histoire cette image de lépreux, véritables morts vivants, errants, exclus, défigurés par la maladie, vêtus de haillons, portant des gants et agitant une crécelle pour permettre aux autres (ceux en bonne santé cutanée, du moins) de s'éloigner rapidement. Il faut dire qu'en ces temps-là l'exclusion était le seul traitement efficace des épidémies massives qui décimaient les populations. Mais une autre interprétation de l'origine des maladies de peau se fait peu à peu jour et viendra au secours des très nombreux malades dermatologiques. La maladie de peau commence à être interprétée comme une possible mise à l'épreuve de tout homme, aussi intègre, vertueux et religieux qu'il puisse être, à l'image de Job lui-même : on se souvient du vieil homme tel que l'a représenté le peintre Georges de La Tour, couvert de plaies prurigineuses par Satan et qui, sur son tas de fumier, garde sa confiance en Dieu...

Entre châtiment divin et mise à l'épreuve satanique, l'origine des maladies de peau se complexifie progressivement. Cette complexité poussera les prêtres à plus de compassion, à plus de tendresse, pourrait-on dire, envers les malades dermatologiques : ils soigneront les lépreux et ils s'attacheront à différencier les maladies cutanées contagieuses (la lèpre avant tout) des maladies cutanées non contagieuses. Comme l'écrit Gérard Guillet dans *L'âme à fleur de peau*, « en Europe, une bonne part des activités de soins s'est organisée derrière l'Église avec ses saints patrons, ses prêtres, ses moines [...]. De siècle en siècle, l'intérêt des religieux pour les maladies de peau et les infirmités est allé croissant. [...]. Les moines-médecins et les chevaliers de Saint-Lazare mettent leur connaissance au service de malades que la société rejette. Parmi ces malades, beaucoup sont affligés de maladies de peau car les maladies visibles préoccupent toujours beaucoup plus que les maladies cachées [1]. »

Un tel élan de compassion envers les malades souffrant d'affections cutanées mais aussi de saleté et de misère va s'étendre jusqu'à la noblesse. Grâce au dévouement des religieux et aux dons des nobles vont se créer des établissements de soins (ladreries, hospices) en Europe, mais aussi sur le chemin des croisades jusqu'à Constantinople puis, plus tard, jusqu'en Afrique, en Asie et en Océanie. À l'aide du regard (l'inspection) et du toucher (la palpation), leurs principaux outils, les prêtres, les prêtres-médecins puis, plus tard, les médecins, vont décrire minutieusement les maladies de peau pour tenter de les distinguer les unes des autres.

Un alphabet à déchiffrer

Au XIXe siècle, Jean-Louis Alibert, médecin chef à Paris, à l'hôpital Saint-Louis (cet hôpital fut longtemps « le temple » de la dermatologie et portait le nom de Louis IX qui, lui-même, accueillit et soigna les lépreux), influencé par les botanistes Bernard et Antoine de Jussieu, va consacrer une bonne partie de sa vie à classer et à distribuer méthodiquement avec les mêmes outils que ses prédécesseurs plus ou moins lointains, les innombrables maladies cutanées en partant de la lésion la plus élémentaire qui soit pour la complexifier. C'est ainsi qu'il conçoit en 1829 *L'arbre des dermatoses*. Cependant, à la différence d'autres médecins, anglais en particulier, comme Robert Willan, qui assurent seulement des consultations externes dans des dispensaires, Jean-Louis Alibert, médecin hospitalier, prend aussi en compte l'évolution des maladies dermatologiques et la réponse de ces dernières aux différents traitements institués. C'est donc déjà une approche plus globale de la maladie dermatologique. D'ailleurs, Alibert reproduit les lésions cutanées qu'il constate sur un personnage entièrement dessiné avec ses vêtements et sa physionomie, alors que les médecins attachés au classement des maladies dermatologiques, selon les lésions élémentaires, ne font que dessiner ces dernières sur une zone cutanée limitée [2]. Les lésions élémentaires vont donc constituer un « alphabet » que le médecin doit apprendre à lire pour être capable de faire le diagnostic d'une maladie qui touche la peau [3].

Les signes à étudier

On classe généralement les lésions élémentaires de la peau selon deux critères : 1. le caractère palpable ou non de la lésion ; 2. la présence d'altération ou non à la surface de la peau de cette lésion.

1. Les macules sont les lésions visibles, mais non palpables (elles peuvent êtres dyschromiques – hyperpigmentées ou hypopigmentées – ou érythémateuses ou atrophiques). Quant aux lésions palpables, elles sont perceptibles « lorsqu'on promène la pulpe des doigts parallèlement à la surface des téguments en exerçant une pression variable alors même qu'elles sont parfois invisibles [4] ». Ces lésions palpables peuvent, à leur tour, être distinguées en fonction de leur contenu : solide ou liquide (on parle alors de vésicule ou de bulle), de leur taille (les plus petites sont appelées papules), de leur localisation dans la peau (superficielle ou profonde – les nodules).

2. La surface de la peau peut être le siège par exemple d'une érosion (perte d'une partie superficielle de la peau qui guérira sans cicatrice) ou d'une ulcération (perte d'une partie plus profonde de la peau qui guérira en laissant une cicatrice) ou de squames (lamelles de cellules cornées, cellules cutanées les plus superficielles et mortes). La consistance de la peau peut aussi être modifiée (par exemple par la sclérose qui la rend dure et sans souplesse) de même que sa température et sa sensibilité (la gangrène rend la peau froide et insensible).

La diversité morphologique des lésions cutanées élémentaires et des figures que ces dernières créent par leurs multiples associations est immense. La capacité pour tout dermatologue de pouvoir se repérer était donc fondamentale pour établir un diagnostic et bien exercer la dermatologie. Mais, pendant longtemps, les dermatologues, piégés par le visible et fascinés par cette diversité, sont restés de véritables entomologistes, tentant de classer et d'ordonner une réalité cutanée extrêmement complexe et foisonnante. D'ailleurs, beaucoup d'anciens traités de dermatologie classaient les maladies de peau selon les lésions élémentaires qu'elles réalisaient. Les différents chapitres s'intitulaient, par exemple, les érythèmes, les bulles, les nodules...

Le sujet malade de sa peau

Actuellement, les dermatologues se doivent, bien sûr, toujours de s'appuyer sur l'inspection et la palpation pour repérer la lésion élémentaire constitutive de la maladie dermatologique dont ils ont à faire le diagnostic. D'ailleurs, pour lire l'« alphabet » tracé par toutes ces lésions élémentaires extrêmement nombreuses et diversement associées, il regarde avec des outils de plus en plus sophistiqués allant de la loupe à l'examen par un microscope électronique d'un morceau de peau prélevé par biopsie en passant par la dermatoscopie qui permet d'observer à travers la couche cornée le réseau pigmentaire cutané et de différencier ainsi les lésions pigmentaires bénignes des malignes. En outre, un dermatologue ne se contente pas, le plus souvent, de la simple palpation : il tire aussi la peau, la presse verticalement, la pince, la roule, la gratte avec... son ongle ou la curette mousse (c'est ainsi qu'il fait parfois apparaître la desquamation d'une lésion de psoriasis : c'est le signe de la « bougie »).

Toutefois, les dermatologues se sont dégagés d'une position d'entomologiste et ils se sont largement engagés dans une perspective diagnostique et thérapeutique qui n'isole plus la peau du corps, du psychisme et de l'environnement de l'individu malade qu'il rencontre. Désormais, la classification des maladies cutanées fondée sur les lésions élémentaires (par exemple, les maladies bulleuses) a laissé place à la description des mécanismes physiopathologiques à l'origine de la maladie (maladies infectieuses, dermatoses des états d'hypersensibilité et dysimmunitaires, vasculaires ou dermatoses et agents physiques) ou encore aux liens unissant les maladies cutanées aux maladies d'autres organes (maladies des lignées sanguines, de l'œil, du tube digestif, maladies psychiques).

En définitive, à travers les ouvrages dermatologiques les plus récents, on constate que la dermatologie regroupe non seulement les maladies de la peau dont les étiologies sont extrêmement diverses, mais aussi les maladies des muqueuses (buccale, génitale et anale), des ongles, des cheveux, ainsi que toutes les maladies sexuellement transmissibles (le nom de la spécialité médicale est, d'ailleurs, dermato-vénéréologie). Les MST, on le sait et ceci bien avant la survenue du sida et de l'un de ses stigmates cutanés, le sarcome de Kaposi, se manifestent très souvent au niveau de la peau. Le chancre syphilitique, par exemple, survient environ trois semaines après le rapport sexuel infectant, sous forme d'une ulcération ovalaire, propre, indolore et qui guérit spontanément. Si aucun traitement antibiotique n'est alors institué se développera, quelques semaines plus tard, une syphilis secondaire, sous forme par exemple, d'une éruption cutanée fugace et peu visible faite de macules rosées la « roséole ». Et, en l'absence à nouveau d'un traitement antibiotique, des années plus tard se manifestera la fameuse syphilis tertiaire.

La dermatologie prend aussi en compte les modifications cutanées liées au soleil, au climat, au tabac, à l'alcool, et à divers autres agents physiques environnementaux, ainsi qu'aux habitudes alimentaires ou... religieuses. Il était relativement fréquent qu'un dermatologue, un jour ou l'autre, à l'occasion d'un examen clinique de la peau d'un moine, d'une religieuse ou d'un laïque particulièrement croyant constate la présence de cals laissés par des prières faites à genoux pendant de longues heures. La dermatologie accueille aussi la cosmétologie et certains actes de chirurgie esthétique. Enfin, elle concerne tous les âges et toutes les périodes de la vie : un enfant peut naître avec une maladie de peau (de l'angiome, malformation vasculaire – appelée aussi « tâche de vin », ou « envie » lorsqu'on croit que cette marque sur la peau renvoie à un désir réprimé de la mère, celui de manger des fraises par exemple –, à, entre autres, diverses maladies bulleuses). Le vieillissement cutané mobilise aussi beaucoup de chercheurs et les cliniciens. Les femmes enceintes, enfin, peuvent aussi souffrir de maladies de peau spécifiques de la grossesse (dermatose bulleuse auto-immune et diverses éruptions polymorphes souvent prurigineuses).

Le parchemin de la peau

Les dermatologues, aujourd'hui, rejoignent ainsi le point de vue défendu par François Dagognet dans *La peau découverte* où il critique notamment la dermatologie du temps passé, transformatrice du clinicien de la peau en un entomologiste et gestionnaire : « Le tégument traduit les secousses de ce qu'il entoure : à l'isoler, à l'exclure de ce qu'il exprime et avec quoi il est si profondément lié, on le " surextériorise " ; or, il n'est déjà

que trop vu comme une seule et simple enveloppe. Ne le déta-
chons pas de ce qu'il recouvre : mieux vaut le concevoir " comme
un cerveau périphérique " ou " la marque de la sexualité " ;
accordons-le avec l'" en-dessous ", avec le général ou le global,
les facteurs endocrinologiques ou sanguins (est-ce que, par
exemple, l'anémie ne retentit pas sur le teint ?) [5]. » Un peu plus
haut, Dagognet avait déjà affirmé : « Finalement, elle [la peau]
tient lieu de parchemin ou de velin : n'est-ce pas d'ailleurs sur la
peau de l'animal jeune (agneau, veau) que le scribe traçait les
lettres de son message ou que l'artiste, à un moment donné, pei-
gnait ? De même, la vie ainsi que la psyché se déposent sur l'épiderme [...]. Comment transformer le visible en lisible ? Quel
protolangage nous est adressé [6] ? »

Ce mouvement de rattachement, de mise en contact,
par les dermatologues, de la peau avec ce qu'elle entoure
a été certainement favorisé par de nombreux facteurs
dont il sera beaucoup question plus loin dans cet
ouvrage. Pour le moment, soulignons le rôle des liens
noués entre la dermatologie et les différentes autres disciplines médicales (sans oublier la psychiatrie) et aussi
celui des nombreuses découvertes étiologiques et thérapeutiques que les chercheurs et les cliniciens en dermatologie ont eux-mêmes faites. Ainsi le bacille de Hansen,
responsable de la lèpre, n'est plus le seul agent pathogène
en dermatologie ; l'imposition des mains n'est plus le seul
traitement dermatologique possible, à part, peut-être,
pour les verrues vulgaires qui, on le sait, sont très sensibles à toutes les formes de suggestion. Depuis surtout la
deuxième moitié du XXe siècle, des traitements réellement
efficaces des maladies cutanées ont été découverts puis
utilisés sans parler des progrès considérables de la cosmétologie et, grâce, entre autres, aux découvertes réalisées dans le domaine de l'anesthésie et de la lutte contre

la douleur, de la chirurgie esthétique. Les dermatologues, face aux maladies de peau ne sont plus impuissants. Ils peuvent quitter leur position d'observateurs et être des acteurs thérapeutiques efficaces.

Quelques avancées thérapeutiques

– *Les antibiotiques.*

– *Les corticoïdes par voie locale et générale* : ils ne méritent pas leur mauvaise réputation dans le public, car ils ont véritablement révolutionné le traitement de nombreuses dermatoses même si leur utilisation nécessite d'observer certaines règles qui permettent alors, dans l'immense majorité des cas, d'en éviter les effets secondaires.

– *La puvathérapie* : dans le sillage de l'ancienne héliothérapie, cette thérapeutique lie l'action d'une molécule photosensibilisante, le psoralène, à une lumière ultraviolette A; ses effets, en particulier antiprolifératif pour les cellules de la peau, immuno-modulateur et pigmentogène sont thérapeutiques, par exemple pour le psoriasis, la pelade ou le vitiligo (ce dernier en ce qui concerne l'effet pigmentogène).

– *Les rétinoïdes* : molécules dérivées de la vitamine A, ils ont, entre autres, aussi bien par voie locale que par voie générale, amélioré considérablement l'évolution de l'acné.

– *Le tacrolimus* : comme la ciclosporine, parfois utilisée par voie générale dans le psoriasis, c'est une molécule immuno-suppressive, mais son application sur la peau s'est révélée efficace dans la dermatite atopique modérée et sévère de l'adulte et de l'enfant de plus de deux ans sans entraîner d'effets secondaires à part, parfois une sensation transitoire de chaleur, brûlures ou picotements [7].

Les enjeux de la chronicité

Cependant, malgré toutes ces avancées considérables réalisées dans le domaine de la recherche étiologique, de la recherche thérapeutique et même de la prise en charge plus globale et en particulier cosmétologique du malade dermatologique, les maladies cutanées les plus fréquentes et les plus connues du public (la dermatite atopique, le psoriasis, la pelade, le vitiligo et même l'acné) demeurent très souvent des maladies chroniques. Or les dermatologues prennent conscience actuellement qu'ils sont aussi concernés que les médecins qui s'occupent, par exemple d'hypertension artérielle ou de diabète, par les deux principaux problèmes posés par la chronicité, à savoir : l'observance thérapeutique et la préservation de la qualité de vie du malade. Bien sûr les maladies cutanées que nous avons citées ne mettent pas en jeu la vie du malade mais, comme nous l'avons déjà indiqué et comme nous le verrons un peu plus loin, elles touchent la peau, organe visible privilégié de la vie de relation : elles altèrent l'image que le sujet a de lui-même et celle qu'il désire offrir à autrui.

Plutôt un cancer...

Charles, depuis l'enfance, souffre d'une maladie de peau étendue à tout le corps et très prurigineuse : une dermatite atopique. C'est un homme maigrelet aux cheveux gras et collés par les pommades, au visage rouge et squameux, barré par d'énormes lunettes en écaille, aux vêtements froissés et avachis. Après chacun de nos entretiens, j'aère quelques minutes mon bureau afin de me débarrasser d'une odeur acre et tenace liée à la maladie elle-même et aux divers traitements de celle-ci. Charles est employé de mairie, célibataire et casanier. De temps à autre, pour se donner le courage de se rendre à des invitations amicales qui se font de plus en plus rares, il boit un petit verre de cognac. Selon ses propres termes, il aurait préféré souffrir d'une maladie beaucoup plus grave que la dermatite atopique mais atteignant un organe profond et caché. Il aurait même préféré, me dit-il, souffrir d'un cancer.

L'OBSERVANCE THÉRAPEUTIQUE

Une étude comparative récente a montré que le retentissement psychique (en l'occurrence les taux de prévalence des idées suicidaires actives) en particulier du psoriasis et de l'acné était plus important que le retentissement psychique de maladies somatiques autres que dermatologiques mais réputées comme étant beaucoup plus graves (maladies cardiaques, rhumatologiques et même cancéreuses) [8]. Ainsi, les dermatologues ont dû se rendre à l'évidence : les maladies cutanées chroniques sont aussi douloureuses à vivre que toutes les autres maladies somatiques chroniques mettant la vie en danger. Ils ont donc dû réfléchir, comme tous les autres médecins issus de spécialités différentes, et souvent avec l'aide d'associations de malades, à ce qui pouvait, dans leur façon d'exercer la dermatologie, favoriser ou, au contraire, entraver l'instauration d'une relation médecin-malade suffisamment bonne pour améliorer l'observance thérapeutique (et ainsi, par exemple, réduire le « nomadisme médical », c'est-à-dire le fait d'aller de dermatologue en dermatologue à la quête d'un traitement « miracle ») et la qualité de vie du malade.

LA QUALITÉ DE VIE

Pour apprécier la qualité de vie des malades dermatologiques, des échelles ont d'ailleurs été élaborées permettant la mesure, par les malades eux-mêmes, et éventuellement par les membres de leur famille, de leur qualité de vie et de son éventuelle modification en fonction d'un traitement adapté de la maladie. Dans le psoriasis, par exemple, on peut utiliser une échelle qui évalue l'incapacité ou l'infirmité liée à cette maladie (le Psoriasis Disability Index). Cette échelle repose sur des items, ayant trait à divers aspects de la vie : difficultés avec l'habillement, la toilette, les relations sexuelles, le travail ou la prise de médicaments ainsi qu'avec les coiffeurs, l'utilisation d'appareils communautaires, les relations sportives, la saleté induite dans la maison et enfin avec le fait de boire ou de fumer davantage [9].

Les dermatologues se sont alors aperçus que, contrairement à certaines autres idées reçues, les maladies cutanées sont aussi invalidantes que les autres maladies pouvant mettre le pronostic vital en jeu. Ainsi, une étude récente a montré que les malades atteints de psoriasis faisaient état d'une réduction de leur autonomie physique et d'une altération de leur fonctionnement psychologique comparables à ce que l'on rencontre dans les maladies cancéreuses, les maladies rhumatologiques, l'hypertension artérielle (HTA), les maladies cardiaques, le diabète et la dépression [10].

En outre, les recherches actuelles sur la qualité de vie des malades dermatologiques mettent en évidence l'importance dans la qualité de vie du « stress perçu », c'est-à-dire du stress provoqué par la maladie cutanée elle-même (le psoriasis, en l'occurrence) plus que des caractéristiques cliniques de la maladie (durée, étendue, traitement...), sauf en ce qui concerne le caractère affichant des lésions [11]. Ce dernier point est même actuellement discuté. En effet, les scores obtenus lors de la passation d'une échelle évaluant le vécu de stigmatisation chez les psoriasiques indiquent que ce vécu paraît indépendant de toutes les caractéristiques cliniques du psoriasis (y compris, donc, de son caractère affichant ou non). Cela souligne l'importance, quand survient une maladie cutanée, de la cohérence, de la stabilité et de la qualité de l'image de soi que le sujet a construite avant même la survenue de sa maladie cutanée ainsi que de la qualité des relations affectives nouées avec autrui depuis la toute petite enfance : c'est un aspect fondamental de la dermatologie.

La peau nue

Une magnifique jeune femme blonde me rencontre à propos d'un psoriasis. Depuis l'âge adulte, elle souffre en effet d'un psoriasis très peu étendu (touchant seulement un coude et une petite zone d'un genou) mais qui l'oblige, dit-elle, à porter en toute occasion et par tous les temps des vêtements extrêmement couvrants. Cependant, depuis l'adolescence, elle manque d'estime de soi, traquant chez elle-même la moindre imperfection physique ou psychique. Elle est aussi très exigeante à son égard et à l'égard des autres, ce qui complique sa vie conjugale et professionnelle (elle travaille dans le monde du spectacle).

Ces traits de personnalité la poussent à demander à son dermatologue des traitements de plus en plus sophistiqués et dangereux. C'est d'ailleurs pour cette raison que ce dermatologue me l'a adressée. Lors de sa psychothérapie analytique avec moi, cette jolie jeune femme prendra conscience de ses difficultés à rivaliser avec les autres femmes. En de nombreuses circonstances, en effet, elle se dévalorise et elle se met en échec. Elle liera cette façon d'être, qui la fait tant souffrir, au fait que, petite fille puis adolescente, elle craignait déjà de rivaliser avec sa mère, femme extrêmement déprimée que son père, me dit-elle, protégeait sans cesse.

Dix-huit mois après le début de sa psychothérapie, lors de son dernier entretien avant l'été, elle arrive les bras nus et commence l'entretien par ces mots : « Je me fiche de mes plaques depuis que je me dispute moins avec mon mari et que la mise en scène de mon nouveau spectacle a été appréciée. Ce n'est pas quelques plaques de psoriasis qui vont me défigurer et m'enlever de la valeur. »

La médecine des maladies chroniques doit donc prendre en compte non seulement la maladie elle-même et son traitement mais aussi son retentissement psychique et social ainsi que l'observance thérapeutique et la qualité de vie du sujet malade. Bref, elle prend en compte le malade dans sa globalité, le considérant comme un sujet unique traversé par une histoire singulière. Ce sont les premiers pas d'une véritable approche psychosomatique, approche qui sera détaillée plus loin.

Aux antipodes d'*Urgences*

La médecine des maladies chroniques est très différente de la médecine des urgences. Cette dernière est, en effet, très enseignée, médiatisée, valorisée (tout le monde a vu la série télévisée *Urgences*). Elle fait la part belle à l'action, à la technique, à la science, aux valeureux médecins entourés d'une équipe soignante solidaire, ayant tout pouvoir sur un malade passif et se battant contre la mort et dont les succès sont admirables et les échecs acceptés. Il en est tout autrement pour la médecine des

71

maladies chroniques. Celle-ci est une médecine peu enseignée, plus obscure, moins glorieuse. C'est aussi une médecine de la durée et de la réflexion, solitaire, faite de tâtonnements, de rechutes, d'usure, dont les gratifications sont limitées et les échecs culpabilisants. Elle nécessite enfin une participation active du malade mis en position d'apprenti (le malade-élève apprend, par exemple, de son dermatologue-maître, comment appliquer les corticoïdes, les effets secondaires de ces derniers...). Ce malade-élève peut, idéalement, devenir un véritable allié thérapeutique du médecin.

Inspecter, palper... et écouter

La médecine des maladies chroniques est souvent une pratique inconfortable, ingrate, imprévisible dans ses résultats, et impliquante, car faisant largement appel à la conscience morale du médecin, à ses aptitudes relationnelles, psychologiques et pédagogiques et à sa subjectivité. En effet, tout particulièrement dans ce contexte, le médecin est interpellé par le malade dans ses représentations, ses convictions, ses croyances et éprouvera plus ou moins consciemment des affects variés provoqués par cette interpellation (phénomène connu sous le nom de contre-transfert).

L'exercice de la médecine des maladies chroniques et affichantes malmène beaucoup la vocation médicale. Le médecin doit apprendre à s'écouter lui-même face à ses malades, c'est-à-dire à reconnaître les sentiments induits en lui-même par le malade et qui pourraient entraver la relation médecin-malade. Écouter le malade et l'entourage affectif de ce dernier est un aspect fondamental et indispensable de la relation médecin-malade pour instaurer une alliance thérapeutique.

Pourquoi dire ce qui se voit ?

Voici le témoignage que Claude Benazeraf nous livre dans
Les chagrins de la peau : « Combien de fois, à la rituelle question
"Qu'est-ce qui vous arrive ? ", me suis-je entendu répondre par
un patient qui me tend ses mains, me montre son visage ou
commence même à se dévêtir : "Vous le voyez bien, docteur."
Comme s'il n'y avait rien à dire [...]. Entre la dermatose et le
médecin, il faut donc créer une médiation [...], la parole [12].» Et,
en effet, il ne faut pas oublier que la maladie cutanée, qui se
montre au médecin, peut tout à fait court-circuiter toute parole.

En écoutant le malade, le dermatologue évite de
s'enfermer dans un savoir médical immuable, accentuant
la dissymétrie entre celui qui saurait et celui qui ne saurait pas et qui ne pourrait donc rien apprendre, rien suggérer à celui qui sait. Le rôle du savoir médical est, en
effet, de constituer un appui, un outil de travail, sans
cesse remodelé et revérifié par des apprentissages et des
expériences variés dont font partie les rencontres avec les
malades. L'écoute du médecin est une écoute attentive
qui sait accorder de l'importance à ce qui pourrait
paraître banal et qui sait s'interroger sur ce que tait le
malade, à l'aide de questions simples (par exemple, le
contexte biographique dans lequel la maladie est apparue). La relation médecin-malade confiante qui s'instaure
alors doit respecter la réserve, voire la pudeur du malade,
sans pour autant que le médecin projette sa propre gêne
sur un malade qui ne demanderait qu'à s'exprimer
pourvu qu'on y mette les formes. C'est une écoute qui sait

se laisser surprendre, étonner par les signes cliniques, paracliniques et discursifs du malade et attendrir.

Cette écoute active établit des liens entre ces différents signes, même si ces liens paraissent inhabituels, inattendus, voire, éventuellement, en contradiction avec les convictions médicales personnelles du dermatologue. Elle fait du dermatologue un interlocuteur disponible et tolérant. Il peut accueillir les hypothèses étiologiques formulées par ses malades, leurs doutes, leurs craintes sans les balayer négligemment d'un revers de main mais, bien au contraire, en tentant d'en comprendre les ressorts cachés. C'est particulièrement important en dermatologie, où la médiatisation a été particulièrement forte ces dernières années.

Dites, docteur, ce ne serait pas...

La dermatologie est une spécialité très médiatisée. Les malades, avant de rencontrer un énième praticien ont lu des magazines, écouté la radio et la télévision, beaucoup consulté (pas toujours des médecins d'ailleurs, mais aussi des rebouteux ou autres marabouts) et ont essayé de nombreux traitements sans résultats. Ils peuvent aussi avoir des idées arrêtées sur, par exemple, le risque de cicatrices définitives, la corticothérapie locale ou bien l'origine psychologique d'une affection cutanée. « Ce ne serait pas psychologique ? » peut dire, au tout début d'une consultation, une mère angoissée et se pensant coupable de ne pas avoir été assez bonne mère pour empêcher son enfant de tomber malade et, ce, d'autant plus si une hérédité morbide se situe dans sa famille. Dans une telle situation, il est parfois fondamental de demander, tout simplement, à cette mère ce qui pourrait l'amener à penser à une telle éventualité puis de l'écouter parler...

Seule une écoute attentive de chacun des principaux interlocuteurs, des désirs, des résistances et des conditions de vie de ceux-ci permettra au dermatologue de proposer des orientations thérapeutiques acceptables et donc observables par le malade. Rappelons, pour la bonne observance thérapeutique, un certain nombre de conditions trop souvent négligées.

– *Il est indispensable de prendre en considération le vécu du malade et de chacun des membres de la famille* (si le malade est un enfant) par rapport à la maladie et par rapport aux traitements déjà reçus ou imaginés.

– *Il est nécessaire d'expliquer longuement et de façon répétée les traitements dermatologiques, de prescrire des traitements faisables et d'éviter la surenchère thérapeutique.* Il ne sert à rien de prescrire un traitement local long et compliqué chez un enfant si, par exemple, les parents de cet enfant le déposent à 7 heures du matin chez une nourrice. Il ne faut pas oublier non plus quand, en cas d'affection cutanée allergique, on interdit l'ingestion de tel ou tel aliment ou la compagnie d'un animal domestique, que ces interdictions peuvent être reprises de façon excessivement stricte par des parents qui veulent bien faire et entraîner des conséquences douloureuses pour l'enfant (par exemple la rupture avec le copain parce que celui-ci a un chat ou de la moquette chez lui).

– *Il est important, pour une meilleure observance du traitement, de prendre en compte les problèmes d'ordre cosmétologique* liés aux affections cutanées mais aussi aux traitements de celles-ci : il faut donc aider les malades à les résoudre le plus raisonnablement possible.

– *Les problèmes financiers ne sont pas non plus à négliger.* Les émollients coûtent cher (surtout s'il existe plusieurs sujets malades dans la même famille) et risquent donc de ne pas être appliqués entre les poussées des maladies.

Au bout du compte, en réalisant ce que peut être la vie d'un malade dermatologique au quotidien, en fonction de son histoire et de son contexte familial et social, le médecin accepte d'enrichir progressivement sa pratique en intégrant dans ses schémas de pensée les solutions, astuces ou trouvailles, qui permettent à chaque malade de composer avec sa maladie cutanée et avec les contraintes thérapeutiques liées à cette dernière (c'est ce qu'on appelle l'« attitude empathique » du médecin qui sera développée plus loin).

Le dermatologue a donc ajouté à l'inspection et à la palpation des lésions cutanées, l'écoute du malade, des membres de l'entourage familial de ce dernier, et celle de ses propres idées, plus ou moins reçues ainsi que celle de ses propres mouvements affectifs face à son malade et à la maladie de ce dernier. Tout au long de cet ouvrage nous constaterons que toucher et écoute sont toujours étroitement liés que ce soit dans le domaine de la dermatologie comme dans celui de la vie socio-affective en général ou de la psychanalyse.

Quelques exemples de résistance

En cas de psoriasis, certains malades ne comprennent pas qu'on en soit encore, à l'aube du XXIe siècle, à appliquer des pommades comme traitement. D'autres se méfient des corticoïdes locaux à propos desquels ils ont entendu dire le plus grand mal par les membres de leur famille, leurs amis, leurs pharmaciens, leurs médecins éventuellement. En outre, l'enfant ou l'adulte malade peut faire de son psoriasis un refuge permettant d'éviter les contacts affectifs quels qu'ils soient. Les malades enfin, parfois avec la complicité d'un médecin, ont baissé les bras devant une maladie cutanée qu'ils considèrent comme incurable ou dont ils craignent la guérison car elle risquerait alors d'être remplacée, en cas de dermatite atopique par exemple, par un asthme. Ainsi, les résistances du malade à se traiter seront prises en considération par le médecin : il s'agit, en effet, d'établir une alliance thérapeutique en « composant » avec de telles résistances, plutôt qu'en les combattant de front.

L'École française de dermatologie à la découverte du psychisme

En écoutant leurs malades, les dermatologues se sont peu à peu aperçus que ceux-ci incriminaient, à l'origine de leurs maladies cutanées, des facteurs psychologiques et, en particulier, des événements de vie traumatisants. Ce mouvement a réellement pris forme au tout début du XIXe siècle parmi des dermatologues de la toute nouvelle École française de dermatologie. Plusieurs d'entre eux ont suggéré que des facteurs psychologiques pouvaient jouer un rôle dans le déclenchement et les poussées de certaines dermatoses. Parmi les pionniers, on peut citer :
– Pierre-Louis Alphée Cazenave et son élève Maurice Chausit pour qui certains prurits s'expliquent par « des émotions morales vives » ;
– Alfred Hardy qui fait le lien entre l'augmentation du nombre de cas de pelade et le siège de Paris (il faut cependant remarquer que des dermatologues ont suggéré que les cas de psoriasis ont été, au contraire, moins nombreux pendant la Seconde Guerre mondiale) ;
– Louis Brocq pour qui les névrodermites, c'est-à-dire des lésions cutanées érythémato-squameuses épaisses provoquées par le grattage, sont de véritables

« stigmates d'un mal profond » et doivent être rapportées au « nervosisme » des sujets [13] ;

– Ernest Henry Besnier qui, avec Louis Brocq et Louis Jacquet, lie l'eczéma à la « neurasthénie » du sujet [14].

Les échanges entre tous ces dermatologues à propos du rôle des facteurs psychologiques dans le déclenchement ou les récidives des dermatoses sont souvent très polémiques. Par exemple, en ce qui concerne la pelade, beaucoup de dermatologues pensent, comme Alfred Hardy, que des traumatismes physiques ou des chocs émotifs peuvent être à l'origine de cette affection. Ainsi L. Fredet, en 1879, rapporte le cas d'une pelade chez une femme survenue deux jours après l'écroulement du plancher sur lequel elle se tenait [15]. Pour d'autres comme Raimond Sabouraud, ce ne sont que des « contes de fées » [16].

En fait, il faut véritablement attendre Albert Touraine et son élève Solange Lambergeon pour que les constatations d'ordre psychologique rapportées jusqu'alors de façon anecdotique et éparse soient décrites de façon plus précise et plus systématique. Publiée en 1949, la thèse de médecine de Lambergeon, soutenue à Paris en 1949 et intitulée *Contribution à l'étude de la psychodermatologie somatique*, passe en revue non seulement les « psycho-ectodermatoses primitives » (décrites dès 1946 par Albert Touraine) mais aussi les « dermatoses constitutionnelles » diverses telles que l'acné, le lichen plan, le psoriasis, la pelade, la sclérodermie, la tuberculose cutanée. À chacune de ces dermatoses constitutionnelles, Solange Lambergeon fait correspondre un type physique particulier ou des traits de personnalité spécifiques. Ainsi, par exemple, les sujets souffrant d'une pelade auraient un type physique longiligne ; ceux souffrant de psoriasis auraient tendance, du point de vue des traits de personnalité, à fabuler et à dramatiser [17]. Le traité de *Dermatologie* de Robert Degos résume bien, en fin de compte, la place réservée jusque dans les débuts des années 1950 à la psychodermatologie au sein de la dermatologie française : on y évoque assez fréquemment (par exemple, pour le prurit, le psoriasis ou la pelade) le rôle de « chocs émotionnels » ou celui « des états conflictuels et des troubles caractériels » en précisant néanmoins que l'impact des chocs émotionnels est réservé « aux émotifs et aux déséquilibrés du système neurovégétatif [18] ».

Au début des années 1950, le courant qui tient compte du psychisme en dermatologie prend de nouvelles orientations. Deux dermatologues, en particulier, Pierre de Graciansky et Marc Bolgert vont, en collaboration avec des psychiatres et psychanalystes, réaliser des études sur des séries de malades. C'est ainsi que, chez de nombreux malades souffrant de dermatoses, on parvient à dégager des traits communs – par exemple, une enfance difficile marquée par les frustrations ; des troubles sexuels ; et l'existence d'un choc émotif pendant les jours ou semaines précédant la survenue de la dermatose. Les maladies cutanées sont donc considérées comme des modes de soulagement d'une angoisse née d'un conflit psychique. Se pose aussi la question du choix de l'organe malade, car la peau, organe visible de la vie de relation, peut être un organe de choix, pour exprimer « un complexe de culpabilité » et se punir [19]. Ces affirmations rappellent, dans une certaine mesure, les thèses de Georg Groddeck. Ce dernier, disciple et contemporain de nationalité allemande de Freud, s'est intéressé à une lecture psychanalytique des maladies somatiques, en extrapolant, parfois abusivement, au domaine des troubles organiques le modèle de l'hystérie, ce qui a fini par attirer un certain discrédit sur une œuvre par ailleurs riche en intuitions.

79

L'eczéma : un besoin de caresses ?

Pour Groddeck, toute maladie organique a un « sens » et peut avoir pour origine, comme le symptôme de conversion hystérique, un désir inconscient insatisfait. Parlant de l'eczéma, il écrit ainsi en 1923 dans *Le livre du Ça* : « Voici ce qu'il [l'eczéma] disait [...] : "Vois donc comme ma peau désire être doucement chatouillée. Il y a un charme si merveilleux dans un léger attouchement et personne ne me caresse. Comprends-moi, viens-moi en aide. Comment pourrais-je mieux exprimer mon désir que ces égratignures auxquelles je me force ! " [20] ».

Les études de Marc Bolgert et Michel Soulé vont, quant à elles, porter sur la nature psychosomatique ou non du psoriasis. Menées auprès de séries de patients psoriasiques pris au hasard (33, 75 puis 200 sujets), elles permettent de conclure que, dans l'immense majorité des cas, des facteurs psychologiques jouent un rôle important dans le déclenchement de la maladie. Ces facteurs sont endopsychiques, c'est-à-dire liés à la personnalité : par exemple, plus de la moitié des patients psoriasiques seraient des « psychasthéniques », selon la terminologie du psychiatre français Pierre Janet, c'est-à-dire des individus ayant « une constitution anxieuse avec léger état dépressif » ; les facteurs sont également exopsychiques, soit liés à des chocs affectifs brutaux ou bien (et les psychosomaticiens actuels insistent sur cette dernière dimension) à une « ambiance chroniquement pénible » [21]. Plus tard, dans les années 1970, Pierre de Graciansky et O. de Poligny réfuteront la présence d'un profil psychologique caractéristique ou d'un conflit psychique spécifique susceptibles de déclencher ou d'entretenir un psoriasis.

Les malades psychosomatiques ont-ils des fantasmes ?

Faut-il, par exemple dans le cas du psoriasis, reconnaître une valeur symbolique à la localisation des lésions sur une zone cutanée précise [22] ? On pourrait s'attendre à une réponse par l'affirmative. Pourtant, pour les psychanalystes de l'École psychosomatique de Paris, principalement Pierre Marty, Michel de M'Uzan, Christian David et Michel Fain, le symptôme somatique ne revêt aucun sens. Pour ces psychanalystes, en effet, la vie fantasmatique des malades somatiques est pauvre, voire inexistante, tandis que seuls émergent des contenus concrets, « raisonnables ». C'est ainsi qu'apparaît le concept de « pensée opératoire » : pensée sans contact avec l'inconscient qui caractériserait les malades somatiques [23]. Ces questions du sens éventuel du symptôme somatique et de l'existence ou non d'une « pensée opératoire » chez les malades somatiques et en particulier dermatologiques sont toujours d'actualité et vivement débattues.

Au fur et à mesure des années, les dermatologues ont donc été de plus en plus amenés à considérer les liens noués entre les maladies cutanées et le psychisme. Il faut noter à ce propos que, au fur et à mesure des publications faites dans ce domaine, le terme *psychosomatique* perd son trait d'union. Il n'était cependant pas encore possible de s'aventurer beaucoup hors de la pathologie dermatologique et de considérer toutes les fonctions de la peau et, en particulier, le toucher.

81

Et aujourd'hui ?

Avant d'approfondir les liens entre la peau (souffrant ou non d'une maladie), le toucher et le psychisme, nous pouvons déjà dire que, schématiquement, les liens entre maladies cutanées et psychisme s'expriment principalement dans trois domaines de la pathologie dermatologique :
– les répercussions psychologiques et les complications psychiatriques des dermatoses ;
– les expressions dermatologiques de troubles psychiatriques ;
– le rôle des facteurs psychosociaux dans le déclenchement ou les récidives de diverses dermatoses.

Tout au long de cet ouvrage seront évoquées des maladies cutanées issues de ces différents domaines de la pathologie dermatologique. Nous allons, d'ores et déjà, décrire les principales caractéristiques cliniques des plus fréquentes d'entre elles. D'autres maladies cutanées, plus exceptionnelles, seront décrites lorsqu'elles seront citées pour éclairer un aspect particulier de la problématique du toucher.

LES RÉPERCUSSIONS PSYCHOLOGIQUES ET LES COMPLICATIONS PSYCHIATRIQUES DES DERMATOSES

Il en a été déjà beaucoup question en particulier quand ont été évoqués les problèmes liés à la qualité de vie des malades souffrant d'une maladie cutanée chronique. Je voudrais juste insister à ce propos sur le risque d'instauration à bas bruit chez tout malade dermatologique d'un état dépressif secondaire à cette maladie et pouvant l'entretenir. L'humeur dépressive joue un rôle majeur dans l'observance, la réponse thérapeutique, le pronostic, voire la létalité de nombreuses affections. En effet, comment se faire d'un malade déprimé, ayant perdu le contact avec ses proches, un allié thérapeutique ? Toutefois, deux écueils principaux entravent la prise en compte de l'humeur dépressive dans la relation médecin-malade : la difficulté du diagnostic différentiel lorsque les symptômes de la dépression recouvrent ceux de la maladie physique qu'elle peut accompagner (comme la fatigue par exemple), mais aussi et surtout la collusion du silence entre médecin et malade.

Pourquoi ce silence autour de la dépression ?

D'un côté, le malade a honte de son état (la dépression est encore malheureusement considérée bien souvent comme une maladie honteuse par les malades) ou bien il n'en est pas conscient (une dépression chez un adolescent peut, par exemple, se révéler seulement par un brutal fléchissement scolaire ou bien, plus bruyamment, par une fugue). De l'autre, le médecin craint de blesser son patient en parlant de dépression, considère « normal » d'être découragé quand on souffre de certains troubles physiques sévères, ou bien encore ne se sent pas armé pour y faire face et redoute de ne pas pouvoir contenir les affects tristes de son malade ou d'être débordé par son propre attendrissement. Or un tel moment, dans la consultation, au cours duquel le patient est « touché » émotionnellement par les propos de son médecin, peut être, bien au contraire, déterminant pour l'établissement d'une relation médecin-malade plus vraie et de meilleure qualité et donc, pour améliorer qualité de vie et observance thérapeutique.

LES EXPRESSIONS DERMATOLOGIQUES DE TROUBLES PSYCHIATRIQUES

Elles sont nombreuses et variées, peut-être parce que la peau, organe privilégié de la vie de relation depuis la naissance, est visible et facilement accessible aux manipulations du sujet lui-même. Dans une grande majorité des cas, les malades souffrant de lésions cutanées provoquées par un trouble psychiatrique consultent en première intention un dermatologue. C'est donc bien souvent à ce dernier qu'incombe le long et délicat travail qui consiste à faire prendre conscience à un malade de l'origine strictement psychique de ses lésions cutanées. Nous citerons deux de ces expressions dermatologiques : les délires cutanés et le prurit psychogène.

• Les délires cutanés
Parmi ces délires extrêmement nombreux et variés – de la conviction d'émettre une odeur corporelle désagréable à celle d'avoir un objet étranger dans la peau ou de présenter un aspect inesthétique d'une partie du corps ou du corps tout entier (dysmorphophobie délirante) – le délire d'infestation cutanée par des parasites est particulièrement fréquent en dermatologie. Il s'accompagne souvent au niveau du revêtement cutané, de sensations variées à type de prurit, picotement, fourmillement. Classiquement, le délire d'infestation cutanée est monothématique, il coexiste avec une adaptation sociale de relativement bonne qualité et survient chez une femme de plus de 60 ans isolée sur le plan socio-affectif, privée d'échanges corporels tendres.

84

Quand le dermatologue se fait psychiatre

Le principal problème du délire d'infestation cutanée classique est celui d'amener une malade âgée, délirante, convaincue d'être infestée par des parasites et cherchant de l'aide auprès des médecins généralistes, dermatologues, parasitologues, à prendre un traitement psychotrope (neuroleptique et/ou antidépresseur), et même, si cela s'avère nécessaire aux yeux du dermatologue, à aller voir un psychiatre. Dans ce but, il est fondamental de ne jamais négliger le traitement local dermatologique y compris dans sa dimension cosmétologique et le plus souvent antiparasitaire. D'ailleurs, il est fréquemment rapporté qu'un traitement chimique psychiatrique est d'autant mieux suivi par une malade qu'il est prescrit par un dermatologue attentif à soutenir psychologiquement sa malade mais aussi à l'aider à prendre mieux soin de sa peau...

On s'accorde généralement sur la causalité multiple du délire d'infestation cutanée. Ce dernier est en effet parfois favorisé par des sensations prurigineuses d'origine physiologique (rôle du vieillissement cutané) ou pathologique. Dans ce cas, il peut s'agir d'une pathologie métabolique (insuffisance rénale ou hépatique, diabète), toxique (corticostéroïdes, surdosage de médicaments à propriétés anticholinergiques comme l'atropine, les antidépresseurs, les tricycliques, les antiparkinsoniens), dermatologique (sécheresse cutanée, véritable infestation cutanée préexistante) ou enfin alimentaire (alimentation pauvre en vitamines B).

Mais ce sont les facteurs psychologiques qui contribuent pour une très large part à la pathogenèse du délire : celui-ci survient, en effet, le plus souvent au cours d'un état dépressif et anxieux sévère sur une personnalité de type sensitif. Le délire est aussi fréquemment sous-tendu par de véritables hallucinations tactiles et une tendance interprétative. Certains chercheurs ont même invoqué dans le déclenchement du délire le rôle des perturbations sensorielles des personnes âgées (atteintes de la vision et de l'audition, carence des échanges tactiles). Au sens strict du terme, le délire d'infestation cutanée survenant dans le cadre d'un affaiblissement démentiel constitue un diagnostic d'élimination. De même, quand un tel délire survient chez un sujet beaucoup plus jeune et s'accompagne d'autres idées délirantes et d'autres troubles de la personnalité il peut être révélateur d'une schizophrénie.

• Le prurit psychogène

Le prurit se définit comme une sensation cutanée particulière provoquant le besoin plus ou moins incoercible de se gratter. Cette sensation, absente au niveau des muqueuses ou des viscères, peut être généralisée à toute la peau ou localisée sur une seule zone cutanée (périanale, génitale, par exemple). Le grattage entraîne lui-même des lésions cutanées : stries érythémateuses, turgescence des follicules pileux, excoriations en coups d'ongles, épaississement ou pigmentation cutanés, ongles lisses et brillants.

Le prurit peut être provoqué par des causes somatiques très nombreuses aussi bien locales, cutanées (la gale ou la dermatite atopique) que générales (de l'insuffisance rénale aux maladies des lignées sanguines). Le problème majeur du prurit est donc celui de la recherche minutieuse de sa cause grâce à une relation médecin-malade confiante. Parmi toutes les causes possibles, prennent placent les causes psychologiques isolées (le prurit psychogène) ou intriquées à une cause somatique.

Le prurit psychogène est un trouble fonctionnel, c'est-à-dire qu'il n'existe pas à son origine une cause somatique. Un tel trouble est souvent révélateur d'une dépression parfois associée à une anxiété. D'ailleurs, il a été montré que dans trois grandes maladies cutanées réputées comme étant plus ou moins prurigineuses (le psoriasis, la dermatite atopique et l'urticaire chronique), l'intensité du prurit était parallèle à l'intensité de l'état dépressif associé [24]. Le prurit psychogène peut aussi révéler une grande anxiété ou une agressivité.

Le traitement du prurit est le traitement de sa cause. Quand il s'agit d'un prurit psychogène le traitement psychologique est fondamental. Il associe, sans jamais négliger le traitement local ou/et général du symptôme prurit, un traitement antidépresseur seul ou avec un anxiolytique et une psychothérapie (parfois une relaxation).

La dame en noir

Quand je la rencontre, Michèle est une masse informe enveloppée dans une cape noire. Elle porte un chapeau noir enfoncé jusqu'aux yeux et des lunettes noires. Elle me parle très vite de son enfance, triste et solitaire chez des grands-parents où, dit-elle, elle avait été abandonnée par ses parents. À l'âge adulte, son travail est passé avant tout et en particulier avant sa vie affective. Michèle est devenue la chef du personnel admirée et redoutée d'une petite entreprise. Elle s'est sentie enfin reconnue et appréciée à sa juste valeur. Mais, n'ayant pas pu résister aux frasques de son patron, l'entreprise a périclité. Michèle s'est retrouvée au chômage. La dégringolade, selon ses propres termes, a commencé : dépression, alcoolisme, prise de poids, puis survenue d'un féroce prurit généralisé et, enfin, d'une érythrodermie (toute la peau est érythémateuse).

Après plusieurs années d'une telle évolution, le diagnostic

de lymphome cutané a été porté (affection maligne caractérisée par la présence de lymphocytes nombreux et atypiques d'abord seulement dans la peau, puis dans le sang, les ganglions, la moelle osseuse). Toutefois, cette grave affection cutanée qui se généralisera n'expliquait pas, à elle seule, selon les somaticiens eux-mêmes, l'intensité du prurit. En effet, Michèle se grattait nuit et jour. Ses lésions de grattage la défiguraient. Elle ne se reconnaissait plus dans les miroirs. Elle avait fait venir sa mère chez elle pour la gratter dès qu'elle le lui demandait. Si celle-ci refusait ou même repoussait à un peu plus tard le fait de la gratter, Michèle faisait de terribles scènes. Elle disait elle-même : « Je suis comme un bébé, je veux tout, tout de suite. » Elle en voulait à son mari qui lui manifestait, cependant, élans tendres et sexuels.

Michèle a été bien sûr traitée pour son affection cutanée et pour sa dépression. Au cours de son long suivi, elle a pu faire la part entre le prurit qui revenait à son affection cutanée et celui, incoercible, qui, selon ses propres termes, survenait quand elle était seule ou qu'elle se sentait trop frustrée. Michèle expliquait aussi combien sa maladie cutanée avait fait d'elle un déchet ne valant plus rien, selon elle, aux yeux des autres et combien cette maladie, omniprésente, était aussi un paravent dissimulant la terrible blessure d'amour-propre provoquée par le chômage.

Avant de mourir, terrassée par son affection cutanée et générale, Michèle avait pu arrêter de boire, retrouver une jolie silhouette, accepter les élans amoureux de son mari et reconduire sa mère chez elle. Mais surtout, avant de mourir, elle avait pu lire dans les yeux des autres, y compris dans ceux de ses soignants et de moi-même, de la tendresse, de l'admiration pour la façon dont elle avait combattu la maladie et certains aspects d'elle-même.

LE RÔLE DES FACTEURS PSYCHOSOCIAUX DANS LE DÉCLENCHEMENT OU LES RÉCIDIVES DE DERMATOSES DIVERSES

Voici quelques grandes entités cliniques qui ont toutes en commun un certain nombre de caractéristiques : la possibilité de survenir à tout âge, la chronicité, le caractère multifactoriel et souvent génétique, le rôle des facteurs psychosociaux (car dans toutes ces pathologies les facteurs psychosociaux peuvent jouer un rôle de « détonateur » sur un terrain prédisposé), la gêne esthétique tant du point de vue du regard que de celui du toucher. Selon les malades, une peau abîmée par la maladie n'attire plus le toucher et entrave l'expression des courants tendre et érotique, et, donc, la vie affective et sexuelle. Cependant, assez souvent les malades expliquent combien, eux-mêmes, d'abord, ont des difficultés à accepter les caresses, à s'y abandonner. Ils craignent toujours, disent-ils, de déclencher chez l'autre un mouvement de surprise, de retrait ou, pis, de rejet et de dégoût, mettant donc dans la tête de l'autre (souvent prêt, par amour, à faire abstraction de la maladie de son partenaire) leurs propres mouvements négatifs à l'égard de leur image de soi, qu'ils vivent comme très endommagée par la maladie.

En outre, s'il paraît évident que les maladies atteignant les zones génitales entravent encore plus que d'autres la vie affective et sexuelle, il faut noter aussi combien les maladies atteignant les mains sont aussi très mal vécues par les malades eux-mêmes, non pas seulement parce qu'elles sont visibles, mais aussi parce qu'elles atteignent la main, partie privilégiée du corps pour toucher, caresser, et donc, se porter vers l'autre. À ce propos, insistons sur les bienfaits de certaines approches corporelles, comme les massages par exemple, dont il sera question plus loin dans cet ouvrage, pour réconcilier le malade avec sa peau, avec son corps, et retrouver ainsi le plaisir d'éprouver des sensations corporelles et cutanées agréables et bienfaisantes.

• La dermatite atopique (ou eczéma atopique)

C'est une dermatose multifactorielle exemplaire pour montrer combien, dans le déclenchement des poussées d'une dermatose, les facteurs psychologiques peuvent intervenir conjointement aux facteurs biologiques tels que le facteur héréditaire, le facteur infectieux ou le facteur environnemental (avec, dans ce cas, des allergènes multiples tels que les pneumallergènes, les acariens, les allergènes alimentaires).

La dermatite atopique est une dermatose inflammatoire chronique, avec libération d'histamine et de nombreux autres médiateurs cutanés, qui évolue par poussées et qui peut débuter à tout âge mais, fréquemment, entre le 2e et le 4e mois de la vie. Elle se manifeste sur une peau sèche dans l'ensemble, et ne tolérant guère la laine, par des lésions d'eczéma : des placards érythémateux couverts de vésicules plus ou moins visibles, mais surtout excoriées par le grattage, dernier stade de réactions immunologiques en chaîne déclenchées entre autres, par la pénétration d'un allergène dans le peau. Le prurit est constant lors des poussées, même s'il est plus ou moins intense. Les lésions prédominent, chez l'enfant avant l'âge de 2 ans, sur le visage, les faces d'extension des membres, le cuir chevelu et le siège. Plus tard, les lésions prédominent sur les plis de flexion (creux poplités, plis des coudes) sur les mains et la région périorale.

Très souvent, chez le sujet lui-même ou chez des membres de sa famille existe un terrain atopique qui rassemble, à côté de la dermatite atopique, plusieurs maladies : asthme, rhinite allergique (c'est-à-dire le rhume des foins), urticaire. Les anomalies biologiques sont inconstantes. Il peut exister une élévation dans le sang des immunoglobulines E globales (augmentées en cas d'hypersensibilité à divers allergènes) et une augmentation de cellules sanguines particulières appelées polynucléaires éosinophiles (on les retrouve dans les tissus et elles jouent un rôle important dans les réponses inflammatoire et immunitaire).

Le traitement de la dermatite atopique lutte contre l'infection souvent provoquée par le grattage, contre la sécheresse cutanée grâce à des émollients qui ne sont malheureusement pas souvent remboursés par la Sécurité sociale et, bien sûr, contre l'inflammation (le plus souvent, une corticothérapie locale, adaptée à chaque forme de dermatite atopique est indispensable).

• Le psoriasis
C'est une dermatose fréquente (en France, 2 à 3 % de la population en souffriraient), caractérisée cliniquement par des lésions érythémato-squameuses bien limitées, grossièrement bilatérales et symétriques, évoluant par poussées. Ces lésions correspondent à une accélération du renouvellement de l'épiderme (de 28 jours à quelques jours). Les cellules de l'épiderme, les kératinocytes, se multiplient de façon très intense et les cellules cornées, les kératinocytes les plus externes, s'empilent en strates très épaisses, formant ainsi les squames de psoriasis.

Des formes sévères de psoriasis existent en raison de certaines localisations particulièrement handicapantes (mains, pieds), de l'étendue (psoriasis généralisé), d'un caractère inflammatoire important (psoriasis pustuleux), de l'association à une atteinte rhumatismale.

91

La maladie psoriasique surviendrait, sur un terrain génétique prédisposant, à la suite de facteurs déclenchants variés (infection – qui peut être générale –, médicament, stress, facteur irritatif local avec apparition d'une lésion psoriasique à l'endroit même de l'irritation cutanée : c'est le «phénomène de Köbner»). Cette association (terrain génétique + facteurs déclenchants) impliquerait l'immunité et entraînerait des réactions inflammatoires et prolifératives cutanées que les différents traitements visent à atténuer afin de permettre la disparition des lésions cutanées, leur «blanchiment», comme les dermatologues et les malades ont coutume de dire (des corticoïdes appliqués localement aux immunosuppresseurs par voie générale en passant par la photothérapie).

C'est comme quand on sort de prison...

François, après quatre ans d'évolution, grâce en particulier, à un traitement local acharné, est débarrassé de son psoriasis. Quelques semaines après l'obtention de ce «blanchiment». François revient me voir en proie à un état anxio-dépressif majeur et couvert d'excoriations cutanées provoquées par un prurit féroce. Il me dit alors : « Maintenant que ne j'ai plus mon psoriasis c'est comme si je sortais de prison. En prison, on se dit que dehors tout ira bien, qu'on n'aura plus aucun problème puisque tous les problèmes sont provoqués par le fait d'être prisonnier. Mais, à la sortie, on s'aperçoit que les problèmes sont toujours là et, en plus, il y en a d'autres, des nouveaux et on se sent bien démuni pour les affronter.» Le traitement de François a été repris et complété. Il a comporté un traitement local associant des corticoïdes et des cosmétiques, ces derniers pour permettre à François de s'occuper de sa peau avec plaisir, un traitement général chimique antidépresseur et une psychothérapie.

• La pelade

La pelade réalise une chute des cheveux (alopécie) ou des poils en plaques circonscrites sans modification du cuir chevelu lui-même. La repousse des cheveux et des poils est donc très longtemps possible. Quand elle atteint tout le cuir chevelu, on parle de « pelade décalvante totale » ; quand elle n'épargne ni les cheveux, ni les poils de tout le corps, on parle de « pelade universelle ».

La pelade est considérée comme une maladie auto-immune (le sujet malade fabriquant lui-même des anticorps prenant les follicules pileux comme cibles). Elle est d'ailleurs aussi fréquemment associée à d'autres maladies auto-immunes, en particulier thyroïdiennes. Elle est considérée, enfin, comme une maladie parfois génétique (deux personnes d'une même famille peuvent en être atteintes).

Les traitements préconisés sont variés, des corticoïdes locaux à la puvathérapie corporelle totale en passant par l'application de substances irritantes susceptibles de stimuler la repousse des cheveux et/ou des poils.

• Le vitiligo

C'est une dermatose qui touche environ 1 % de la population d'Europe occidentale et qui, dans environ un tiers des cas, est génétique. Les lésions cutanées réalisent des macules d'un blanc neigeux, bien limitées, localisées à une région du corps ou, au contraire, généralisées. Ces macules correspondent à des zones cutanées où la quantité des principaux pigments qui participent à la coloration de la peau (les mélanines) est nettement diminuée avec une atteinte des cellules cutanées qui fabriquent ces pigments (les mélanocytes).

L'origine du vitiligo n'est pas connue, mais quelques mécanismes physiologiques responsables de cette affection commencent à être élucidés. Certains, s'appuyant en particulier sur l'association assez fréquente du vitiligo à d'autres maladies auto-immunes (atteignant, en particulier, la glande thyroïde ou les glandes surrénales) évoquent, à l'origine du vitiligo, des phénomènes auto-immunitaires (la fabrication par l'organisme lui-même d'anticorps contre les mélanocytes). Mais le rôle d'une prédisposition génétique comme cela vient d'être indiqué ainsi que celui d'un dysfonctionnement des fibres nerveuses cutanées sont aussi retenus.

Les traitements du vitiligo restent encore aléatoires. Ils visent surtout à apporter un gain esthétique au malade, soit en tentant de repigmenter les lésions de vitiligo (corticothérapie locale, photothérapie), soit en dépigmentant le reste du tégument quand le vitiligo est très étendu. Mais, dans ce dernier cas, il faut aider les malades à penser à se protéger de la lumière et du soleil. Parfois, les malades sont satisfaits lorsqu'on les encourage seulement à camoufler leurs lésions dépigmentées par des autobronzants ou des bases colorées courantes résistantes à l'eau et photoprotectrices.

• L'acné
L'acné, dont les formes cliniques sont multiples, peut survenir à tout âge. Arrêtons-nous quelques instants plus particulièrement sur l'acné juvénile. Il s'agit certes d'une maladie cutanée extrêmement banale qui ne pose pas de problème diagnostique et actuellement très peu de problèmes thérapeutiques, mais l'acné juvénile n'est pas sans poser de nombreux problèmes d'ordre psychologique. Il y a le retentissement psychique, l'observance thérapeutique

94

et aussi le fait que l'anxiété, l'instabilité émotionnelle et une importante réactivité aux stress peuvent être des facteurs aggravants, en particulier, au niveau de la composante inflammatoire de cette affection. Précisons que ce qu'on appelle le stress renvoie, au sens strict du terme, à la fois aux contraintes qui mettent en péril l'équilibre d'un organisme et aux réactions de cet organisme pour rétablir son équilibre menacé par ces contraintes. Ajoutons que de telles contraintes peuvent être externes (quand, par exemple, un sujet exerce un métier salissant), mais aussi internes (quand, par exemple, un sujet est confronté à un désir incompatible avec son éducation, sa morale).

L'acné juvénile atteint dans nos régions 80 % des adolescents. Sa sévérité est très variable d'un adolescent à un autre. Surtout, elle est vécue très différemment selon les adolescents et elle retentit plus ou moins sur leur qualité de vie et sur leur état psychique.

L'adolescence d'une jeune fille rangée

Dans ses *Mémoires*, Simone de Beauvoir raconte ainsi : « J'enlaidis, mon nez rougeoyait, il me poussa sur le visage et sur la nuque des boutons que je taquinais avec nervosité. Ma mère, excédée de travail, m'habillait avec négligence, mes robes informes accentuaient ma gaucherie. Gênée par mon corps, je développai des phobies ; je ne supportais pas, par exemple, de boire dans un verre où j'avais déjà bu. J'eus des tics : je n'arrêtais pas de hausser les épaules, de faire tourner mon nez. « Ne gratte pas tes boutons, ne tourne pas ton nez », me répétait mon père. Sans méchanceté mais sans ménagement, il faisait sur mon teint, sur mon acné [...] des remarques qui exaspéraient mon malaise et mes manies [25]. »

Les dermatologues connaissent bien, maintenant, les mécanismes physiopathologiques qui provoquent l'acné. C'est une maladie des follicules pilo-sébacés, ce qui explique sa prédominance dans les zones corporelles où les glandes sébacées sont les plus nombreuses et les plus grandes, c'est-à-dire le visage et le dos. Elle est composée de lésions variées : les comédons (les fameux « points noirs » tant « tripotés » par les adolescents) ainsi que des lésions inflammatoires situées plus ou moins profondément dans la peau, des papules aux nodules. Ces derniers, en guérissant, peuvent même laisser des cicatrices...

L'acné : une réaction en chaîne

À la puberté, sous l'influence des hormones mâles (les androgènes) sécrétées par les glandes surrénales, les testicules et les ovaires, les glandes sébacées sécrètent de plus en plus de sébum. Ce sébum en excès est retenu dans le canal pilo-sébacé (la glande sébacée s'abouche par un canal dans le canal pilaire qui lui-même s'ouvre à la surface de la peau) par une hyperkératose (une prolifération des cellules cutanées – les kératinocytes – qui tapissent le canal pilo-sébacé) qui obstrue et dilate ce canal. C'est ainsi que se forment les comédons dans lesquels sont retrouvés du sébum, des kératinocytes, des fragments de poil. Enfin, des bactéries vont coloniser les comédons et déclencher les lésions inflammatoires.

Dans l'acné, les traitements sont efficaces. Ils visent à réduire l'excès de sébum, à détruire les comédons, à lutter contre l'inflammation. Les médicaments topiques, à appliquer donc chaque jour le plus souvent sont indispensables (ils sont comédolytiques ou anti-inflammatoires). Les traitements oraux (les antibiotiques et, surtout, pour les acnés sévères, les rétinoïdes) sont aussi très utiles. Mais, comme le souligne Florence Poli, tous ces traitements, pour être efficaces, « exigent une persévérance ce qui peut paraître fastidieux aux adolescents. L'observance et, donc, la réussite du traitement dépendent en grande partie du dialogue institué entre l'adolescent et son médecin [26]. »

Le dermatologue doit ainsi écouter son malade, c'est-à-dire les idées reçues, les fantasmes (mais non, l'acné ne guérit pas avec les relations sexuelles !), les désirs de ce dernier à propos de son acné et du traitement de celle-ci. Il doit aussi expliquer à l'adolescent les bases physiopathologiques, les modalités et les objectifs du traitement. Enfin, il est important de prendre en considération les plaintes esthétiques exprimées par un adolescent acnéique à propos des effets secondaires cutanés du traitement (par exemple, le dessèchement de la peau) afin d'y remédier de façon adaptée. Cependant, il peut aussi arriver qu'un adolescent se sente trop partagé entre son désir d'avoir une peau séduisante et celui de rester, grâce à son acné, encore en dehors des jeux de la séduction, pour pouvoir se traiter correctement. N'oublions pas que c'est pour échapper aux assiduités de plus en plus pressantes de son père que Peau d'Âne se revêt d'une peau particulièrement affreuse, sale et malodorante...

QUELQUES AUTRES MALADIES DE PEAU

Les quelques affections cutanées particulièrement fréquentes et connues que nous venons d'évoquer ne résument pas, bien sûr, la pathologie dermatologique. En effet, les affections cutanées sont extrêmement nombreuses puisqu'elles peuvent toucher les différents éléments constitutifs de la peau et des phanères (les différentes cellules présentes dans la peau, les vaisseaux, la graisse, les fibres collagènes et élastiques, les nerfs, les glandes sébacées et sudorales, les poils, les ongles...) ainsi que la cohésion des différentes couches de la peau entre elles (l'épiderme, le derme et l'hypoderme). Certaines affections cutanées peuvent aussi être l'expression au niveau de la peau de maladies générales (comme le lupus érythémateux disséminé ou la sclérodermie), de maladies des lignées sanguines (comme les lymphomes) ou encore de maladies intestinales (maladie de Crohn, rectocolite hémorragique).

Les causes des affections cutanées sont très variées et, bien sûr, souvent non psychiques, en tout cas si on se réfère à l'état actuel de nos connaissances dans ce domaine. En effet, les affections cutanées peuvent être, principalement d'origine allergique, infectieuse (bactérienne, virale comme l'herpès ou le zona, mycosique, parasitaire), médicamenteuse, environnementale (le froid, le soleil, l'alcool, le tabac peuvent aggraver ou provoquer des maladies cutanées), de surcharge par dépôt de substances (de lipides, par exemple), vasculaire (les ulcères de jambes), génétique (congénitale ou non), auto-immune (dans ce cas, très souvent, la cohésion de la peau est atteinte et, par exemple, l'épiderme peut se décoller du derme ce qui provoque la formation de bulles cutanées), tumorale bénigne ou maligne. Arrêtons-nous sur trois affections cutanées très différentes qui montrent bien l'extrême diversité de la pathologie dermatologique : l'herpès, l'eczéma dit de contact et le mélanome.

• L'herpès
L'herpès est une affection virale provoquée par le virus herpès simplex de type I ou II qui est transmis lors de la primo-infection, par un contact cutané ou muqueux

entre deux individus. Ce contact peut être génital et l'herpès est alors une véritable maladie sexuellement transmissible. Pendant la période plus ou moins longue de latence, le virus disparaît de la zone cutanée ou muqueuse qui a été infectée lors de la primo-infection, mais il persiste dans les neurones sensitifs du ganglion nerveux dont dépend cette zone. Cette période de latence peut être rompue par différents facteurs : fièvre, fatigue, règles, traumatisme local ou acte chirurgical touchant le ganglion nerveux infecté, soleil, et par des facteurs psychologiques (l'anxiété par exemple). On voit là l'association pathogène possible d'une cause biologique bien repérable, virale en l'occurrence, et de facteurs psychologiques.

Quand la période de latence est rompue, les récurrences cliniques surviennent sur la zone cutanée ou muqueuse primitivement infectée et elles se manifestent par des sensations isolées pendant quelques heures de picotement, brûlure ou démangeaison suivies par une éruption de vésicules sur une base érythémateuse qui va guérir en une dizaine de jours.

L'herpès est la plupart du temps une affection bénigne. Cependant elle peut retentir de façon importante sur l'état psychique du patient quand les récurrences, au niveau génital surtout, sont fréquentes. Cette affection virale risque aussi de provoquer de graves séquelles oculaires quand elle atteint l'œil. Enfin, la primo-infection herpétique peut avoir des conséquences somatiques dramatiques et parfois même mortelles chez l'enfant souffrant d'une dermite atopique étendue, chez le sujet dont les défenses immunitaires sont diminuées (les greffés ou les malades souffrant d'un sida, par exemple) ou chez le nouveau-né, souvent prématuré, quand celui-ci a été infecté, lors de son passage dans le vagin et à travers la vulve, par sa mère le plus souvent infectée elle-même pour la première fois par le virus herpès simplex type II en fin de grossesse (septicémie ou méningo-encéphalite herpétiques).

Dans les cas graves, le traitement (préventif et curatif) de l'herpès est devenu plus efficace depuis l'utilisation de molécules antivirales (comme l'aciclovir) en application locale ou par voie générale. Mais répétons-le, l'herpès est une affection virale le plus souvent bénigne ; elle est aussi très fréquente.

L'herpès gladiatorum

L'herpès a été décrit, sous une forme épidémique, chez des jeunes gens pratiquant... la lutte gréco-romaine (d'où le terme d'« herpès gladiatorum »!) ou le rugby. La primo-infection se fait lors d'une compétition sportive, alors que la peau est un peu lésée et que le contact est intensifié par le frottement et par l'irritation dus au maillot de combat. Bruno Halioua rapporte le cas d'un jeune lutteur, de 22 ans, membre d'une équipe universitaire, chez qui l'herpès survenait la veille des compétitions alors que le jeune lutteur disait qu'il souffrait, dans ces circonstances d'un « stress se propageant du ventre au menton ». Certains médecins avaient pensé, à son propos, au diagnostic, de lésions autoprovoquées pour échapper au combat. Bruno Halioua, pour insister sur les conséquences psychologiques d'une telle affection, écrit : « C'est en spectateur triste et angoissé sur le banc... de touche qu'il – le jeune lutteur – avait assité aux combats auxquels il était donné favori [27] ».

• L'eczéma dit de contact
L'eczéma dit de contact (ou « dermatite allergique de contact ») peut survenir en dehors de tout contexte génétique et, donc, chez tout sujet, à la suite d'un contact direct

ou par voie aéroportée avec une substance exogène qui a pu être tolérée pendant des années, mais qui, à un moment donné, va déclencher une réaction cutanée allergique. Cependant, classiquement, cette réaction survient 7 à 10 jours après le premier contact et 24 à 72 heures après les contacts ultérieurs. La substance exogène s'appelle « allergène » après sa rencontre avec une protéine de l'épiderme. L'eczéma aigu, qui en résulte, peut être très impressionnant, surtout au niveau du visage : celui-ci est rouge, œdématié, couvert de vésicules qui laissent couler un suintement qui fera ensuite place à des croûtes. Ces lésions cutanées s'accompagnent d'un prurit intense.

Le retentissement psychique d'un tel eczéma est souvent majeur à cause de la brutalité de la survenue de la maladie, de l'importance des lésions et du prurit, du risque de changement de travail si la substance en cause se trouve dans le milieu professionnel. Cet eczéma de contact aigu est une véritable urgence dermatologique qui nécessite une prise en charge thérapeutique rapide afin de soulager le malade au plus vite (rinçage abondant, brumisation d'eau distillée ou d'eau minérale, puis dans un deuxième temps corticothérapie locale).

Bien sûr, l'éviction de l'allergène en cause est la phase essentielle de la démarche thérapeutique. Elle n'est possible qu'après la recherche de cet allergène grâce à un interrogatoire minutieux et souvent répété, complété par des tests épicutanés qui visent à identifier l'allergène responsable en reproduisant, a minima, l'eczéma de contact. Toutes les sources de contact doivent donc être explorées : professionnelles, vestimentaires, cosmétiques, médicamenteuses. Si l'éviction de l'allergène est impossible (quand, par exemple, comme le nickel, l'allergène est ubiquitaire), l'eczéma risque de se chroniciser et de devenir ce qu'on appelle un « eczéma sec » (les lésions cutanées sont rouges et squameuses).

À propos des phénomènes allergiques, notons que ceux-ci sont connus pour être souvent labiles et très sensibles aux suggestions hypnotiques. Des travaux ont permis, par exemple, de mettre en évidence lors d'une sensibilisation d'un sujet par le dinitrochlorobenzène et le diphénylcyclopropénone des réactions allergiques modifiées en intensité de façon significative selon les suggestions hypnotiques proférées pendant la sensibilisation [28].

Œdèmes et antihistaminiques

L'urticaire et l'œdème de Quincke sont aussi des réactions allergiques cutanées. Cependant, elles sont le plus souvent provoquées par l'ingestion ou l'inhalation d'une substance allergisante (aliments, médicaments) ou par des facteurs physiques l'eau, le soleil, le froid, la pression, un exercice physique, un bain chaud ou par des piqûres le plus souvent de guêpes, abeilles ou frelons ou, enfin, par des facteurs psychologiques (stress).

Les mécanismes physiologiques aboutissant à des lésions œdématiées du derme (dans l'urticaire) ou de l'hypoderme (dans l'œdème de Quincke) sont sous-tendus par de nombreuses substances différentes dont l'histamine sécrétée par des cellules cutanées appelées mastocytes. D'où, pour le traitement de ces réactions allergiques l'utilisation fréquente de substances antihistaminiques. Notons que l'œdème de Quincke qui atteint préférentiellement les muqueuses et, en particulier la muqueuse pharyngo-laryngée, peut mettre en danger la vie du sujet quand l'œdème atteint la glotte et le larynx. Là encore, il s'agit d'une véritable urgence dermatologique.

• Le mélanome
Le mélanome est un cancer développé sur une peau normale ou sur un nævus préexistant (« un grain de

beauté » qui se « transforme »), à partir des mélanocytes, les cellules cutanées qui fabriquent la mélanine, le pigment de la peau. La capacité de métastaser de ce cancer, dans les ganglions et dans les différents organes, est très grande malgré une masse tumorale primitive faible. « Une banale petite tâche noire sur la peau et on est condamné », m'a dit un jour un jeune homme qui devait mourir quelques mois plus tard d'un mélanome. L'évolution de cette tumeur est cependant souvent imprévisible, même si son épaisseur et son degré d'invasion en profondeur dans la peau sont des facteurs pronostiques importants. Son traitement consiste tout d'abord en l'exérèse chirurgicale codifiée selon son épaisseur.

Protégez-vous !

La fréquence du mélanome augmente beaucoup plus rapidement, actuellement, que celle des autres cancers (on a dit qu'elle doublait dans les pays occidentaux tous les 6-10 ans). Le mélanome devient donc un véritable problème de santé publique. En effet, s'il est déterminé par des facteurs constitutionnels (clarté de la peau et des cheveux, aptitude au « coup de soleil », présence de grands et nombreux nævi de couleur et de contours irréguliers, antécédents familiaux de mélanome), les expositions prolongées et fréquentes aux rayonnements ultraviolets (UVB surtout) jouent actuellement un rôle important dans son déclenchement. Or, si les campagnes d'information se multiplient à ce propos, elles ne changent pas beaucoup l'appétence des jeunes femmes, en particulier, pour le bronzage. Nous en donnerons les principales raisons plus loin.

À propos de cette grave affection cutanée, le mélanome, on peut insister sur le fait que lors d'une maladie,

cutanée en l'occurrence, si le rôle des facteurs psychologiques comme facteurs de risque de survenue de cette
maladie paraissent réduits, cela ne veut pas dire que ce
rôle soit aussi réduit d'un point de vue pronostique. Une
étude portant sur un essai thérapeutique randomisé a
comparé deux groupes de malades souffrant d'un mélanome malin au stade d'une tumeur primitive isolée, et
âgés d'au moins 18 ans. Les autres critères d'inclusion
étaient l'absence, dans les antécédents, de traitement psychiatrique ainsi que de radiothérapie, chimiothérapie,
immunothérapie ou corticothérapie.

Chez des malades du groupe expérimental ont été pra-
tiqués l'ablation chirurgicale de la tumeur, un suivi médical et une intervention psychocomportementale juste
après l'acte chirurgical et ce chaque jour pendant
6 semaines (avec la mise en place de séances de relaxation,
de groupes de parole, de réunions éducatives quant à la
santé). Chez les malades du groupe contrôle ont été prati-
qués l'ablation chirurgicale de la tumeur et un suivi médical. L'intervention psychocomportementale était centrée,
entre autres, sur l'apprentissage de stratégies d'ajustement
au stress afin de lutter contre les stratégies visant à éviter
pensées et affects en relation avec le mélanome. Ces stratégies d'ajustement au stress comprenaient des stratégies
actives comportementales (par exemple, des activités physiques, ne pas hésiter à consulter...) et des stratégies
actives cognitives (par exemple, comprendre sa maladie,
en accepter les effets sur sa vie en se centrant sur les effets
positifs...).

Au bout de six ans, les résultats de cette étude ont été
les suivants. Dans le groupe expérimental, le taux de survie était plus élevé que celui constaté dans le groupe
contrôle. De plus, le taux de récidive et le taux de survie
étaient prédits indépendamment par 4 variables : l'indice

de Breslow (il mesure l'épaisseur de la tumeur); la qualité des stratégies d'ajustement au stress; une augmentation des stratégies actives d'ajustement au stress (si cette augmentation se situait dans les 6 mois suivant l'inclusion); l'existence ou non dans les antécédents de troubles psychiques (dépression, anxiété, hostilité...) [29].

LA PEAU MALADE DU SOLEIL

Qui n'a jamais offert son visage et son corps aux caresses du soleil avec un grand sentiment de bien-être? Et, en effet, le soleil réchauffe et met de meilleure humeur. En outre, il régule les rythmes circadiens, combat le rachitisme et peut améliorer parfois certaines maladies, en particulier cutanées (le psoriasis ou la dermatite atopique, par exemple). Les rayonnements ultraviolets artificiels, associés ou non à des molécules photosensibilisantes, sont même utilisés pour traiter de nombreuses maladies cutanées. Cependant, malgré les progrès réalisés par les laboratoires pharmaceutiques dans la photoprotection externe, qu'il faut de toutes les façons renouveler toutes les deux heures, les caresses intenses, prolongées et répétées du soleil peuvent brûler et consumer... l'imprudent.

Des maladies générales à expression cutanée comme le lupus érythémateux disséminé sont aggravées par le soleil. Parfois, en cas par exemple d'actinoréticulose, la photosensibilité (c'est-à-dire l'intolérance au soleil comme à tout rayonnement ultraviolet artificiel) est si intense qu'elle oblige le malade à vivre 24 heures sur 24 dans le noir total avec, comme on peut s'en douter, un risque suicidaire majeur. Des maladies cutanées variées sont non seulement aggravées, mais provoquées par le soleil lui-même (du « coup de soleil » et de la banale lucite estivale bénigne des jeunes femmes aux divers cancers cutanés). Enfin, nous avons souligné précédemment le rôle important du soleil, dans la survenue du mélanome et dans le vieillissement cutané (parfois dès l'âge de 30 ans). Et pourtant, au risque donc d'en mourir, de nombreux individus, et surtout des jeunes femmes à peine sorties de l'adolescence, fascinés par les messages que les médias martèlent (« la réussite appartient à ceux qui sont jeunes, beaux et souvent bronzés ») s'exposent de façon répétée et prolongée aux rayonnements ultraviolets naturels ou artificiels.

En toute connaissance de cause?

Une industrie très lucrative a su rendre attractives les cabines d'UV en mettant en avant le fait que le bronzage obtenu artificiellement était plus sûr que celui obtenu naturellement par le soleil. C'est le fameux « *safer tan than sun* [30] » auquel les utilisateurs de cabines adhèrent très souvent, prêts à s'illusionner sur les bienfaits de la technologie et ne se protégeant alors ni la peau ni les yeux. Une étude réalisée sur un échantillon de 987 jeunes Américains du Minnesota a montré que 34 % utilisaient régulièrement des cabines d'UV et que seulement la moitié d'entre eux avait été informée par les patrons des cabines d'UV des risques qu'ils prenaient [31].

Dans une autre étude, suédoise cette fois, réalisée en 1993 auprès de 1 502 élèves âgés de 14 à 19 ans, 57 % des élèves ayant répondu à un questionnaire portant sur leurs habitudes concernant le bronzage avaient au moins utilisé 4 fois une cabine à UV dans l'année écoulée. Parmi eux, 70 % étaient des filles et 44 % des garçons. L'utilisation des cabines à UV était significativement corrélée au tabagisme (à l'âge de 14-15 ans), au sexe (les filles le plus souvent), à l'âge (augmente avec l'âge), à un bronzage excessif au soleil et à la perception d'une mauvaise image de soi concernant le poids, la taille, les cheveux et le corps. Enfin, cette étude a montré que les élèves les mieux informés quant aux risques étaient ceux qui utilisaient le plus les cabines à UV. Il n'y a donc aucun parallélisme entre degré d'information et degré de prévention [32].

On sait que les adolescents, tout particulièrement, vivent dans l'instant, dans le moment présent (ils veulent tout, tout de suite) et éprouvent beaucoup de difficultés à supporter les contraintes. Ils subissent en effet tellement de remaniements psychiques et physiques qu'ils ne parviennent que difficilement à se projeter dans le futur et, *a fortiori*, dans le futur lointain. Ils préfèrent les gains narcissiques obtenus immédiatement et ne se sentent donc pas concernés par des risques à long terme. C'est ainsi qu'ils sont dans le déni de ces risques ou qu'ils tendent à afficher, face à ces derniers, un optimisme inébranlable, testant ainsi leur invulnérabilité. Bien entendu, un individu plus âgé peut avoir des conduites adolescentes à l'égard du bronzage et ce, je pense, d'autant plus qu'il a une mauvaise image de soi et une faible estime de soi, accompagnées ou non d'un état anxio-dépressif.

Dans les différentes études réalisées, la motivation la plus souvent invoquée pour être bronzé est celle liée à la recherche d'une amélioration de son apparence physique (et ceci aussi bien pour les femmes que pour les hommes) et donc de son pouvoir de séduction. Cette recherche n'est pas une surprise puisque le milieu socioculturel occidental favorise l'attachement des individus aux images en général et, plus particulièrement, à celles qui représentent des individus dont l'apparence physique suggère réussite sociale, pécuniaire et sexuelle, comme si cet ensemble était obligatoirement lié au bonheur (?) ! Enfin, le pouvoir de ces images tout particulièrement sur les jeunes gens est considérable, car ces derniers cherchent des modèles auxquels ils pourraient ressembler et sur lesquels ils pourraient reconstruire leur image de soi après tous les bouleversements physiques et psychiques qu'ils ont traversés à l'adolescence.

Un homme ne se pommade pas...

La constatation selon laquelle les jeunes hommes utilisent peu les crèmes solaires lors de leurs activités récréatives au soleil va dans ce sens. On retrouve là le désir de correspondre à l'image véhiculée par les médias d'un homme jeune, beau, fort, sportif, musclé et... bronzé que l'on ne voit jamais se protéger du soleil avec un chapeau ou avec des crèmes antisolaires. Les crèmes ont d'ailleurs encore chez les hommes une connotation de « crèmes de beauté pour les filles » et les appliquer peut même être considéré comme une attitude peu virile. Ce qu'exprime l'écrivain napolitain Erri De Luca dans son roman *Tu, mio* est donc encore d'actualité : « Le soleil est une main de surface, un papier de verre qui, l'été, dégrossit la terre, la nivelle, la lisse, sèche et maigre à fleur de poussière. Il fait la même chose avec les corps. Le mien, exposé jusqu'au soir, se fendait comme une figue en certains points seulement de mon dos et sur mon nez. Je ne mettais pas d'huiles solaires qui existaient pourtant déjà au milieu des années cinquante. C'était bon pour les étrangers ce pommadage, ce luisant sur le corps tel un anchois passé dans l'œuf avant la friture [33]. »

La motivation, pour être bronzé, de paraître en bonne santé, existe encore même si elle est moins souvent invoquée qu'il y a une quinzaine d'années [34]. Enfin, une motivation fréquemment retrouvée dans les études réalisées sur des échantillons de sujets questionnés à propos de leurs habitudes concernant le bronzage en cabine d'UV est la détente. Et il est vrai qu'il peut être tentant, après une journée trépidante tant au bureau qu'à la maison, de s'accorder un moment de détente, en bronzant, et donc de pouvoir ainsi s'échapper des contraintes journalières, les oublier et rêver... Dans ce but, les cabines d'UV sont très pratiques puisqu'elles sont le plus souvent disponibles immédiatement toute la journée et qu'elles reviennent moins cher qu'un voyage dans un pays ensoleillé mais lointain qui prendra plusieurs jours ou semaines à organiser[35].

Dans cette véritable conduite à risque que constitue le bronzage intempestif, le poids de notre société occidentale moderne, industrielle, fascinée par la technologie et l'argent, et soumise à la toute-puissance des images et des apparences, est donc certainement important. Ce poids se fait d'autant plus sentir chez les adolescents, les jeunes adultes et les sujets, jeunes ou moins jeunes, immatures affectivement et dépressifs. En effet, tous ces sujets ont, en général, une très faible estime de soi. Ils sont prêts à tout pour valoriser l'image qu'ils ont d'eux-mêmes et celle qu'ils offrent au regard des autres pensant ainsi colmater leurs failles imaginaires et secrètes. Le bronzage représente évidemment l'un des moyens relativement faciles d'accès pour valoriser l'image de soi, même si ces sujets connaissent bien, la plupart du temps, les risques à long terme qu'il comporte. Mais le gain immédiat l'emporte sur toutes les autres considérations.

Comment faire passer le message?

Les campagnes de prévention les plus efficaces ne peuvent être celles qui informent seulement sur le risque pour la santé à court et surtout à long terme du bronzage mais celles qui font prendre conscience aux médias, reflets de notre société, de la nécessité de se dégager du poids des industriels. Le fait de présenter des images attractives d'hommes et de femmes à peaux non bronzées, de cibler les messages sur les risques du bronzage sur la santé et sur l'apparence physique (le vieillissement cutané prématuré, par exemple) n'entraînerait plus le mouvement inconscient qui devrait nécessairement inscrire seulement dans le corps la réparation de l'image de soi.

LES URGENCES DERMATOLOGIQUES

À la lumière des maladies cutanées qui viennent d'être évoquées, on voit bien que c'est une idée reçue que de penser que les affections cutanées sont toujours bénignes. Leur pronostic est en effet variable, parfois grave, parfois même mortel. Olivier Chosidow, qui décrit parmi les urgences dermatologiques le « syndrome de détresse cutanée aiguë » associant des anomalies métaboliques, hémodynamiques, thermiques, nutritionnelles, immunologiques, rappelle fort justement que les affections cutanées étendues mettent en jeu le pronostic vital au même titre qu'une brûlure dont l'étendue serait supérieure à 20 % de la surface corporelle.

Ces urgences dermatologiques sont surtout provoquées par des infections, des médicaments, des phénomènes auto-immuns (par production d'anticorps contre, par exemple, le système de jonction, situé entre l'épiderme et le derme, ou celui situé entre les cellules de l'épiderme, ce qui entraîne un manque de cohésion des différents éléments de la peau et la production de bulles pouvant se surinfecter secondairement). Par exemple, le syndrome de Lyell (dont la cause est essentiellement médicamenteuse) est la plus sévère des dermatoses bulleuses avec une mortalité de 25 % et un risque élevé de graves séquelles oculaires pouvant aller jusqu'à la cécité par atteinte de la muqueuse conjonctivale. Dans un tableau dramatique avec une fièvre élevée et des érosions au niveau de toutes les muqueuses, l'épiderme se détache en vastes lambeaux, laissant à nu un derme rouge vif, suintant ou saignotant, ayant un aspect analogue à celui d'une brûlure du deuxième degré [36].

Chapitre III

L'ART DU TOUCHER

La peau est un organe sensoriel très performant; c'est aussi un organe visible et privilégié de la vie entre individus, elle participe de la séduction, de la vie amoureuse et de la vie psychique. La peau est liée au plaisir et elle doit même être suffisamment belle pour représenter le sujet. Sur la peau s'inscrivent les émotions. Racine fait dire à Phèdre : « Je le vis, je rougis, je pâlis à sa vue [1] », Edith Wharton, dans *Ethan Frome,* donne cette description de sa jeune héroïne : « Cette fois, elle ne rougit pas brusquement, mais peu à peu délicatement, on eût dit le reflet de sa pensée qui lui traversait le cœur [2]. »

Sur la peau s'inscrit le temps qui passe : l'entrée dans l'adolescence (la pilosité apparaît, parfois aussi une acné), les marques du vieillissement (les « plis d'expression », appelés par d'autres, rides), les cicatrices de traumatismes anciens (blessure de guerre, appendicectomie, chute de vélo). On se souvient que la nourrice aveugle d'Ulysse reconnaît son héros, à son retour à Ithaque, en touchant la cicatrice d'une plaie qu'il s'était faite enfant sur le genou. Sur la peau, enfin, prennent place des marques d'appartenance à un groupe social, à un sexe, à une filiation, renforçant ainsi l'identité du sujet par le jeu en particulier des modes (par exemple le maquillage, les

113

coiffures). Certains parlent même de « marques de fabrique » en se référant à leurs nævi, ou grains de beauté, auxquels ils tiennent parce que leur mère, leur père ou leur grand-mère avait les mêmes aux mêmes endroits... « Toucher mon grain de beauté me rassure », me disait une jeune patiente. Sa mère avait en effet le même au même endroit qu'elle et cette patiente s'était aperçue qu'elle avait d'autant plus besoin de ce « rassurement » qu'elle attaquait sa mère par ses propos lors de sa cure analytique avec moi ! Malgré ses attaques, son lien à sa mère n'était pas rompu, comme l'attestait la présence de ce grain de beauté. On le voit, si la peau est au carrefour d'un ensemble de liens qui s'étayent sur l'anatomie et la biologie, ces liens dépassent largement les cadres physique et physiologique et s'expriment dans des domaines aussi bien langagier, que socio-affectif et artistique.

Un peu d'étymologie

Le nom masculin « toucher », substantif du verbe toucher, désigne le sens du tact, puis l'action et la manière de toucher, enfin la qualité du corps au toucher. Le mot s'est spécialisé en musique (1690) puis en médecine (le toucher vaginal, en 1852). Quant au verbe « toucher », il bénéficie dans le *Dictionnaire historique de la langue française* (le Robert) d'une des définitions les plus longues de ce dictionnaire. Il comporte des sens variés, à la fois corporels et affectifs. Nous en évoquerons quelques-uns[3].
  – *Le verbe toucher a tout d'abord signifié « entrer en contact* avec une personne ou avec quelque chose » par l'intermédiaire d'un objet, de la main ou plus tard d'une autre partie du corps. Le contact peut impliquer l'agressi-

vité : toucher quelqu'un ou quelque chose signifie, à l'époque classique, « s'attaquer à » ; « donner la touche » ou « bailler la touche » signifie au xvᵉ siècle « maltraiter ». Toucher signifie également « porter la main sur quelque chose » c'est-à-dire palper, prendre, sans que le contact soit violent. L'institution du geste de toucher la main de quelqu'un en signe d'amitié apparaît au xvᵉ siècle et en signe d'accord au xviᵉ siècle. Toucher prend très tôt une valeur érotique (caresser, avoir des relations sexuelles aux xiiᵉ-xiiiᵉ siècles), mais le verbe pronominal « se toucher » au sens de « se masturber » apparaît beaucoup plus tard, au xviiᵉ siècle.

– *Le contact provoqué par le toucher peut aussi s'établir par l'argent* (« toucher sa paye » ; la Sainte-Touche désigne d'ailleurs le jour de la paye) ou par la parole (« je lui en ai touché deux mots ») ou par n'importe quel moyen de communication (lettre, téléphone). Les internautes qui se joignent en surfant sur Internet utilisent-ils encore ce terme ou le considèrent-ils comme trop désuet ?

– *Quant à la dimension affective du verbe toucher,* elle se révèle quand ce mot renvoie à intéresser, émouvoir, attendrir. On dit : « toucher la corde sensible », « toucher au cœur », « avoir du tact », « faire une touche ». Cette dernière expression serait liée à une valeur ancienne de « touche » correspondant à « émotion » à la fin du xviiᵉ siècle. Dans le film *Portrait de femme* réalisé par Jane Campion à partir du livre éponyme d'Henry James, lord Warburton dit ainsi à la femme qu'il aime, Isabel Archer : « Je suis d'un naturel réservé, quand je suis touché c'est pour la vie. » La dimension affective du verbe toucher renvoie aussi à atteindre pour faire du mal, pour blesser. On dit ainsi « toucher à mort ».

Un peu d'histoire

Dans le monde occidental et chrétien, le toucher entretient avec le corps et la foi des individus des liens forts : il est la marque invisible ou visible de la foi (baptême, stigmates). Le toucher a aussi le pouvoir de guérir quand il est exercé, notamment, par le roi : il éloigne, avant tout, les maladies visibles et contagieuses et, donc, dermatologiques. Les dermatologues, quand ils touchent leurs malades, sont encore de nos jours les héritiers de cette culture religieuse : le toucher médical n'a pas seulement une visée diagnostique et thérapeutique, il instaure aussi un contact émotionnel qui rassure le malade (quant à la contagiosité de sa maladie, par exemple) et lui permet de prendre la parole.

LE CHRIST

Le nom propre Christ désigne celui qui a été oint, c'est-à-dire enduit, parfumé, frotté avec un mélange d'huiles saintes. Cet acte d'oindre confère à celui qui en est l'objet un caractère royal et sacré. Le Christ a été oint par une femme pécheresse, Marie-Madeleine, qui essuiera, de ses cheveux, les huiles saintes. Les chrétiens appartiennent donc à une même communauté : celle des oints. Le baptême, l'extrême-onction sont dans cette continuité où une partie du corps du chrétien est effleurée.

Il est intéressant de noter, à ce propos, que les tatouages sont aussi une marque d'appartenance à un groupe plus ou moins marginal. Le tatouage est une pratique très ritualisée, même quand il est réalisé dans une grande ville comme Paris. Cependant, il est vrai que depuis que les tatouages paraissent un peu moins difficiles à enlever (grâce aux techniques qui utilisent le laser) et depuis, surtout, qu'il en existe de faux, à coller simplement sur la peau, la mode occidentale s'est emparée de cette « décoration cutanée » permettant à certains de « jouer les affranchis et les voyous », comme me l'a dit l'un de mes patients. Dans les sociétés traditionnelles, lointaines, ces marques sur le corps attestent bien sûr toujours que le sujet appartient à la tribu, qu'il est sacré et soumis à la divinité.

Le Christ est aussi celui qui touche, le plus souvent avec la main, parce qu'il a été ému, touché au cœur, attendri par le malheur d'un homme, d'une femme ou d'un enfant, pour guérir (les lépreux, les aveugles, les muets...) ou même ressusciter les morts. Jean Derrida écrit : « Jésus n'est pas seulement touchant, le Touchant, il est aussi le Touché [...]. C'est la condition du salut [4]. » Et, en effet, pour être sain et sauf, celui qui a la foi doit toucher Jésus ou ce qui est au contact du corps de Jésus (un manteau, par exemple).

LE TOUCHER ROYAL THAUMATURGE...

Les rois de France, jusqu'au XVIIe siècle, ont le pouvoir, comme les rois d'Angleterre, de guérir les écrouelles ou scrofules (c'est-à-dire les ganglions infectés par la tuberculose) en les touchant. Ces rois prennent place, ainsi, aux côtés des très nombreux saints guérisseurs dont le culte se développe au Moyen Âge et qui vont constituer le seul rempart, avec l'exclusion, contre la maladie, jusqu'à l'aube du XXe siècle.

Sainte Élisabeth (1207-1231), princesse de Hongrie, par exemple, soignait en les touchant, et même en les posant sur son sein, les pauvres souffrant de maladies cutanées contagieuses et souvent malodorantes. Louis XIV, quant à lui, touche les scrofuleux en prononçant ces mots : « le Roi te touche, Dieu te guérit. » Ce toucher royal thaumaturge a lieu lors des grandes fêtes religieuses, après la communion du roi à laquelle assistent les plus grands dignitaires du régime, et concerne des malades de basse origine. D'autres rites royaux se rapprochent de ce toucher royal thaumaturge, par exemple celui du lavement des pieds des pauvres par le roi avec participation cérémonielle des ducs. Selon Emmanuel Le Roy Ladurie, dans un article intitulé « La peau-prétexte ou le toucher royal des écrouelles », « Le roi, communiant et toucheur d'écrouelles (Louis XIV en l'occurrence) est donc bien la synthèse des trois fonctions incarnées dans sa personne et regroupées autour d'elle : sacralité; nobilité; et enfin santé et prospérité notamment plébéiennes [5] ».

... ET CELUI DU DERMATOLOGUE

Nul doute que le dermatologue, tout particulièrement, quand il touche la peau de ses malades, rassemble et transmet implicitement des messages déjà présents dans les différentes pratiques religieuses qui viennent d'être rapportées. Le toucher du dermatologue a, bien sûr, d'abord une visée diagnostique, comme nous l'avons dit plus haut, mais dès cet instant, dès la première palpation des lésions cutanées, le toucher s'inscrit déjà dans un cadre thérapeutique : il met en contact, rapproche physiquement et psychiquement le médecin et le malade, et rassure ce dernier. Rappelons-le à nouveau ici, les lésions cutanées ont depuis toujours été réputées comme contagieuses et considérées comme révélatrices de maladies stigmatisantes ou honteuses, telles que la lèpre ou les maladies vénériennes. Au Moyen Âge, la moindre lésion cutanée faisait étiqueter celui qui en souffrait de « lépreux » et pouvait le mettre à l'écart de la société. Tout contact avec les malades dermatologiques était donc interdit, tout comme il était interdit avec les malades atteints par les grandes épidémies de peste qui ont décimé la population européenne aux XIVe et XVe siècles. Tous ces malades devenaient des « intouchables ». Le poète Blaise Cendrars écrit dans *Prose du transsibérien et de la petite Jeanne de France* : « J'ai vu dans les lazarets des plaies béantes, des blessures qui saignaient à pleines orgues. / Et les membres amputés dansaient autour où s'envolaient dans l'air rauque. / L'incendie était sur toutes les faces dans tous les cœurs. / Des doigts idiots tambourinaient sur toutes les vitres. / Et sous la pression de la peur les regards crevaient comme des abcès [6] ».

On perçoit encore, souvent, de nos jours la force des fantasmes autour de la contagiosité des maladies de la peau – fantasmes ravivés ces dernières années par l'épidémie due au virus du sida – par exemple, lorsque s'exprime plus ou moins discrètement le soulagement d'un malade quand le dermatologue lui serre la main à la fin de la consultation (« vous me serrez la main, docteur », m'ont dit certains patients rencontrés au cours de ma pratique dermatologique) ou, au contraire, lorsqu'un discret mouvement de retrait est amorcé par un malade quand le dermatologue, pour différentes raisons, porte des gants afin d'examiner les lésions cutanées. D'ailleurs, au début de l'épidémie de sida, il n'était pas rare que des malades demandent à leurs infirmiers et à leurs infirmières de leur « faire la bise ». Si c'était là un mode relationnel habituel chez les homosexuels, c'était aussi, dans une certaine mesure, une façon pour eux de se réassurer, grâce à un tel baiser, à propos de leur non-contagiosité et même, pour certains, de mettre à l'épreuve la confiance qu'ils mettaient dans leurs soignants.

De toutes les façons, le toucher du dermatologue instaure avec le malade un premier dialogue implicite, confiant et tendre, cadre indispensable pour une verbalisation ultérieure par le malade, de ses questions, de ses difficultés, de ses espoirs, et pour une écoute attentive par le dermatologue de son malade. Les dermatologues racontent souvent combien leurs patients se confient facilement quand ils les soignent par un toucher le plus souvent instrumentalisé : nettoyage de peau, épilation électrique, électrocoagulation de couperose. De nos jours, les dermatologues, en effet, se contentent rarement de l'imposition des mains, sauf... peut-être pour le traitement des verrues en quelques occasions !

La folie du toucher

La peur de la contamination et de la souillure a été aussi, bien avant l'épidémie due au virus du sida, et reste de nos jours une thématique privilégiée de certains troubles psychiatriques appelés troubles obsessionnels compulsifs (TOC). Ces fameux TOC peuvent notamment s'exprimer par de nombreux et variés rituels de lavage et de désinfection visant à neutraliser ou à prévenir la moindre contamination par un objet ou un individu : cela peut aboutir à une véritable « folie du toucher », qualification utilisée par la tradition nosographique française pour désigner l'envahissement du champ de conscience par le trouble obsessionnel, donnant à autrui l'impression que le patient a perdu la raison, alors que le patient lui-même garde la capacité de critiquer son trouble, le considérant absurde et ridicule mais sans parvenir à le contrôler. Le dermatologue, devant des mains dont la peau est très sèche et très irritée, est bien placé pour penser à la possibilité de tels rituels chez un malade et en parler avec lui, avec tact... Ces malades restent, en effet, malgré l'information apportée par des médias, encore très honteux de leurs actes.

La crainte de la souillure existe aussi chez des sujets encore plus gravement malades psychiquement, où elle peut revêtir une dimension délirante. Micheline Enriquez, qui était psychanalyste, a rapporté le cas d'une jeune psychotique qu'elle appelle Fanchon. Fanchon est née de père et de mère inconnus. Elle a été abandonnée à sa naissance, puis adoptée et rebaptisée à l'âge de quelques semaines. Fanchon, quand elle rencontre Micheline Enriquez, est en proie à des hallucinations auditives épisodiques, elle entend des voix qui lui disent : « Qui est Fanchon X ? C'est une salope, elle sort du ruisseau. » Tout au long de son travail analytique Fanchon sera à la recherche de réponses à ses questions sur ses origines, à la recherche de son identité. À un moment, elle voudra renaître par la purification, lavée alors de la souillure de sa première origine et de « la faute » de sa première mère (sa mère biologique). Micheline Enriquez écrit à ce propos : « Fanchon recourra à des pratiques et à des rites de lavage de tous les objets qui ont été en contact avec sa peau, notamment le linge susceptible à tout moment d'être souillé par le corps. Son propre corps ne sera jamais lui-même assez propre, à tel point qu'elle le lavera et le frottera jusqu'à s'en arracher la peau jusqu'au sang. Elle lotionnera, shampooinera et s'arrachera également les cheveux d'une manière tout à fait compulsive [7]. »

LES STIGMATISÉS

Dans *L'âme à fleur de peau*, Gérard Guillet évoque les stigmatisés. Ces derniers ou plutôt ces dernières, car dans la grande majorité des cas ce sont des femmes, fascinaient mon patron de dermatologie, Jean Hewitt. Le problème posé par ces femmes est celui de l'origine factice (les stigmates étant secrètement provoqués par les stigmatisées elles-mêmes) ou spontanée des phénomènes cutanés observés (nous verrons plus loin qu'une pathologie souvent cutanée, d'origine psychique, la pathomimie pose le même problème aux différents soignants ; d'ailleurs, la pathomimie se rencontre, là encore, dans l'immense majorité des cas, chez des femmes). Supercherie ? Lésion spontanée ? Miracle ? Lésions provoquées dans un état « second » hypnoïde au décours de transes mystiques ? Le débat n'est pas clos même si des stigmatisées, à la fin de leur vie, ont pu confier qu'elles provoquaient elles-mêmes leurs stigmates et si, de nos jours, ce débat ne fait pas la une des journaux.

Pourtant, depuis le premier stigmatisé, saint François d'Assise, qui vit apparaître sur ses mains et sur ses pieds les mêmes plaies sanguinolentes que celles du Christ en Croix, chaque siècle a produit entre vingt et soixante nouveaux cas par an... ! Très peu de ces stigmatisés ont été, en fait, béatifiés ou canonisés et, quand ils l'ont été, c'est avant tout parce qu'ils avaient mené une vie exemplaire. Tout le monde se méfie des stigmatisés, les religieux comme les médecins...

Parmi tous ces stigmatisés, quelques noms reviennent plus souvent dans les publications : Padre Pio, Louise Lateau, Thérèse Neumann, Marthe Robin. Cette dernière (1902-1981), pendant cinquante ans, souffrira chaque vendredi de ses stigmates sous forme d'ecchymoses douloureuses, parfois saignantes, sur le front, le dos des mains et des pieds, et sur le flanc. Gérard Guillet lui-même ne tranche pas dans ce débat autour des stigmatisés. Il a la prudence et la finesse de conclure ainsi le chapitre qu'il leur consacre : « En vérité, plutôt que de s'interroger sur l'authenticité du phénomène des stigmates, il est sans doute plus juste de conclure qu'il existe toujours des croyants qui ont assez de ferveur pour ressentir ou désirer les stigmates, et qu'il existe toujours des fidèles pour désirer et croire à un témoignage physique et charnel de la présence de Dieu [8]. »

Le toucher de l'artiste

L'art et le toucher sont très souvent indissociables. Les musiciens apprécient le « toucher » d'un pianiste ou d'un harpiste ; on parle de la « touche d'un peintre ». Les sculpteurs et les peintres, tout particulièrement par le toucher, s'attaquent à la matière qu'ils ont choisi de travailler (le bois, la pierre, la toile, la peinture). Quand ils représentent la peau, ils suscitent souvent chez celui qui regarde l'irrésistible désir de toucher, de caresser. Qui n'a jamais eu ce désir, parfois assouvi derrière le dos d'un gardien de musée en présence d'une statue de Michel-Ange ou d'un nu de Ingres. Parfois, en revanche, c'est l'effroi qui saisit celui qui regarde des tableaux où la peau meurtrie de martyrs et de suppliciés variés, sacrés ou profanes, est exposée : les plaies de la passion du Christ (*le Christ mort*, de Andrea Mantegna à Milan), les peaux brûlées, écorchées (*l'Écorchement du faune Marsyas par Apollon jaloux*, de Guerchin à Florence), transpercées (*Saint Sébastien*, de Andrea Mantegna à Venise). Ainsi, comme Michel Faure, dermatologue féru d'art, l'écrit à propos de toutes ces peintures : « Cette vie silencieuse parle par le regard à nos fantasmes [9]. » À mon sens, la représentation artistique la plus forte et la plus bouleversante du toucher lui-même et, en particulier, de la violence qu'il peut exercer sur autrui, est celle sculptée par G. L. Bernini dans le *Rapt de Proserpine*, œuvre exposée à la villa Borghèse à Rome : les doigts de Vulcain s'enfoncent profondément dans la chair de Proserpine et ses mains la maintiennent fermement et étroitement à sa merci. Michel Serres, quant à lui, n'oublie pas les écrivains. Il écrit, dans *Les cinq sens* : « Le peintre, du bout des doigts, caresse ou attaque la toile, l'écrivain scarifie ou marque le papier, appuie sur lui, le presse, l'imprime, moment où le regard se perd, le nez dessus, vue annulée par le contact, deux aveugles qui ne voient que par la canne ou le bâton. L'artiste ou l'artisan, par la brosse ou le pinceau, par le marteau ou la plume, à l'instant décisif, se livre à un peau à peau. Nul n'a jamais pétri, n'a jamais lutté, s'il a refusé la prise de contact, nul n'a jamais aimé ni connu [10]. »

LA PASSION DES ÉTOFFES

Les couturiers évoquent souvent le plaisir qu'ils ont à toucher, à manipuler, à travailler les tissus à partir desquels ils vont créer une autre peau qui double et/ou dissimule la vraie peau pour souvent mieux la dévoiler et mieux attirer la caresse. Ainsi le couturier Dries Van Noten dit-il : « J'aime penser que les gens achètent le vêtement pour un tombé ou un toucher agréable [11]. »

La soie, toujours la soie...

La soie, tout particulièrement, entretient des liens proches et érotiques avec la peau. La mode masculine, elle-même, est concernée : « Aussi douces qu'une seconde peau, flottant au vent tels des drapeaux, les chemises et chemisettes en soie reviennent parer le corps masculin. Appels à la caresse, électrisées de chaudes brillances, légères, à donner la sensation d'être nu, elles joignent l'évidence rassurante d'une matière naturelle à la magie sophistiquée d'une origine mystérieuse [12].» L'héroïne du roman d'Alessandro Baricco intitulé *Soie* écrit à son amoureux : « Je suis là à te frôler, c'est de la soie, la sens-tu ? c'est la soie de ma robe, n'ouvre pas les yeux et tu auras ma peau... [13] »

Le toucher des étoffes peut être recherché avant tout pour son caractère érotique. À propos de femmes qui ont « *la passion érotique des étoffes* », Gaétan Gatien de Clérambault (1876-1934) écrit : « L'hyperesthésie tactile élective n'est ici un fait pathologique que par son intensité car elle se rencontre normalement à un faible degré chez presque tous les individus affinés, on peut même dire qu'elle fait partie du " sens artiste " [14].» Gaétan Gatien de Clérambault fut un aliéniste réputé, médecin chef de l'Infirmerie spéciale des aliénés de la préfecture de police de Paris. Il recevait chaque jour les exclus de la capitale, plus ou moins fous, alcooliques, toxicomanes... en situation d'urgence psychiatrique ou médico-légale, amenés par des représentants de l'ordre public. Il fit à propos de ces marginaux des milliers de certificats où sont consignés leurs observations et leurs diagnostics. Gaétan Gatien de Clérambault fut aussi un ethnophotographe. Deux fois en convalescence au Maroc, après avoir été blessé à la guerre en 1915 et à nouveau en 1916, il réalisa des photos de femmes, d'enfants et de guerriers. Enfin, il fut professeur d'esthétique et de drapé à l'École nationale des beaux-arts de Paris où il fit des leçons sur la draperie arabe.

Chez cet aliéniste, comme, il est amusant de le noter, chez les dermatologues, se mêle la fascination du toucher et du visible (les photos en font partie), du voilé/dévoilé. Je me souviens de mon patron de dermatologie, Jean Hewitt, qui parlait souvent de sa fascination pour les femmes arabes voilées qu'il avait rencontrées pendant son service militaire en Afrique du Nord. Ce n'est qu'en soulevant le voile des femmes qui venaient le consulter qu'il allait découvrir l'étendue de dermatoses plus ou moins défigurantes mais jusque-là cachées et insoupçonnées. Dans *Passion érotique des étoffes chez la femme* paru dans les Archives d'anthropologie criminelle en 1908 une première fois puis, enrichi d'un nouveau cas clinique, en 1910, Gaétan Gatien de Clérambault décrit quatre femmes qui sont poussées, de façon impulsive, à voler des étoffes, de soie le plus souvent, parfois de velours. Le vol de ces étoffes ainsi que leur seul toucher, et pas obligatoirement leur frottement sur les organes génitaux, provoquent chez ces femmes une excitation et une jouissance sexuelles.

La soie, encore la soie...

Voici le témoignage d'une des femmes, appelée F., dans la *Passion érotique des étoffes*, tel que le rapporte Clérambault : « La soie m'attire, celle des rubans, des jupes, des corsages. Lorsque je sens le froissement de la soie, cela commence par me piquer sous les ongles et alors il est inutile de résister, il faut que je prenne [...]. Je la froisse, cela me produit un serrement d'estomac particulier, ensuite, j'éprouve une espèce de jouissance qui m'arrête complètement la respiration [...]. Dès que je tiens la pièce dérobée, je vais m'asseoir à l'écart pour la toucher et la manier, et c'est là qu'on me voit [15]. »

Les propos de Marie D. rapportés par Gaétan Gatien de Clérambault sont encore plus explicites : « Au rayon de soierie, une robe de soie bleue m'a fascinée, elle se tenait droite. Une soie qui ne tient pas raide ne me dit rien [16]. » Notons que dans la lecture psychanalytique du fétichisme, l'objet fétiche (vêtement, chaussure, natte...) rassemble à la fois ce qui vient voiler la castration

126

maternelle et ce qui peut être érigé en un symbole phallique
(« une soie qui ne se tient pas raide ne me dit rien ») permettant
à l'enfant et au futur pervers sexuel de désavouer la réalité trau-
matisante de la castration maternelle.

François Ozon, jeune réalisateur français, reprend ce thème
du pouvoir érotique de la soie dans une scène de son film *Sous le
sable* (2001). L'héroïne, lumineusement incarnée par Charlotte
Rampling, vêtue d'une robe en soie rouge, se caresse, allongée
sur un lit. Ses mains froissent sa robe entre ses jambes, tandis
qu'elle imagine sur son corps les mains des hommes de sa vie,
l'un du côté de la mort, l'autre du côté de la vie. Toutes ces
mains finissent par recouvrir le corps de Charlotte Rampling,
l'écran et nous, spectateurs : nous les ressentons sur notre corps.

LE « BODY ART »

À propos de l'art et du toucher, je voudrais surtout
évoquer Gina Pane, principale représentante en France
de l'art corporel (en anglais, Body Art) [17]. La peinture de
Gina Pane est une peinture en action, une peinture ges-
tuelle qui utilise le propre corps de l'artiste, sa propre
peau, comme support d'un message inarticulé du corps
adressé au public. Dans l'une de ses œuvres, *les Enneigés
blessés*, Gina Pane, les yeux bandés, a créé ses dessins en
touchant une feuille de papier avec le sang d'un de ses
doigts préalablement entaillé par une lame de rasoir. Elle
tente ainsi de transcrire sa vision intériorisée d'un paysage enneigé et cherche à éprouver physiquement et psychiquement les relations nouées entre un corps humain
blessé et le paysage qui l'entoure. En outre, ses dessins
sont assemblés à des photos d'images télévisuelles de
sportifs handicapés et à celles, situées plus haut dans le
plan, d'une montagne enneigée.

Les dessins de Gina Pane donnent forme à des sensations provoquées par la cécité et la blessure : l'invisible, grâce au toucher, peut se voir. Les images assemblées (celles du paysage de montagne, des corps de sportifs handicapés, des dessins réalisés par un doigt ensanglanté) invitent le spectateur à briser le cercle où il s'enferme quand il regarde sans s'ouvrir à ce qu'il ne voit pas et expriment l'existence de désirs sans satisfaction possible : pour ces corps de sportifs handicapés, qui pourtant désirent « toucher l'impossible » puisqu'on les voit jouer au ballon, lancer des poids, nager, l'escalade de la montagne enneigée, qui paraît inaccessible telle qu'elle est située, tout en haut du plan de l'œuvre, est impossible.

De même, beaucoup de malades, qui sont poussés à attaquer eux-mêmes, secrètement ou non, leur peau, cherchent à éprouver leur peau, leur limite, leur être même en provoquant des sensations cutanées douloureuses. Une telle souffrance cutanée peut aussi permettre de « court-circuiter » des pensées « impensables », car risquant de déborder les capacités du sujet à les contenir. Elle peut, en outre, aider le sujet à arrimer solidement à lui-même une souffrance psychique et donc l'appareil à penser du sujet lui-même. Une telle souffrance psychique, souvent liée à une séparation vécue comme un véritable « arrachement » à l'autre, comporte, en effet, le risque, avec la perte de l'autre, de perte d'une partie de soi et même d'un morcellement ou d'une dissolution de soi et de sa pensée.

La douleur, un plus d'être ?

Erika, l'héroïne du roman d'Elfried Jelinek, *La pianiste*, après la perte de son amant « applique sur son corps les sangsues goulues, pinces à linge en plastique aux gais coloris. À des endroits facilement accessibles et que, plus tard des bleus marqueront ». Plus loin, Elfried Jelinek écrit : « Erika comprime sa chair en pleurant. [...] Elle est toute seule. Elle se pique avec des épingles aux têtes en plastique de couleurs variées [...]. La femme pleure à chaudes larmes, seule avec elle-même [...] Erika est complètement seule. La mère une fois de plus dort profondément, trop de liqueur en est la cause [18]. »

La dynamique du rapprochement

Le toucher fait entrer en relation, il fait communiquer les individus entre eux. La peau, une zone corporelle ou le corps de l'un rencontre alors la peau, une zone corporelle ou le corps de l'autre. Le toucher suppose le mouvement d'un individu vers un autre, il porte un individu vers un autre. Le toucher est une dynamique au service d'un rapprochement physique et émotionnel de deux individus au moins. Pour Hélène, quand elle s'adresse à un autre, sa parole, selon elle, ne suffit pas, elle touche le corps de l'autre, dit-elle, pour capter son attention.

Par l'acte de toucher, un individu cherche à exprimer, à communiquer, à faire partager à un autre une palette extrêmement variée et étendue de sentiments liés à divers mouvements psychiques : la tendresse, bien sûr, mais aussi la reconnaissance, la connivence, la complicité, la persuasion, la maîtrise, l'appropriation, l'emprise, la séduction – Eluard a écrit dans *Vivre, le livre ouvert* : « Nous avons nos mains mêlées, rien jamais ne peut mieux séduire [19] » –, le désir sexuel, le dégoût, la répulsion, l'agressivité, le désir de possession, le désir de destruction. Le toucher peut, en effet détruire l'objet que celui qui touche se propose de connaître, d'aimer ou de posséder, parfois jusqu'au meurtre, comme en témoignent certains meurtriers en série. Comme en témoigne aussi le héros du roman de John Steinbeck, *Des souris et des hommes*, Lennie, « le doux colosse innocent aux mains dévastatrices », comme l'appelle Joseph Kessel dans la préface qu'il écrivit pour ce livre. Un jour, Lennie dit, pour s'excuser, à son ami Georges : « Elles [les souris] étaient si petites, je les caressais et puis bientôt elles me mordaient les doigts, alors je leur pressais un peu la tête, et puis elles étaient mortes... parce qu'elles étaient si petites [20]. » Lennie finira par tuer la femme du fils de son patron, ne pouvant pas s'arracher à la douceur de sa chevelure. Lennie dit : « Oh, c'est bon. – Et il caressa plus fort. – Oh! c'est bon [21]. »

Le toucher ne peut pas faire entrer en relation un individu vivant avec un individu mort, sauf bien sûr, si on est adepte des séances de spiritisme et que l'on croit pouvoir faire revenir les morts de l'au-delà. Les adeptes se disposent généralement autour d'une table, qui va se mettre à « tourner » et à devenir le porte-parole des morts. Et pour ce faire, ils forment une chaîne en se touchant les doigts...

Laure n'est pas spirite. Elle souffre d'avoir perdu le contact avec ses morts. Elle les oublie car, dit-elle, elle ne peut pas les toucher. Les photos, qu'elle transporte partout avec elle, ne suffisent pas à éviter l'oubli. Mais Laure ne parvient pas, non plus, à garder en elle-même, en leur absence, les vivants qu'elle aime. Elle a toujours besoin de leur présence physique autour d'elle, de leur regard sur elle pour être tranquille, rassurée, peut-être pour être sûre d'être aimable pour les autres. La solitude est vécue par elle comme un abandon insupportable. Peut-être parce que la solitude lui rappelle la séparation de ses parents, l'éloignement de son père, la mort d'un frère, le peu d'intérêt de sa mère à son égard...

Quand on danse...

Le toucher permet une communication non verbale très étendue même si elle est très codifiée. Jacques Gamblin, dans *Le toucher de la hanche*, évoque avec talent le toucher des danseurs, virtuoses de l'équilibre entre ce qui est permis et ce qui est interdit : « La danse séparée ce n'est pas de la danse parce que tu ne sens pas ta femme. Forcément tu ne l'attrapes pas. Tu ne la tiens pas. Un bon valseur, il tient sa femme [22]. » Et un peu plus loin, : « Avec la Viennoise je monte au septième ciel ! Nous avons le toucher de la hanche... Ce n'est pas un face à face... C'est un hanche à hanche... On ne doit pas voir le jour entre les deux. À partir de la hanche les corps partent en V. Le V de Vienne ou de Valse [...], je fais du corps à corps d'instinct [23]. » Les modalités physiques du toucher (plus ou moins long, plus ou moins appuyé), les caractéristiques de la personne qui touche comme celles de la personne à laquelle il s'adresse (sa position sociale, son âge, son sexe...), le moment de la relation interindividuelle où il intervient, les lieux du corps où il s'exerce, conduisent chacun des protagonistes concernés à des interprétations variées de ce geste et à une mobilisation de sentiments divers.

LE DÉSIR DE L'AUTRE

Ces interprétations, ces sentiments varient bien sûr beaucoup selon le sexe des protagonistes, car le désir de contact entre deux individus rassemble deux désirs : le désir de tendresse, de communication et le désir érotique. Dans la vie quotidienne, les hommes semblent moins toucher leur interlocuteur, qu'il soit un homme ou une femme, que les femmes. L'expression du courant tendre est certainement plus réprimée chez les hommes que chez les femmes, car une telle expression est vite considérée aussi bien par les hommes que par les femmes comme peu virile. En outre, les hommes craignent peut-être plus que les femmes un dérapage du courant tendre vers le courant érotique du toucher ou savent moins en jouer... « Qui vous a permis de me toucher ! » peut s'exclamer une femme devant le geste, qu'elle considère comme « déplacé » d'un homme. Mais il existe aussi des « allumeuses » qui finissent, en raison de leurs gestes, par donner des idées aux hommes. Un jeune homme aveugle m'a dit un jour à propos de son accompagnatrice : « À force, cela m'a donné des idées, mais elle s'est alors refusée. »

Le sexe et l'amour

Entre hommes, on s'autorise une vigoureuse poignée de main, une tape franche sur l'épaule, parfois dans les moments d'intense émotion une accolade. Il faut aller dans les pays méditerranéens, où les femmes sont plus inaccessibles, pour voir des hommes se promener bras dessus bras dessous dans les rues... Cette répression du courant tendre est, bien sûr, ce que les femmes reprochent aux hommes lorsqu'elles se plaignent de l'absence de caresses pendant les relations sexuelles. À l'inverse, il n'est pas rare que les deux partenaires d'un couple qu'il soit homo ou hétérosexuel, pour évoquer leurs relations sexuelles, parlent de « gros câlins » passant ainsi sous silence le courant érotique du toucher.

En fait, quel que soit le sexe des protagonistes de la relation intersubjective, se laisser aller à toucher l'autre ou s'abandonner au toucher de l'autre nécessite une solide confiance en soi et en l'autre, dans les limites et dans les capacités de chacun à contenir, à lier courant tendre et courant érotique ou à délier ces deux courants, sans être sous la menace permanente d'être débordé par la violence de ses affects ou de ceux de l'autre et de perdre alors toute maîtrise sur cette violence. Une telle problématique est à l'œuvre chez une jeune femme qui, lorsque son mari la caressait, se représentait sa peau comme un mur lissé par du papier de verre.

S'abandonner au toucher de l'autre comporte aussi le risque d'avoir à vivre une passivité intolérable car génératrice par exemple des fantasmes suivants : « être un objet ou un jouet dans les mains de l'autre », « être à la merci de l'autre », « être " accro " au plaisir que l'autre pourrait donner », « s'être fait avoir par l'autre »... De tels fantasmes sont parfois à l'œuvre chez des femmes qui, refusant toute passivité, assouvissent leur besoin de contact corporel auprès d'animaux domestiques (un chat, par exemple) qu'elles peuvent caresser avec plaisir, en toute sécurité pourrait-on dire.

La sexualité exacerbe, évidemment, le désir de contact entre deux individus. Georges Brassens unit magnifiquement courant tendre et courant érotique dans les vers de sa chanson *Je me suis fait tout petit* (1957) : « Je me suis fait tout petit devant une poupée qui dit maman quand on la touche, je me suis fait tout petit devant une poupée qui dit maman quand on la couche. » Ces deux désirs, tendre et érotique, peuvent être vécus comme contradictoires et être source de conflits entre les deux partenaires de la relation sexuelle. Ainsi certaines femmes vivent la sexualité masculine comme bestiale, toute-puissante, et dépourvue de toute tendresse. « Quand je veux seulement être câlinée, il pose ses sales pattes sur moi et ne pense qu'à me sauter », m'a dit au début de sa psychothérapie analytique une jeune femme souffrant de sensations à type de brûlures dans la région vulvaire, sans aucune lésion organique et empêchant toute relation sexuelle avec son partenaire. Cette jeune femme guérit lorsqu'elle comprit que « grâce » à ses brûlures vulvaires, elle attaquait son mari (les relations sexuelles étaient impossibles) là où elle l'enviait le plus : une virilité vécue fantasmatiquement par elle comme absolument sans faille, elle qui, justement, se vivait comme incapable et pleine de failles.

À ce propos, il faut dire combien la vulve, aussi bien pour les hommes que pour les femmes, comme le pénis bien sûr, mais peut-être plus encore, car elle est dissimulée au regard, est un lieu interdit, un lieu intouchable. Il n'y a qu'à lire les terribles punitions corporelles infligées, dans le passé, aux enfants, filles ou garçons « soupçonnés » d'onanisme. La vulve est un lieu marqué par le plaisir, mais aussi un lieu caché, mystérieux, marqué par le sang et la douleur, dangereux, où on perd sa virilité. En témoignent les mythes qui évoquent des « vagins dentés ». D'ailleurs, les héros marins de Joseph Conrad prennent la fuite après le premier baiser et la première étreinte. De quoi ont-ils peur ? Le capitaine, héros du roman *Un sourire de la fortune*, après un premier baiser « aussi méchant qu'une morsure » planté sur les lèvres closes d'Alice, rencontrée dans une belle île des tropiques, s'aperçoit que cette dernière lui est devenue indifférente et il confie à son second un peu plus tard : « Mais la réalité est que l'océan Indien et tout ce qu'il comporte ont perdu tout charme à mes yeux [24]. »

En pratique dermatologique, et en cas de difficultés psychologiques s'exprimant par des symptômes vulvaires, les dermatologues savent combien il est important de ne pas oublier de prescrire un traitement local, même si le traitement véritablement curatif est psychologique. En effet, un traitement local permet à la femme, avec l'autorisation de son médecin, de toucher sa vulve, de mieux la connaître, et de parvenir à être plus à l'aise et plus libre avec cette partie de son corps, premier pas vers une sexualité plus épanouie.

Enfin, la peur du débordement du courant tendre par le courant érotique existe aussi chez les soignants et tout particulièrement chez les dermatologues. Ceux-ci sont, probablement plus que les autres soignants, sensibles à la beauté, au charme, au « grain » d'une peau ; ils aiment toucher, ils aiment le contact. Ils savent donc qu'ils doivent être vigilants quant aux courants tendre et érotique qui peuvent les traverser avec leurs malades ainsi qu'aux courants qu'ils peuvent déclencher chez ces derniers en les touchant. L'un de mes collègues dermatologues m'a rapporté que, quand il touchait une partie du corps d'un malade non visible en même temps par ce dernier (le dos, par exemple), il accompagnait toujours son geste de paroles qui nommaient les zones du corps touchées, indiquaient ce qu'il allait faire ainsi que le trajet que ses doigts allaient emprunter. On imagine facilement combien une telle façon de faire est indispensable quand un dermatologue examine la région vulvaire d'une patiente...

De caresse en caresse

L'infirmier, Benigno, héros du film du réalisateur espagnol Pedro Almodovar intitulé *Parle avec elle,* prend soin avec tendresse de la jeune malade dans le coma dont il est amoureux et participe ainsi à son maintien entre la vie et la mort. Quand, un jour, Benigno masse le haut de la face interne de la cuisse de sa malade, le courant érotique de son amour supplantant alors le courant tendre, une vague gêne s'installe chez celui qui, au pied du lit, assiste à cette scène (le père de la malade !) et... en nous-mêmes, spectateurs du film... Almodovar suggère d'ailleurs que ce toucher sera le prélude d'un rapprochement sexuel entre Benigno et sa malade...

LE PRIX D'UNE ÉDUCATION PURITAINE

Les comportements tactiles des individus dépendent beaucoup des coutumes et des habitudes culturelles de la société dans laquelle ils vivent. Nous ne décrirons pas ici ces différents comportements tactiles : ils sont trop nombreux et on peut se reporter au livre d'Ashley Montagu, *La peau et le toucher*, qui les décrit de façon assez complète et non sans humour. L'anthropologue américain en profite, au passage, pour « égratigner » le puritanisme des gens de la Nouvelle-Angleterre et des Anglais : « Le manque d'amour parental, et surtout d'amour sous forme de stimulation tactile, constitue probablement l'une des causes de la froideur apparente et du caractère extérieurement flegmatique des Anglais des classes supérieures, et souvent aussi des classes moyennes [25]. » Il en donne pour exemple William Eden, le père de l'homme politique anglais Anthony Eden. Ashley Montagu cite aussi Margaret Mead, laquelle, plutôt ethnologue mais proche du milieu analytique de New York, a fait remarquer combien, même lors du bain, moment privilégié pour les échanges tactiles, l'attention des bébés américains était souvent distraite de la relation avec la mère par les nombreux jouets mis dans la baignoire et qui a écrit : « Une Américaine normale peut ne jamais avoir tenu un bébé dans ses bras jusqu'à ce qu'elle en ait un elle-même. Et souvent, alors, elle se conduit comme si elle avait encore peur que le bébé se casse entre ses mains [26]. »

France-États-Unis

Actuellement, aux États-Unis, le tabou du toucher, et donc l'expression de la tendresse par le toucher, paraît renforcé, tout particulièrement chez les enseignants du primaire et du secondaire et même chez le personnel des crèches, à l'égard des enfants par crainte d'une accusation d'abus physique et sexuel par les parents...

Des travaux récents menés avec une méthodologie rigoureuse et inventive montrent ainsi des différences notables dans les comportements tactiles des individus selon leur appartenance culturelle, en particulier selon qu'ils sont français ou nord-américains. Par exemple, les comportements tactiles de couples hétérosexuels assis à une terrasse de café ont été observés dans différents pays : pendant 30 minutes on a compté le nombre de fois que les deux partenaires du couple se sont touchés. La France fait partie des pays où les couples se touchent le plus (110 fois pendant 30 minutes) tandis que les États-Unis font, à l'inverse, partie des pays où les couples se touchent le moins (2 fois pendant 30 minutes) [27].

Un autre travail a consisté à comparer les comportements tactiles de 20 enfants d'âge préscolaire américains (à Miami) et français (à Paris), observés pendant 20 minutes avec leur mère et leurs camarades, dans des aires de jeux similaires dans les deux pays. Il a alors pu être constaté que les parents américains regardaient et touchaient moins leurs enfants que les parents français. En outre, par rapport aux enfants français, les enfants américains jouaient et parlaient moins avec leurs parents et les touchaient moins. Les enfants américains touchaient aussi moins leurs camarades que les enfants français. Enfin, et ceci est remarquable, les enfants américains étaient plus agités, plus agressifs avec leurs camarades (auxquels ils arrachaient, par exemple, leurs jouets) que les enfants français [28].

137

On a l'impression que plus le toucher semble devenir discret, inconvenant ou même tabou dans les sociétés occidentales industrialisées, plus toutes les approches corporelles centrées sur le toucher se développent. Aux États-Unis, par exemple, il existe déjà, dans les bureaux, « des pauses massages » pour les jeunes cadres stressés. En France, cette tendance ne fait pas encore fureur, mais elle tend à se développer. Cependant le risque entraîné par la peur du débordement du courant tendre par le courant érotique, on pourrait même dire de contamination du courant tendre par le courant érotique serait d'interdire, du moins dans les institutions et pourquoi pas dans les familles, tout échange tendre entre adultes et enfants. Élisabeth Badinter s'est élevée contre les excès entraînés par deux attitudes entre les adultes et les enfants qui seraient, selon elle, tout aussi nocives et condamnables : une permissivité sans limite, d'une part, où sexualité adulte et sexualité infantile seraient équivalentes, et l'interdiction, d'autre part, de toute tendresse. Il n'est pas rare, d'ailleurs, de rencontrer des mères extrêmement distantes et froides avec leur petit garçon, tant elles craignent, disent-elles, la survenue de sentiments érotiques incontrôlables dans leur relation avec leur fils... (une telle crainte peut, bien sûr, être sous-tendue par un désir inconscient de rapprochement érotique). Je me souviens aussi d'un homme jeune, couvert d'eczéma, triste et seul, cherchant en vain, avec désespoir, un souvenir de caresses partagées avec sa mère.

CONDUITES VIOLENTES

Plusieurs autres études réalisées aussi bien chez des enfants que chez des adultes ont conclu à l'existence d'un lien entre violence et déprivation tactile. L'existence d'un tel lien est étayée principalement sur deux séries d'observations :

• *Chez les animaux*
Harry F. Harlow, un éthologue américain, a ainsi noté plus de comportements violents chez les singes adultes élevés sans leur mère. Kraemer, lui, a constaté, que lorsque des bébés singes étaient séparés de leur mère et ainsi privés des échanges tactiles avec cette dernière, était observée une déplétion en norépinéphrine et en sérotonine, substances cérébrales qui inhibent une autre substance cérébrale : la dopamine. Or des taux élevés de dopamine s'accompagnent d'importantes conduites impulsives et violentes [29].

• *En clinique humaine*
Rogeness a constaté chez des enfants particulièrement agressifs des taux élevés de dopamine et des taux bas de norépinéphrine et de sérotonine [30]. Kuhn et Ironson, quant à eux, ont montré qu'un traitement par massage corporel augmente les taux de norépinéphrine et de sérotonine [31-32].

Ces résultats, et en particulier ceux qui pointent un lien entre déprivation tactile et violence, demandent certainement encore à être plusieurs fois vérifiés par des équipes différentes. Ils ouvrent cependant, dans le champ de la prévention des conduites violentes, chez les enfants comme chez les adultes, de multiples possibilités d'actions encore difficiles peut-être non seulement à mettre en place mais même à imaginer. Toutefois, on sait déjà que les activités sportives dont les règles, garanties par les arbitres, codifient l'expression de la violence physique, permettent d'apprendre à contenir sa violence, même si les médias rapportent encore trop souvent les débordements verbaux et physiques de supporteurs et de joueurs. Des médiations fondées sur le contact corporel (activités sportives, activités artistiques, massages...) diminueraient donc la fréquence et l'intensité des passages à l'acte violents. Un contact corporel minimum et codifié désarmerait aussi la violence. Le fait de se serrer la main qui est un signe d'accord et d'amitié, ou de se taper sur l'épaule, entrerait dans ce cadre. D'ailleurs, les malades gravement psychotiques refusent bien souvent de serrer la main de leur interlocuteur par crainte d'être débordés par leur propre violence.

Ainsi, des psychothérapeutes ont proposé à un groupe de toxicomanes de se peindre mutuellement dans un premier temps, le visage et le corps. Puis, dans un deuxième temps, les psychothérapeutes leur ont suggéré de verbaliser les sensations cutanées et corporelles ainsi que les sentiments qu'ils avaient éprouvés lors de cette expérience. Beaucoup d'entre eux ont alors pu exprimer le plaisir qu'ils avaient eu à sentir leur peau différemment que lors de sa manipulation violente avec les produits toxiques et à communiquer avec un autre ou une autre autrement que par un toucher violent, sexualisé ou non.

À l'école

La violence à l'école pourrait, elle aussi, diminuer grâce à sa mise en mots dans des groupes de parole qui se réuniraient régulièrement dans les établissements scolaires et qui mettraient donc régulièrement en contact les uns avec les autres les différents sujets concernés par ces violences (professeurs, cadres administratifs, personnel social et de santé, mais aussi, parfois, élèves), brisant ainsi l'isolement physique et psychique de chacun et renouant entre tous les protagonistes de ces situations « explosives » des liens de tendresse. C'est ce qui a été fait avec succès dans un collège difficile de la banlieue parisienne. Un groupe de parole mensuel, comprenant des professeurs de différentes disciplines, un cadre de direction, l'infirmière, l'assistante sociale, la documentaliste et un psychanalyste, a ainsi été mis en place, pour lutter contre les agressions, mais aussi contre la loi du silence qui s'installait insidieusement aux dépens des victimes ou des éventuels témoins [33]. Outre que les professeurs ont retrouvé le plaisir de parler ensemble, leur capacité de rêverie, ainsi que l'envie de donner « une place aux élèves difficiles qu'initialement ils avaient besoin d'expulser pour vivre », ce rassemblement mensuel a pour but de « créer et d'entretenir les conditions pour qu'ils [les protagonistes de l'école] puissent prendre en charge ensemble les choses de la vie qui les concernent, plutôt que de laisser s'agglutiner en poches explosives des souffrances sans mots qui ne resteront pas inertes [34] ».

DU SADOMASOCHISME

La peau est la cible privilégiée des conduites violentes et douloureuses. C'est en particulier le cas pour les conduites sadomasochistes. Ces dernières lient le plaisir sexuel à la souffrance. L'excitation sexuelle n'est plus obtenue par un toucher qui caresse, embrasse, griffe, lèche, mordille ou suce, comme dans les jeux sexuels précédant la jouissance sexuelle génitale, mais elle nécessite un toucher qui devient flagellation, piqûre, arrachement, blessure... Séverin, le héros de Sacher-Masoch, dit à Wanda, la Vénus à la fourrure : « Si tu m'aimes, sois cruelle avec moi [35]. » Puis il raconte, quand Wanda commence à le fouetter : « Les coups tombent prompts et drus sur mon dos et sur mes bras : l'un d'eux entaille mes

141

chairs et la brûlure persiste, mais ces souffrances me ravissent car elles viennent d'elle, elle que j'adore et pour qui je suis prêt à chaque instant à donner ma vie [36]. »

Ces touchers sadomasochistes se retrouvent dans la relation qui se noue entre le tatoueur et le tatoué. Les tatouages sont, en effet, non seulement l'aboutissement d'un désir inconscient, mais aussi celui d'une rencontre. Michel Laxenaire et Jean-Marie Diligent, dans *L'homme tatoué*, posent, à propos du tatoueur, les questions suivantes : « Que cherche-t-il [le tatoueur] en perçant ainsi de milliers de petits coups douloureux la peau de ses semblables ? Est-il un artiste ou un sadique qui exprime de cette façon des pulsions qu'il ignore [37] ? » Quant au piercing, qui réalise la perforation d'un organe (nez, mamelon, langue, organes génitaux) pour y accrocher un bijou, on sait qu'il s'est développé en Occident dans les années 1980 à partir de deux groupes adeptes du sadomasochisme : les « punks » à Londres et les « primitifs modernes » sur la côte Ouest des États-Unis.

Percer et être percé...

La relation nouée entre perceur-percé est très particulière. Comme le rapporte Aline Fauveau, psychologue clinicienne, « se faire percer le sein implique une proximité certaine avec le perceur. Il examine le mamelon, prend des mesures, fait deux marques à la pointe feutre aux endroits où l'aiguille devra entrer et sortir. Pour un résultat optimum, la pointe du sein étant une partie du corps érectile, il est préférable qu'elle soit dure, dressée. Pour arriver à ce résultat, il applique de l'eau en brumisateur, puis souffle doucement sur le mamelon. Tous ces préparatifs impliquent une totale soumission au perceur. [...]. Moi-même, j'étais gênée par cette ambiance particulière, comme coupée en deux [38] » (Aline Fauveau était présente en tant qu'observatrice). Plus tard, l'un des jeunes adeptes du piercing dira à Aline Fauveau : « La sensation est impressionnante. C'est incroyable le plaisir qu'on peut éprouver à être percé et à sentir des anneaux pendus au bout de ses oreilles, ses joues, son nez[39]. »

LES TRACES SUR LA PEAU

Les touchers sadomasochistes, et cela augmente la volupté du masochiste, laissent la plupart du temps des traces visibles sur la peau. On retrouve là l'importance des traces (celles des tatouages, celles de certaines conduites pathologiques que le sujet réalise sur sa propre peau ou sur celle d'un autre). Ces traces renvoient certainement à des significations variées. Les traces sur la peau signent parfois la présence de l'autre sur et dans la peau, comme le dit la chanson *Mon homme* (1920) chantée par Édith Piaf («... i' m' fout des coups... je l'ai tellm'ent dans la peau... qu' j'en d'viens marteau »). Mais l'autre dans la peau peut aussi être le diable! Au Moyen Âge, les hommes d'Église ont, en effet, chercher le diable dans la peau des femmes soupçonnées d'être possédées par ce dernier. Ainsi, si la cicatrice d'une de ces femmes était insensible à la piqûre, la femme était accusée d'être une sorcière et elle était brûlée vive. Plus récemment, le diable dans la peau renvoie plutôt aux amours passionnelles, comme en témoigne le roman de Raymond Radiguet *Le diable au corps*.

D'autres fois, les traces sur la peau réalisent de véritables leurres. Il arrive ainsi que de très jeunes femmes « tripotent » leurs boutons d'acné du visage, c'est ce qu'on appelle « l'acné excoriée » et aggravent donc leur acné, non seulement dans un mouvement agressif retourné sur elle-même mais aussi parce qu'elles sont anxieuses. Elles ne se font pas confiance pour affronter certaines situations socioprofessionnelles ou affectives. Ces lésions cutanées ont alors une véritable fonction de leurre : elles captent le regard d'autrui (comme la plupart des dermatoses) et l'égarent sur des imperfections manifestes ; les imperfections plus profondes, fantasmatiques (par exemple, l'incapacité à être une femme capable et aimable) peuvent, dans ces conditions, être moins facilement perçues et découvertes par autrui. Ces excoriations cutanées peuvent aussi être expliquées par la patiente de la façon suivante : « Tout ce qui dépasse m'est insupportable et il faut donc que je l'enlève. » Cette pensée consciente est, en fait, sous-tendue par différents fantasmes qui apparaîtront éventuellement lors d'un travail analytique ultérieur. Ce qu'il s'agirait d'effacer, par exemple, c'est toute métaphore corporelle de la virilité renvoyant à une bisexualité psychique conflictuelle.

Les actes de torture laissent aussi longtemps des traces sur la peau. Ces marques participent de l'effroi et de l'effet dissuasif que les bourreaux désirent provoquer chez les proches du torturé. Comme le rapportent Maren et Marcelo Viñar dans *Exil et torture*, « la torture n'a pas à être pratiquée à grande échelle pour être efficace, et instituer la terreur. Torturer un petit nombre de personnes suffit, dès lors que quelques-uns d'entre eux sont ensuite relâchés dans la cité, porteurs d'un témoignage qui empêche de symboliser, qui entraîne un arrêt de la pensée [40]. »

Toute nouvelle étudiante en médecine, pour prendre la tension d'une femme encore jeune et très coquette, je dénudai son bras en bavardant agréablement avec elle. Mais, brutalement, je laissai mon geste en suspens et je ne pus pendant longtemps, me sembla-t-il, détourner mon regard du numéro de stalag tatoué sur l'avant-bras que cette femme m'avait abandonné sans retenue. Quand je relevai la tête, nos regards se croisèrent sans un mot et je continuai d'installer le tensiomètre. Mais je me souviens encore du sourire tendre et triste, mais aussi comme destiné à m'apaiser, de cette femme soigneusement fardée, la chevelure contenue dans un turban, tel que j'en avais vu sur de vieilles photos de ma mère prises dans les années 1940...

Chapitre IV

Un besoin vital

Les éthologues qui étudient les comportements animaux ont mis en évidence l'importance du rôle des échanges tactiles entre la mère et son petit pour le développement harmonieux somatique et psychologique du petit.

Être touché pour vivre

Parmi les études les plus anciennes rapportées par Ashley Montagu, certaines ont porté sur une souche particulière de rats, les rats albinos Wistar, chez lesquels avait été réalisée une ablation totale des glandes thyroïde et parathyroïdes. Les rats survivant à cette opération appartenaient à une colonie de rats dite expérimentale dans laquelle ils étaient très fréquemment caressés et choyés. Au contraire, les rats présentant un taux de mortalité très élevé appartenaient à un groupe témoin dans lequel les contacts humains étaient très réduits et se limitaient à des soins de routine (alimentation et nettoyage des cages). Par la suite, de nombreuses observations et de nombreuses expériences ont montré que plus les rats avaient été manipulés et domestiqués, plus ils étaient calmes et dociles et mieux ils se comportaient dans les situations de laboratoire (par exemple ils ne mouraient pas des suites de l'ablation des glandes parathyroïdes). Les rats non apprivoisés, quant à eux, étaient peureux et irritables et ils mouraient rapidement après l'ablation des glandes parathyroïdes [1].

Des études ultérieures ont montré que, chez les mammifères, la croissance et le développement du nouveau-né sont perturbés si l'on provoque une interruption des échanges tactiles entre la mère et son petit. On observe dans ces conditions un retard de croissance du squelette et du système nerveux central, ainsi que des perturbations des activités locomotrices et un retard dans les apprentissages. Biologiquement, on retrouve des anomalies dans la sécrétion de l'hormone de croissance et dans les activités enzymatiques corollaires. Ces anomalies disparaissent quand des échanges tactiles normaux sont rétablis. Ces études expérimentales renvoient à certaines observations faites chez des enfants atteints de ce qu'il est convenu d'appeler le « nanisme psychosocial ». Ce nanisme surviendrait, en particulier, en cas d'échanges tactiles extrêmement perturbés avec la mère et le milieu familial dans son ensemble. Séparé de ce milieu, l'enfant se remet à grandir...

De plus, des observations recueillies par Ashley Montagu dans des centres d'élevage de différents animaux (chiens, chats, rats, lapins) ont montré que l'animal nouveau-né devait être léché pour survivre. Si ce léchage était empêché, surtout dans la région périnéale, l'animal nouveau-né était susceptible de mourir d'une déficience du fonctionnement du système génito-urinaire et/ou du système gastro-intestinal.

Par ailleurs, différents travaux suggèrent un rôle possible des échanges tactiles précoces sur le système immunitaire. Par exemple, on a ainsi constaté que, chez des jeunes singes rhésus séparés du groupe social où ils vivaient depuis la naissance, les valeurs des paramètres sanguins explorant l'immunité et, en particulier, le nombre des lymphocytes circulant dans le sang, étaient nettement diminuées par rapport à celles observées chez un groupe témoin de jeunes singes appariés par l'âge, le sexe, le poids et le groupe social dont ils étaient issus [2]. Une autre étude a montré que, parvenus à l'âge adulte, les singes ayant été séparés précocement de leur mère, avaient des réponses immunitaires, mettant en jeu les lymphocytes circulant dans le sang, nettement diminuées [3]. Ces résultats recueillis par des éthologues vont dans le sens de ce que Ironson a observé chez des patients homosexuels, séropositifs au virus du sida ou non, ayant bénéficié de massages corporels quotidiens : par rapport à un groupe témoin (constitué par 11 de ces patients ayant bénéficié pendant un mois de massages corporels quotidiens et n'ayant pas eu de massages le mois suivant) les patients massés avaient une augmentation significative des lymphocytes *natural killer* dont le rôle dans les réponses immunitaires est très important [4].

Qu'est-ce qui pousse les mères à... ?

Qu'est-ce qui pousse les mères à établir le contact cutané avec leurs petits ? Il semblerait que ce phénomène dépende de deux événements survenant simultanément lors des quelques heures suivant la parturition : l'émission par le nouveau-né de certains stimuli (odeurs, cris et tentatives de contact); une modification de l'état neuro-endocrinien de la mère qui va rendre attractifs à cette dernière ces stimuli. Notamment l'œstradiol (hormone fabriquée par les ovaires) ainsi que la prolactine et l'ocytocine (hormones fabriquées par l'hypophyse) présentes au moment de la parturition rendent attractive pour la mère l'odeur du liquide amniotique dont la peau du nouveau-né est imprégnée alors que, habituellement, en dehors de cette période de la parturition, cette odeur est aversive pour l'animal. Ainsi le premier contact avec la mère qui permettra éventuellement la première tétée et l'instauration du lien maternel s'enracinent dans le corps et dans la biologie [5-6].

L'attachement

Harry F. Harlow, dont les travaux sur l'attachement dans le monde animal sont fondamentaux, a étudié dans les années 1950, les réactions psychologiques des bébés singes rhésus en présence de mères artificielles différentes, allaitantes ou non (portant ou non un biberon). Les unes étaient constituées par un support revêtu de chiffons doux (la « mère-fourrure »), les autres étaient seulement faites de fils métalliques. Si la variable allaitement était éliminée, la mère-fourrure était toujours préférée à la mère-fil de fer comme objet d'attachement où le bébé singe va se blottir et se réconforter. Si on prenait en considération la variable allaitement, celle-ci n'introduisait pas de différence significative. Le réconfort apporté par le contact de la peau avec une fourrure ou un équivalent s'avère donc le plus important. Le réconfort n'est trouvé que de façon secondaire dans l'allaitement, le bercement, la chaleur physique. Seule la recherche de la chaleur physique s'est révélée dans quelques cas plus forte que celle du contact [7].

La satisfaction associée à l'expérience d'attachement à la mère conditionne l'établissement du sentiment de confiance en soi et du sentiment de sécurité interne. Une fois ce sentiment de sécurité bien établi, la sociabilité peut se mettre en place. Si, dans la cage d'un jeune singe rhésus, on introduit un objet étranger (par exemple un ourson en peluche qui joue du tambour), ce jeune singe, paniqué, va se réfugier auprès (« dans les bras ») de la mère-fourrure. Si dans la cage, il n'y a aucune mère ou seulement la mère-fil de fer, il se blottira dans un coin de la cage sans bouger. Quant au jeune singe qui a pu se réfugier auprès de la mère-fourrure, il prendra au bout de quelque temps de l'assurance et il pourra alors toucher l'objet étranger et terrifiant. Cependant les bébés singes élevés seulement avec une mère-fourrure auront un comportement social perturbé quand ils seront replacés avec leurs congénères : ils réagiront au mauvais moment, s'automutileront, se montreront agités et inquiets et seront de mauvais séducteurs; quant aux femelles, elles accepteront difficilement l'accouplement et elles s'occuperont maladroitement de leurs petits.

C'est ainsi que les bébés singes accèdent à la vie sexuelle en trois périodes. La première est l'expérience d'attachement satisfaisante, à caractère non sexuel, dans l'enfance, avec la mère. Puis vient la période de la pratique, dans le groupe des compagnons, des manipulations du corps du partenaire à caractère de plus en plus sexuel. Cet attachement puis ces jeux préparent et, dans certaines espèces, conditionnent l'accès à la période de la sexualité adulte. Chez les singes et chez beaucoup de mammifères et d'oiseaux, la mère n'est jamais l'objet de manifestations sexuelles de la part de ses fils. Les éthologues expliquent ce « tabou » de l'inceste par le fait que la mère est et reste l'animal dominant pour le jeune mâle.

Ainsi, tout au long de son exploration du monde

environnant, le bébé singe est soutenu et guidé par sa mère. Au moindre danger, réel ou imaginaire, il se précipite dans ses bras ou il s'accroche à ses poils. Le plaisir du contact avec le corps de la mère et de l'agrippement est à la fois à la base de l'attachement et de la séparation dans des conditions « sécures ». L'éthologie a donc particulièrement montré combien les échanges tactiles précoces entre la mère et son petit sont un facteur essentiel du développement somatique, affectif et social de ce dernier. C'est un facteur indépendant du don de nourriture. L'éthologie a aussi montré que la privation de la mère ou de son substitut entraîne des perturbations somatiques et psychologiques souvent irréversibles. Nous verrons plus loin les graves conséquences somatiques et psychiques chez le petit homme d'une absence de substitut maternel adéquat en cas par exemple d'hospitalisation ou de séjour prolongé en institution. Cependant les troubles du comportement entraînés par une carence maternelle peuvent être prévenus en grande partie si le bébé singe privé de sa mère est en contact avec des congénères eux aussi privés de leurs mères. Le groupe des compagnons peut être ainsi un substitut maternel.

Les pères, aussi...

Comme le rapporte Jean Le Camus dans son article sur « la place du père dans la théorie de l'attachement », Harlow a été longtemps le seul à évoquer l'attachement au père. Le spécialiste de l'attachement dans le monde animal écrit ainsi : « Il arrive que, dans certaines espèces, le singe mâle protège au sein du groupe les petits singes contre les grands singes et aussi que les enfants singes aient avec les adultes mâles des liens sociaux

presque aussi forts qu'avec les adultes femelles. » Et Jean Le
Camus d'ajouter malicieusement que personne, à cette époque,
ne faisait allusion à l'attachement de l'enfant humain à son
père [8]...

Les activités dites de « déplacement »

De nombreux autres comportements animaux ont été
décrits par les éthologistes. Par exemple, des activités
dites « de déplacement » comme le grattage et le balancement qui peuvent porter sur le corps propre, en remplace-
ment d'une action adéquate sur le milieu, brusquement
contrariée. Ces attitudes de déplacement seraient la résul-
tante d'un comportement d'agression et de son inhibition.

Si une analogie entre ces comportements animaux et
les comportements de certains malades qui se grattent ou
qui s'excorient la peau peut être faite, on ne peut pas,
bien sûr, seulement transposer les constatations concernant les comportements animaux à celles concernant les
comportements de certains malades. Cependant, et nous
le développerons plus loin, chez l'homme aussi, une
carence (ou une distorsion) des échanges tactiles précoces entraîne des troubles du développement psycho-
moteur avec l'émergence d'une impulsivité et d'une
agressivité importantes. Ainsi, pour les psychanalystes, se
gratter et, de façon plus générale, attaquer sa propre
peau, permet au sujet d'éviter d'attaquer et d'endomma-
ger l'autre.

Karl ou le besoin de s'évader

Karl, lui, est un vieux monsieur, marié, selon ses propres termes, à une femme admirable, extrêmement gai, gentil, qui n'oublie jamais de me demander comment je vais au début de chaque consultation avec moi. Il souffre d'un prurit généralisé psychogène sans cause organique donc. Au fur et à mesure des consultations, Karl parvient à évoquer combien il est trop « sensible », trop « bon garçon » selon ses propres termes. Il paraît très bien supporter toutes les petites contrariétés de la vie, mais en réalité, me dit-il, il s'en fait une montagne. Ainsi, il passe de longs moments à ruminer tous ses problèmes, petits et grands, sans jamais exprimer le moindre énervement et encore moins la moindre colère mais en se sentant découragé et en se grattant violemment.

Un jour, alors que sa femme est partie en cure, les démangeaisons disparaissent... Je fais remarquer avec tendresse et... tact, cette coïncidence à Karl. Il évoque alors, en termes courtois et affectueux, ses difficultés conjugales et surtout la maniaquerie de sa femme qu'il est obligé de supporter encore plus qu'auparavant depuis sa retraite. Karl ira beaucoup mieux quand on aura ajouté au traitement dermatologique et psychologique (associant des entretiens à visée psychothérapique et un traitement chimique antidépresseur pendant les premiers mois du suivi) la prescription, deux fois par an, d'une cure thermale dans des lieux séparés pour lui et pour sa femme...

Ce mouvement de retournement contre soi de l'impulsivité et de l'agressivité permet aussi, selon les psychanalystes, une autostimulation de sa propre enveloppe cutanée qui viendrait réparer, en quelque sorte, la carence des échanges tactiles précoces, mais aussi permettre la reproduction d'un lien affectif qui a été précaire. Les comportements humains, par exemple le fait de se gratter, ont donc toujours une valeur relationnelle.

Juliette m'est adressée par sa dermatologue, car cette dernière avait été surprise par différents éléments cliniques recueillis lors de quelques consultations successives :

– la récente augmentation de la fréquence et de l'intensité des poussées d'une dermatite atopique qui existait de façon très modérée depuis l'enfance ;

– le moment de survenue des poussées de dermatite atopique : quand Juliette, selon ses propres termes, se sentait énervée et découragée ;

– l'existence d'un état dépressif (qui nécessitera la prise d'un antidépresseur pendant 6 mois).

Quand Juliette me rencontre, ses premiers mots sont pour me dire combien elle est très heureuse et très soulagée que sa dermatologue lui ait proposé une aide psychologique. Elle n'attendait que cela, ajoute-t-elle, mais elle n'osait pas le lui demander. Puis Juliette m'explique combien elle s'abîme la peau lors des crises de démangeaison qui surviennent quand elle est énervée. Je lui demande alors ce qu'elle entend par le terme « énervée ».

Juliette est énervée quand, me dit-elle, elle ne sait plus ce qu'elle-même voudrait. En effet, ajoute-t-elle, elle désire tant satisfaire les autres, correspondre à leur attente et surtout éviter tout conflit avec eux, qu'elle se perd elle-même. Il lui revient alors à l'esprit une phrase de son père répétée à plusieurs reprises : « Contrôle-toi sinon cela va mal se terminer. » Lors des entretiens ultérieurs, Juliette, souriante et avec une toute petite voix très douce, m'expliquera longuement combien en de nombreuses occasions, banales en apparence, elle bout à l'intérieur d'elle-même, elle craint d'être débordée par ses

155

sentiments hostiles, d'exploser et alors de décevoir l'autre et de perdre son amour. La plupart du temps en ces occasions, au lieu de se mettre en colère, elle pleure et... elle se gratte.

Un jour Juliette me rapporte un incident qui s'est passé la veille au bureau. Une collègue, plus âgée qu'elle, a ouvert la fenêtre du bureau que toutes deux partagent. Juliette, qui avait froid, n'a rien osé dire. Elle n'a pu que « faire la tête », grommeler à voix basse des propos incompréhensibles pour sa collègue et, bien sûr, se gratter. Il lui revient alors à l'esprit, de façon fulgurante, une image qui la fait brutalement sangloter : elle a 8 ou 9 ans, elle est assise en haut d'un escalier, elle entend sa mère pleurer et crier : « Cette fille me tuera. »

Au cours de sa psychothérapie, Juliette parlera de façon de plus en plus nuancée de sa mère qu'elle avait qualifiée, lors du premier entretien, d'« adorable » et de « parfaite ». En fait, elle acceptera d'accueillir en elle-même l'agressivité nourrie à l'égard d'une mère décrite aussi comme absorbée par les tâches matérielles et les soins à prodiguer à deux plus jeunes enfants que Juliette et gravement malades, émettant des avis tranchés et définitifs, non attentive aux mouvements affectifs de sa fille, peu tendre et seule interlocutrice du père, vécu par Juliette comme froid et distant.

La fin de la psychothérapie analytique de Juliette sera marquée par l'organisation de son départ en Australie. Juliette s'efforcera alors de mettre en pratique les découvertes qu'elle avait faites sur elle-même. Elle parviendra ainsi à imposer calmement ses choix à sa mère, à parler plusieurs fois en tête à tête avec son père, bref, selon ses propres termes, à exister sans perdre l'amour des autres et... sans se gratter.

Chapitre V

Le Moi corporel

On se représente souvent le psychanalyste exerçant sa pratique dans un cabinet feutré, assis dans un profond fauteuil situé derrière un divan sur lequel vient s'allonger trois à quatre fois par semaine un patient qui parle les yeux fixés sur le mur qui lui fait face. Et il est vrai que ce dispositif, malgré son étrangeté, est le dispositif le plus adapté pour permettre à certains sujets de faire sur eux-mêmes un véritable travail analytique. C'est à l'aide d'un tel dispositif qu'une nouvelle histoire du sujet, moins douloureuse, peut s'élaborer, en s'appuyant sur les discours du patient et du psychanalyste. Pour autant, le corps des deux protagonistes de la cure analytique classique ne sont pas mis entre parenthèses. Le transfert, ce mouvement qui pousse le patient à répéter, tout en les transformant chaque fois, les modalités relationnelles de son enfance, a besoin, pour s'exprimer, de la présence incarnée du psychanalyste. Cependant, cette présence doit pouvoir être suffisamment « légère », pour que le transfert puisse prendre de nombreux chemins différents.

La psychanalyse n'est pas une pratique désincarnée

La psychanalyse, depuis son invention par Freud à Vienne à la fin du XIXe siècle, est tout entière habitée par le corps. Sigmund Freud ne cesse d'insister sur le fait que le psychisme s'étaye sur le corps, que le « Moi est avant tout corporel », que la pensée n'existe pas sans le corps, qu'elle s'incarne avant d'être pensée : nous sommes sans cesse poussés à nous représenter ce qui agite notre corps, les excitations, les sensations, les émois... Mais en même temps, le corps reste toujours suspect pour les psychanalystes tant la crainte de la séduction, du débordement du courant tendre par le courant érotique est forte. Et il est même des analystes qui, s'appuyant sur le fait que la psychanalyse se fonde sur un interdit du toucher, saluent leurs patients sans jamais leur serrer la main.

La psychanalyse joue, au bout du compte, d'interminables parties de cache-cache avec le corps. Dans ces parties de cache-cache, la peau, tout particulièrement, et le sens qui lui est le plus intimement lié, le toucher ont une place privilégiée. Ainsi quand Didier Anzieu, psychanalyste français, jouant de la polysémie du terme « toucher », écrit : « La technique psychanalytique à laquelle j'ai recours consiste à [...] montrer au patient qu'il peut me " toucher " émotionnellement ; à réaliser des équivalents symboliques des contacts tactiles défaillants, en le " touchant " par des mots vrais et pleins, voire par des gestes significatifs de l'ordre du simulacre [1] », il fait apparaître puis disparaître le corps et le toucher, comme un illusionniste fait apparaître puis disparaître des lapins dans un chapeau.

Or la question des liens entre le toucher et la psycha-

158

nalyse est actuellement une question cruciale. Les psychanalystes sont de plus en plus appelés à sortir de leur cabinet, de leur réserve, ai-je envie de dire, pour aller à la rencontre de sujets souffrant non seulement psychiquement mais aussi dans leur corps, et pour aller également à la rencontre des différents membres des équipes soignantes. Dans les services hospitaliers de médecine ou de chirurgie, et jusque dans les chambres des malades, des psychanalystes mettent à l'épreuve la théorie et la pratique analytiques et s'exposent eux-mêmes en tant qu'individus, chaque fois qu'ils s'efforcent d'entrer en contact, puis de garder le contact avec ceux qui souffrent d'abord dans leur corps. Comme je le lui avais promis au début de sa psychothérapie analytique commencée avec moi à l'occasion d'un sida, j'ai gardé le contact avec André jusqu'au bout de sa vie : je l'ai aidé à boire, j'ai tenu ses deux mains dans les miennes quand il était secoué par de violentes quintes de toux, j'ai, la veille de sa mort, tendrement pressé sa main qui reposait, blanche et comme abandonnée, sur le drap de son lit. Dans de telles rencontres, le corps du malade et le corps du psychanalyste jouent chacun une partition importante et le toucher y constitue souvent la ligne mélodique la plus forte.

Mais aussi, pour qu'une aventure analytique soit fructueuse, il importe de parvenir à toucher le psychisme du malade. En voici un exemple. Béatrice, renfrognée, me raconte, parce que son dermatologue lui a demandé de me rencontrer, qu'elle a commencé à se gratter et à se déprimer après un licenciement. Pourtant, dit-elle, elle était une employée modèle, et même dévouée, de l'épicerie où elle travaillait avec un très grand plaisir depuis vingt ans. Béatrice bute sur le mot « épicerie ». Je reprends moi-même ce mot « épicerie ». Elle poursuit en disant : « Je voulais dire le " Leclerc ", je ne dis jamais l'épicerie. » Elle s'arrête. Puis elle me sourit les larmes aux yeux et ajoute : « Ma mère avait une épicerie. Elle m'avait envoyée vivre chez mes grands-parents, car elle n'avait pas le temps de s'occuper de moi. Mais à 12 ans elle m'avait fait revenir à la maison pour l'aider. J'adorais ranger les boîtes de conserves sur les étagères. » Songeuse, Béatrice murmure : « Grâce à l'épicerie, je l'avais retrouvée. » Je ne dis rien, je prends juste le temps de l'écouter. Beaucoup plus tard, alors que sa psychothérapie analytique avec moi sera bien avancée, Béatrice me dira à propos de sa mère : « Je l'aime et je la déteste, elle me fait rire et pleurer. » Le simple fait de relancer Béatrice sur le mot « épicerie » qu'elle avait sans doute d'autant plus de mal à prononcer qu'il la renvoyait à une expérience intime de séparation, physiquement et psychiquement éprouvante, avait « touché » Béatrice et l'avait aidée à entrer en contact, grâce au travail des associations de pensées, avec une part essentielle de son histoire.

Lorsqu'un psychanalyste est amené à toucher physiquement un malade pour toucher le psychisme de ce dernier, cesse-t-il pour autant d'être psychanalyste ? Quelles sont les conditions pour que de tels échanges de corps à corps, lorsque les circonstances particulières de la rencontre avec certains patients s'y prêtent ne constituent pas une transgression du « cadre » de la cure analytique classique et préservent, voire autorisent, la poursuite du travail analytique ? Je me souviens d'une jeune femme mourante qui m'exprimait sa peine de ne pas pouvoir voir grandir son fils. À ces mots, moi-même, mère alors d'un jeune fils, je sentis les larmes me monter aux yeux. Je dus lutter pour les refouler et pour continuer à écouter cette patiente en pensant et en interprétant et, ainsi, continuer à l'aider. Raymond Cahn écrit dans *La fin du divan ?* :

« À trop s'attendrir sur l'âme d'autrui, le psychanalyste ne risque-t-il pas de perdre son âme[2] ? » Comment être touché, attendri mais... pas trop, pour pouvoir, si nécessaire, penser et utiliser cet attendrissement, et, ainsi, conserver son identité d'analyste et continuer d'assurer une pratique véritablement analytique? La réponse n'est pas aisée mais il est vrai que je ne me suis pas du tout reconnue dans les paroles d'un collègue américain qui me disait, il y a environ une quinzaine d'années, pleurer avec ses patients souffrant d'un sida.

La psychanalyse n'est ni une théorie ni une pratique désincarnée. Les psychanalystes eux-mêmes ne sont pas de purs esprits s'adressant à de purs esprits. Comme leurs patients, comme leurs malades, ils sont faits de chair et de sang et ils sont traversés par des émotions et des sentiments, et la problématique du toucher les concerne particulièrement. À ce propos, la psychothérapeute Florence Barruel, dans un article sur le toucher thérapeutique, souligne : « Lorsqu'on touche quelqu'un sans parler, ce n'est pas pour autant que le psychique est évincé de la relation; parfois, d'ailleurs, des images mentales surviennent spontanément; ou des pensées. On a vu aussi que le toucher se rapportait à une pensée qui le sous-tend. Par ailleurs, on sait aussi qu'en parlant à quelqu'un sans le toucher physiquement des modifications corporelles surviennent comme la transpiration, les rougeurs, c'est pourquoi, cette remarque ajoutée à l'argument précédent, il paraît nécessaire d'abandonner définitivement l'idée que le toucher serait un acte par opposition à la pensée. Ce qui touche, c'est ce que l'on place dans ses paroles ou dans l'acte de toucher[3] ». Aussi étrange que cela puisse paraître à certains, du moins à première vue, la peau et le toucher occupent donc une place importante dans la psychanalyse et ce, dès le début de son élaboration et aussi bien de deux points de vue indissociables, celui de la pratique et celui de la théorie.

Freud et l'invention de la psychanalyse

La psychanalyse a été inventée à Vienne, à la fin du XIXᵉ siècle, par un psychiatre, Sigmund Freud. Fondée sur la notion d'inconscient, elle est à la fois une théorie du sujet, une tentative de compréhension de symptômes morbides et une thérapeutique. Freud, comme la plupart des autres psychiatres de son époque, a commencé par traiter ses patients par des approches thérapeutiques qui, bien souvent, faisaient une large place au toucher (hydro-thérapie, massage, électricité). Il note ainsi, à propos du cas de Emmy Von N. : « J'ordonne des bains chauds et pratiquerai deux fois par jour des massages de tout le corps[4]. » Il utilise aussi la suggestion sous hypnose, pas-sant la main sur le front de ses malades, la posant sur les zones corporelles malades ou même palpant ces zones comme il l'a vu faire par Jean-Marie Charcot à l'hôpital de la Salpêtrière avec les malades hystériques.

Sigmund Freud a en effet rencontré à l'hôpital de la Salpêtrière Jean-Marie Charcot en 1885, parce qu'il avait pu obtenir une bourse pour faire un stage à Paris en neurologie. Cette rencontre a été déterminante pour lui. C'est ainsi qu'il écrit à sa fiancée Martha Bernays, le 24 novembre 1885 : « Il m'arrive de sortir de ses cours comme si je sortais de Notre-Dame, tout plein de nou-velles idées sur la perfection. [...] La graine produira-t-elle son fruit ? je l'ignore mais ce que je sais, c'est qu'aucun autre homme n'a jamais eu autant d'influence sur moi. » Lors de ses leçons publiques, Charcot, dont la réputation est immense, présente des malades (hommes ou femmes)

chez lesquels il fait apparaître ou disparaître les symptômes hystériques (les paralysies, en particulier) grâce
à la suggestion sous hypnose. Il montre ainsi que ces
symptômes hystériques n'ont pas de cause organique à
l'inverse des maladies neurologiques liées à des lésions
anatomiques qui, elles, évoluent inexorablement. La
conséquence thérapeutique des constatations de Jean-
Marie Charcot est très importante puisqu'elle évite aux
femmes hystériques l'ablation chirurgicale des ovaires
rendus responsables des symptômes hystériques.

En avril 1886, dès son retour à Vienne, après la fin de
son stage, Sigmund Freud ouvre un cabinet médical pour
y exercer la neurologie. Sa clientèle est constituée de
patients de la bourgeoisie viennoise dont les préceptes
moraux étaient très forts. Les jeunes filles, en particulier,
sont élevées de façon très stricte (une dame, par exemple,
ne doit pas laisser voir sa cheville) et les hommes, célibataires ou mariés, ont très fréquemment recours aux pros-
tituées. Les patientes féminines de Sigmund Freud sont
donc très souvent des jeunes femmes dont les désirs se
heurtent aux nombreuses contraintes morales de la
société dans laquelle elles vivent. Elles sont souvent dési-
reuses d'être touchées, caressées, bref prêtes à être
séduites. Une distance s'impose. Dans cette prise de
conscience, Sigmund Freud va être aidé par l'une de ses
malades, Emmy Von N. Elle lui dit d'abord, il est vrai,
selon Sigmund Freud, pour se protéger de pensées
pénibles, à plusieurs reprises, dès la première consultation le 1er mai 1889 : « Ne bougez pas, ne dites rien, ne me
touchez pas [5] », puis plus tard qu'« il ne faut pas lui
demander toujours d'où provient ceci ou cela mais la laisser raconter ce qu'elle a à dire [6] ». Sigmund Freud note
alors : « Je me tournai vers l'analyse psychologique et exi-
geai de savoir quelles émotions avaient provoqué l'appari-

tion de la maladie [7]. » Enfin, un peu plus loin « seuls les symptômes morbides ayant été soumis à mon analyse psychologique ont été éliminés de façon durable [8] ». Sigmund Freud comprend alors que l'absence de tout contact corporel avec leur thérapeute (Freud lui-même, en l'occurrence), la frustration de leurs désirs sont bienfaisantes et poussent les patients à recourir à la mise en mots de leurs difficultés psychiques, à investir fortement une telle démarche, à donner plus de présence à leur réalité psychique et à celle de leur thérapeute de sorte que ces deux réalités psychiques entrent en contact et, le temps de la séance, créent des espaces communs partagés par elles. La psychanalyse était née.

Un espace de pensée partagé

Dans les paroles d'un patient souffrant d'une pelade, lors de plusieurs séances successives de psychothérapie analytique, deux thèmes s'entrecroisent : les reproches qu'il nourrit à l'égard de ses parents, la fragilité du bonheur qu'il vit avec ses enfants, tant il craint la survenue à tout instant d'un accident ou d'une maladie grave. Un jour, je lui dis : « Je me demande si cette fragilité du bonheur que vous ressentez n'est pas plutôt liée à la crainte de la survenue de reproches que pourraient vous faire vos enfants ou que vous-même vous pourriez faire à vos enfants tout comme vous le faites à l'égard de vos parents. » Pendant cette interprétation, j'ai la sensation que, pourrait-on dire, nos psychismes comme nos regards se touchent et se mêlent. Le patient me dit alors : « C'était exactement ce que j'étais en train de penser. »

Le cadre dans lequel la cure analytique doit se dérouler va donc être établi grâce, d'abord, à deux règles : celle de l'abstinence (tout échange tactile, en particulier érotique bien sûr, est interdit) et celle de la non-omission (le patient doit tout dire). Cependant, on sait que, encore récemment, de rares psychanalystes médecins, comme Maurice Bouvet, ont conservé, tout au long de leur pratique, lors du premier entretien avec un nouveau patient, l'habitude de faire un examen clinique complet de ce dernier et, donc, de toucher ainsi tout son corps... Mais être un bon psychanalyste ne se résume pas à savoir respecter des règles. Il faut aussi savoir, comme le souligne Sigmund Freud établir le contact et faire preuve de... tact : « Toute action psychanalytique présuppose un contact prolongé avec le malade... C'est une erreur technique que de jeter brusquement à la tête du patient, au cours de la première consultation, les secrets que le médecin a devinés. Un pareil procédé a ordinairement pour effet fâcheux d'attirer sur la personne du médecin la franche inimitié du malade et d'empêcher toute influence ultérieure. En outre, est-il besoin de dire que l'on risque parfois de faire de fausses déductions et que l'on n'est jamais en mesure de découvrir toute la vérité. En psychanalyse, des strictes règles techniques viennent remplacer une insaisissable qualité qui exige un don spécial : " le tact médical " [9]. »

Ferenczi et le « tact »

En psychanalyse, le tact, c'est surtout savoir apprécier le moment opportun et le contenu adéquat de ce que l'analyste dit au patient et de ce qu'il laisse, aussi parfois, le patient lui dire. Un jeune homme a pu commencer une psychothérapie analytique avec moi car je lui avais donné l'assurance qu'il pouvait ne pas tout me dire.

Cette question du tact a toujours beaucoup passionné Sandor Ferenczi, psychanalyste d'origine hongroise, contemporain de Freud. Il a été longtemps plus qu'un élève de Sigmund Freud, son « paladin », son « grand vizir secret », avant de devenir sa « pilule amère », selon les propres termes de Sigmund Freud, quand ses avancées théoriques et ses innovations techniques ont dépassé les limites acceptables par la communauté psychanalytique de l'époque. En effet, Sandor Ferenczi donne au tact, dans la relation psychanalytique, non seulement le sens de « sentir avec » [10] mais aussi celui de lutter contre l'« hypocrisie professionnelle » et de gagner ainsi la confiance du patient. Il écrit ainsi : « Il se peut que certains traits externes ou internes du patient nous soient difficilement supportables. Ou encore, nous sentons que la séance d'analyse apporte une perturbation désagréable à une préoccupation professionnelle plus importante ou à une préoccupation personnelle et intime. Là aussi je ne vois pas d'autre moyen que de prendre conscience de notre propre trouble et d'en parler avec le patient, de l'admettre non seulement en tant que possibilité mais aussi en tant que fait réel [11]. » Il n'est pas nécessaire d'être psychanalyste pour comprendre vers quelles impasses patient et psychanalyste peuvent être conduits, dans de telles conditions. Ferenczi a eu tout de même, entre autres, le mérite d'insister sur l'importance pour les psychanalystes d'avoir été « tout à fait bien analysés et de connaître à fond tous leurs traits de caractère déplaisants, extérieurs ou intérieurs afin de s'attendre à presque tout ce que les associations de leurs patients peuvent contenir de haine et de mépris cachés [12]. »

Mais il faut dire que Sandor Ferenczi a été confronté à des malades extrêmement difficiles que ses collègues, en désespoir de cause, avaient l'habitude de lui confier, tant il avait la réputation d'avoir la passion de guérir. André Green, psychanalyste français a dit : « Sandor Ferenczi se

166

battait moins avec des idées qu'avec des analysants sidérés dans leur souffrance [13]. »

Les réflexions de Sandor Ferenczi sont une aide précieuse pour tous les psychanalystes et ce d'autant plus que, de nos jours, le psychanalyste est amené à exercer en dehors de son cabinet (par exemple, à l'hôpital général, dans des services de médecine ou de chirurgie), à rencontrer des malades souffrant de pathologies psychologiques variées ou de pathologies somatiques et à s'exposer au regard de ces sujets avec les risques qu'une telle situation comporte. N'oublions pas, en effet, que la disposition classique de la cure analytique rend le psychanalyste, assis dans son fauteuil, non visible par le patient allongé sur le divan. Celui-ci ne voit donc pas les effets de sa parole sur son analyste et en particulier lorsque celui-ci est touché par la parole même de son analysant... Comme je l'ai dit plus haut, j'ai eu, fugacement, les larmes aux yeux lorsqu'une patiente de mon âge, séropositive, m'avait évoqué, dans une séance de psychothérapie analytique en face à face, son chagrin à l'idée qu'elle ne verrait pas ses trois fils devenir adolescents puis adultes. Dans toutes ces nouvelles conditions de pratique psychanalytique, pouvoir faire preuve de tact est précieux.

L'interdit du toucher transgressé

« Sentir avec » pourrait même être le seul instrument psychique disponible pour comprendre, identifier ce dont il s'agit [14]. Dans des circonstances exceptionnelles, un psychanalyste peut être amené à transgresser la règle de l'interdit de tout échange tactile entre le patient et le psychanalyste dans le but d'ouvrir, enfin, un espace où une parole peut s'échanger entre le patient et le psychanalyste. Donald W. Winnicott, pédiatre et psychanalyste anglais, écrit ainsi dans une lettre adressée à C.M. Scott le 27 janvier 1954 : « Il m'a été nécessaire pendant une longue période de tenir les mains d'une patiente d'un bout à l'autre de la séance... Cela lui a permis de poursuivre, d'exprimer amour et haine. Si je ne réussissais pas à la contenir physiquement alors elle me frappait et elle me faisait mal, ce qui ne me valait rien, ni à elle [15]. »

Bien avant Winnicott, et dans un contexte différent puisqu'il ne s'agissait pas de contenir la violence, Freud explique à propos d'une de ses patients Élisabeth von R., qui souffre de manifestations somatiques de troubles psychiques (douleurs musculaires dans les jambes et fatigabilité musculaire générale), que le traitement a d'abord comporté des massages et que ces massages ont été assurés à la fois par le médecin et par Sigmund Freud lui-même. Ainsi, dit Freud, « le psychiatre (Freud en l'occurrence) a pu rester en contact avec la malade et le médecin a pu préparer le terrain en vue d'un traitement psychique ». Et il ajoute : « Lorsque après quatre semaines de ce simulacre de traitement, j'en vins à proposer une cure psychologique et que je donnai à la malade quelques renseignements sur le procédé employé et son mode d'action, je rencontrai tout de suite chez elle de la compréhension et peu de résistance [16]. »

Moi-même, jeune psychothérapeute et psychanalyste en formation, n'ayant pas encore lu tous ces articles, j'ai été amenée à transgresser, pour la première fois, l'interdit du toucher alors que j'avais été appelée auprès d'une jeune femme hospitalisée pour un œdème des deux jambes qui la clouait au lit depuis plusieurs mois. Il s'agissait d'une jeune femme pathomime. Ce terme *pathomimie* a été forgé en 1908 par l'écrivain Paul Bourget à la demande du dermatologue Georges Dieulafoy pour désigner un homme qui « avait mimé une maladie » (une gangrène du membre inférieur) par l'application sur la peau, cachée à tous les médecins rencontrés, d'une substance chimique.

Les femmes pathomines

Les pathomimes sont, dans l'immense majorité des cas, des femmes. Elles se créent elles-mêmes secrètement des lésions somatiques, le plus souvent des lésions cutanées (peut-être parce que la peau est un organe facilement accessible par la main ou par des instruments divers – pince à épiler, seringue, rasoir, couteau, tenaille... – et visible). Les pathomimes cachent leur responsabilité dans la survenue de leurs lésions aux différents médecins rencontrés. Si elles désirent recevoir des soins (corporels bien sûr d'abord, mais aussi, sans qu'elles en aient conscience, psychiques) et être donc considérées comme des malades, il n'existe pas de motif rationnel précis à leur comportement pathologique. Ce ne sont donc pas des simulatrices.

Le trouble primitif à l'origine de ce comportement est psychique et ignoré par la patiente elle-même. Très souvent, les lésions cutanées apparaissent après une séparation, un deuil, une déception affective (perte de l'estime d'un proche) qui ravivent un vécu d'abandon infantile. En effet, dans l'enfance des pathomimes, on retrouve fréquemment une carence affective intense (abandon, longue séparation, hospitalisations répétées). Si cette carence affective a même pu être accompagnée de violences infligées à l'enfant par un membre de son entourage, on trouve aussi fréquemment une relation affective très investie avec un soignant (infirmière, médecin). Ainsi, pour la pathomime, se créer des lésions cutanées serait, entre autres explications psychologiques, une façon de retrouver, par l'intermédiaire de la maladie et de la douleur, un objet d'amour perdu fortement investi dans l'enfance dont la perte a été ravivée par celle d'un objet d'amour plus récemment investi.

169

Ma patiente, quant à elle, se garrottait elle-même secrètement ses membres inférieurs au niveau des deux cuisses, voulant donc être considérée par les médecins comme une malade. L'entretien commença dans un climat de méfiance extrêmement lourd. Je n'étais pas, bien sûr, la première psychothérapeute que cette patiente rencontrait. Alors, délibérément, j'accomplis un geste qui pouvait paraître transgressif par rapport à ma pratique ; je posai ma main sur sa jambe en lui demandant ce qui lui arrivait de douloureux. Je pense qu'en la touchant je reconnaissais ainsi, dans la réalité, sa souffrance physique, je liais souffrance physique et souffrance psychique. Je lui faisais « sentir » que je m'impliquais dans notre relation thérapeutique, que sa souffrance me touchait et pouvait me changer et changer ma pratique. Je vis alors cette jeune femme se détendre et commencer à parler d'elle-même. Ce fut le premier pas d'un suivi médical et psychologique rigoureux qui lui permit de guérir. Il fut réalisé grâce à « une main non sexuelle, celle de la *good enough mother*, la mère de l'attachement et de l'amour primaire, « avant que le diable s'en mêle – le diable, celui pour qui jeux de mains sont jeux de vilains [17] ». C'est en ces termes que Jacques André parle des mains de Donald W. Winnicott telles que la patiente de ce dernier, dont il a été question plus haut, les a évoquées : « Littéralement, il tenait mes deux mains serrées entre les siennes pendant de longues heures, presque comme un cordon ombilical, tandis que moi j'étais allongée, souvent cachée sous la couverture, silencieuse, inerte, renfermée, paniquée, enragée ou en larmes, endormie et quelquefois rêvant. [...]. Il a dû s'ennuyer ferme et se sentir épuisé pendant ces heures, il a même dû avoir mal aux mains. Il nous arrivait d'en parler après [18]. »

La proximité du somatique et du psychique à l'hôpital général

Didier Anzieu a écrit : « Il existe des situations où l'on ne peut progresser qu'en transgressant. À une condition toutefois : qu'on édicte, à la place des anciennes, de nouvelles règles, et qu'on leur assigne un fondement qui en garantisse la validité [19]. » Insistons à ce propos, sur le fait que la place et le rôle du psychanalyste exerçant sa pratique à l'hôpital général (et non pas à l'hôpital psychiatrique), dans un service de médecine (dans lequel les malades souffrent d'affections somatiques variées) ou de chirurgie sont délicats à définir. En s'appuyant sur ses références théoriques et pratiques, en ne se séparant jamais de sa rigueur, le psychanalyste ne doit pas seulement mettre en place mais inventer, dans des conditions parfois extrêmement éprouvantes (patient en fin de vie par exemple), un cadre permettant au malade qu'il rencontre de parler de sa maladie, de lui, de s'entendre parler, de penser et de se surprendre lui-même par ses paroles et ses pensées. Donald W. Winnicott disait à propos de ses consultations thérapeutiques avec des enfants « chercher à ce que l'enfant se surprenne lui-même plutôt qu'à faire une brillante interprétation [20] ». C'est seulement dans ces conditions que des liens entre souffrance somatique et souffrance psychique pourront être découverts et traités. De ce point de vue, une grande proximité et une véritable alliance entre soignants du corps et soignants du psychisme sont non seulement nécessaires mais fondamentales pour que chacun d'eux assure jusqu'au bout son rôle de soignant.

S'allier pour guérir

Je me souviens d'une de mes malades particulièrement fière et courageuse. Avant de rencontrer l'équipe médicale avec laquelle je travaillais, une équipe médicale précédente, très compétente, avait éliminé le diagnostic de polymyosite, maladie musculaire avec d'importantes altérations somatiques (biologiques, musculaires), qui avait été posé plusieurs années auparavant, et envisagé celui de fibromyalgie, maladie musculaire fonctionnelle sans altération somatique et souvent liée à des difficultés psychologiques. Mais une fois le diagnostic de fibromyalgie confirmé, cette équipe médicale s'était désintéressée de la malade et lui avait dit durement : « Vous n'avez rien, vous n'avez qu'à faire du yoga. » Cette malade avait été très blessée d'une telle attitude. Il lui a ensuite fallu sept ans avec un double suivi, médical assuré par Serge Herson (médecin interniste, chef de service à l'hôpital de la Salpêtrière à Paris) avec prescription d'un antidépresseur, et psychothérapie analytique avec moi-même, pour guérir et abandonner un jour sur mon bureau l'insigne d'une association regroupant les malades atteints de maladies musculaires dont elle faisait partie. Ce double suivi avait été assuré à l'hôpital, dans un même lieu institutionnel où, donc, la proximité du psychique et du somatique était concrétisée.

Dans ces conditions, dans les moments de plus grande résistance au travail psychanalytique, la rupture entre le psychique et le somatique et l'interruption de la psychothérapie analytique sont plus facilement évitables. Une telle proximité du somatique et du psychique est renforcée non pas tant parce que, dans un même lieu, somaticien et psychanalyste suivent le même patient et non plus parce que, dans un même lieu, chacun à sa façon, le corps et le psychisme du patient sont touchés mais, avant tout, parce que, dans un même lieu, somaticien et psychanalyste, alors que leurs références théoriques sont très éloignées les unes des autres, entrent en contact par la pensée, pensent ensemble autrement la souffrance physique de leur patient et parviennent à partager un certain plaisir à penser avec ce dernier. Récemment, une jeune femme dont le corps était lacéré par de féroces crises de démangeaison ponctua son premier entretien avec moi par ces exclamations : « C'est dingue, c'est dingue, en vous parlant je pense à des tas de choses auxquelles je n'avais jamais pensé auparavant. C'est bien ce que vient de me dire le dermatologue que j'ai rencontré avant vous. »

Ainsi, au fur et à mesure que les psychanalystes sont sortis de leur cabinet privé pour poursuivre leur réflexion et exercer leur pratique dans des lieux différents (des services de psychiatrie aux services de médecine générale ou spécialisée en passant, par exemple, par des associations de malades), ils ont rencontré, outre divers soignants du corps, des malades que, jusqu'à ces dernières années, ils n'avaient pas l'habitude de rencontrer (des patients dits limites qui seront décrits plus loin, des patients souffrant de maladies somatiques par exemple), si l'on excepte, bien sûr, quelques grands pionniers, dans l'intimité de leur cabinet privé.

Afin de pouvoir entrer en contact avec ces malades, des psychanalystes ont été poussés à utiliser des approches thérapeutiques de l'inconscient différentes de la cure analytique classique. Ces approches thérapeutiques sont souvent à médiation corporelle et font ainsi une large place au toucher. Nous développerons plus particulièrement deux d'entre elles sans nous attarder sur les nombreuses techniques à médiation corporelle centrée sur le toucher qui s'éloignent de la théorie analytique et qui ne s'adressent pas forcément à des malades (l'hapto-nomie, par exemple, est pratiquée chez les femmes enceintes pour entrer en relation avec l'enfant qui d'ailleurs, lors des séances, vient se coller contre la paroi de l'utérus ; elle favorise aussi non seulement la rencontre avec le corps de la femme mais aussi avec « la personne tout entière grâce au contact psychotactile » selon la propre expression de Catherine Dolto-Tolitch [21]).

La relaxation psychanalytique

C'est une technique thérapeutique à médiation corporelle qui s'exerce sur le tonus musculaire. Par la suggestion et l'apprentissage elle vise à favoriser chez le sujet un état de détente et de relâchement musculaires. Elle s'appuie sur la possibilité, pour la plupart des individus, d'acquérir, à travers le contrôle et le relâchement de leur tonus musculaire, un certain degré de contrôle et de détente psychiques. Le toucher tient bien sûr une place importante en relaxation. Michel Sapir écrit pour qualifier la relaxation à induction variable (car le début de chaque séance est initié par la parole, le toucher ou le silence du thérapeute) : « les doigts – du relaxateur – sentent les sinuosités du corps, la nature des tissus ou la qualité du granité de la peau. Ils perçoivent la mollesse ou la tension musculaire qui infirment ou confirment ce que le regard suppose [...]. De son côté le relaxant, d'observé devient aussi observateur. Il est à l'écoute de la voix, des paroles, des pas du thérapeute. Il sent sur lui ses mains et évalue ou projette les réactions du thérapeute [22]. »

Lors de la relaxation psychanalytique, à la fin de chaque séance, le malade est invité à parler de l'expérience relationnelle très régressive mise en place avec le psychothérapeute, à verbaliser ses conflits et donc, à penser. Une telle relaxation peut être très utile quand, par exemple, le malade se vit d'abord comme un corps malade et qu'il n'est pas prêt à reconnaître en lui-même des conflits psychiques. Elle peut aussi être suffisante pour réconcilier le malade avec son corps et aussi avec lui-même. En dermatologie, je l'ai souvent conseillé dans des cas de prurit, de dermatite atopique, d'urticaire, de sensations de brûlures vulvaires sans support organique.

Louise et le souci de perfection

Louise est une femme de 60 ans, coquette et affable. Elle m'est adressée par son dermatologue à propos d'une urticaire chronique évoluant depuis six ans et survenant par poussées surtout vespérales. Louise se demande pourquoi son dermatologue lui a demandé de me rencontrer, puisque, pour elle, tout va bien. Après un bref silence, cependant, elle ajoute que, malgré les apparences, elle est parfois angoissée avec la sensation d'un poids sur sa poitrine. Puis Louise poursuit en évoquant les mille et une raisons qui font qu'elle est une femme heureuse et comblée par son mari et ses trois enfants mariés et occupant des positions sociales brillantes.

Je propose alors à Louise de réfléchir ensemble très précisément aux conditions de survenue des poussées d'urticaire. Je lui demande de me donner un exemple de situation pouvant provoquer, à son avis, une crise d'urticaire. Louise évoque alors une conversation téléphonique au cours de laquelle elle et son mari sont invités à dîner. Aussitôt, un état de vive tension interne s'installe en elle, suivi très rapidement par des sensations de démangeaison. Elle se gratte. C'est alors que les plaques urticairiennes surviennent le long des stries de grattage. Je note en moi-même qu'il s'agit donc en fait, cliniquement, d'un dermographisme plutôt que d'une vraie urticaire. Quant à Louise, elle prend conscience que toute rencontre avec autrui la met dans un état de tension très inconfortable. En effet, toute rencontre la contraint à dépenser beaucoup d'énergie, car il lui faut toujours se montrer impeccable et n'offrir ainsi aucune prise à l'autre. En société, remarque-t-elle, elle se sent vite agressée, comme si on empiétait sur son territoire.

Louise reste silencieuse quelques instants et esquisse un sourire. Puis elle ajoute que son « urticaire » a commencé à un moment où elle se sentait vieillir et où le soir il lui fallait faire de plus en plus d'efforts pour accueillir parfaitement, selon ses propres termes, son mari de retour du bureau. Louise pense que le seul lieu où elle se sent tranquille, sûre d'elle-même, autonome et en sécurité, c'est sa voiture. Sa voiture est son refuge. Elle peut, par exemple, elle qui n'est pas toujours gaie, y chantonner. Brutalement Louise dit que, sans savoir pourquoi, elle pense tout à coup à la Pologne. Elle est arrivée en France en 1946. Sur les années précédant cette arrivée, Louise murmure seulement : « C'était l'enfer. »

À la fin de l'entretien, Louise remarquera combien elle utilise toutes ses forces pour ne pas penser aux épreuves de son enfance. Pourtant, elle sait bien, dit-elle, que tout cela ne la laisse jamais en repos. Elle est dans une lutte perpétuelle à laquelle son corps participe, comme tendu, arc-bouté, selon ses propres termes, pour repousser toutes ses pensées. Louise se demande comment aborder celles-ci sans trop de peur. À Louise j'ai proposé une relaxation psychothérapique. Elle a commencé ce traitement il y a quelques mois et m'a fait savoir, par un petit mot, qu'elle s'en trouvait fort bien...

Le pack

C'est une technique de soins introduite en France dans les années 1960 par le psychiatre américain Woodbury pour les malades psychotiques graves (souffrant d'angoisses dites de morcellement et animés de mouvements autodestructeurs). Le malade, en sous-vêtement ou nu, selon son choix, est enveloppé par des linges froids et humides puis dans une couverture. Il va ensuite plus ou moins rapidement se réchauffer. Pendant la durée de ce soin, trois quarts d'heure (comme une séance de psychanalyse !), le malade est entouré (on pourrait dire aussi enveloppé) par un groupe de soignants qui le touchent, rencontrent son regard et répondent à ses associations d'idées et à ses questions. Il est, en effet, libre, s'il le désire et s'il le peut, de verbaliser ce qu'il ressent. Le pack donne donc au malade la possibilité de sentir, d'éprouver une enveloppe corporelle double, à la fois thermique et tactile, renforçant, si l'on peut dire, sa propre enveloppe corporelle vécue comme déficiente, et lui permettant ainsi de se sentir lui-même séparé des autres, tout en étant en continuité avec eux. L'une de mes patientes a inventé, pour elle-même, des soins qui ressemblent à ceux apportés par le pack. Depuis l'apparition de son vitiligo, dermatose qui provoque des taches dépigmentées et donc blanches sur la peau, quand elle se sent « trouée » et « vulnérable », elle « reconstitue sa peau », selon ses propres termes, en laissant couler l'eau tiède de la douche sur toute la surface de son corps.

La surface du corps

Freud a insisté sur l'importance de la surface du corps, des sensations, des expériences et des échanges tactiles pour la constitution du psychisme de l'individu, pour la constitution de son Moi. Il écrit dans *Le Moi et le Ça* : « Le Moi est avant tout corporel, il n'est pas seulement un être de surface mais il est lui-même la projection d'une surface. » Un peu plus tard, à la traduction anglaise, avec l'accord de Sigmund Freud, la note suivante a été ajoutée à cette phrase : « Le Moi est finalement dérivé de sensations corporelles, principalement de celles qui ont leur source dans la surface du corps. Il peut ainsi être considéré comme une projection mentale de la surface du corps et de plus, comme nous l'avons vu plus haut, il représente la surface de l'appareil mental [23]. »

À sa suite et à la suite des éthologues, différents psychanalystes vont réfléchir et éclairer ces premières réflexions de Freud – citons Bowlby, Winnicott, Spitz, ou Anzieu. Tous ont montré l'importance de la relation mère/enfant médiatisée par la peau, pour l'intériorisation par chaque individu d'une image de son corps cohérente, c'est-à-dire d'un modèle interne le représentant non fragmenté, pourvu de limites assurant bien leur rôle de frontières entre le monde interne et le monde extérieur. Cette image unifiée du corps est accompagnée d'un sentiment de sécurité interne physique et psychique et de sentiments d'estime et d'amour de soi. Ce sont ces différents éléments qui fondent ce qu'on appelle le « narcissisme » de chaque individu.

Qui était Narcisse ?

Le terme « narcissisme » vient du mythe de Narcisse dont la version la plus connue est racontée par le poète latin Ovide. Selon un oracle proféré à sa naissance, Narcisse ne vivra vieux que s'il ne se regarde pas. Mais un jour, après une chasse mouvementée, le jeune et beau Narcisse a soif et la source à laquelle il désire se désaltérer lui renvoie l'image de lui-même qu'il ne connaît pas, mais dont il tombe éperdument amoureux. Prisonnier de son image, sans possible contact et rencontre avec autrui, il se laissera mourir. À sa place s'épanouira une fleur, le narcisse. Dans une autre version, Narcisse, irrésistiblement attiré par son image, tombera dans l'eau et se noiera. J'ai aussi pensé à Narcisse en écoutant ces paroles d'une jeune femme : « Ce que j'ai aussi compris dans ma psychothérapie avec vous c'est que je ne pouvais pas résoudre mes difficultés seule avec moi-même ; il me fallait un contact avec un autre, un contact verbal. » En effet, il faut sortir de soi, reconnaître les autres comme des sujets différents, séparés de soi et que l'on respecte pour nouer des échanges fructueux et véritables.

L'amour de soi, tel que le conçoit le psychiatre et psychanalyste Christophe Dejours, se rapproche de ce que beaucoup de ses collègues psychanalystes ont appelé narcissisme. Cet amour de soi, selon Dejours, naît du corps à corps de l'enfant avec ses parents, se développe selon les différentes modalités dont les soins corporels ont été donnés par les parents à leur enfant et, plus spécifiquement, selon les différentes façons dont les parents ont toléré, accueilli en eux-mêmes les émois que ces soins ont déclenchés chez leur enfant et en eux-mêmes. C'est un point qui mérite particulièrement notre attention.

S'aimer soi-même, c'est aimer son corps et accueillir en soi tous ses éprouvés affectifs et y compris ses éprouvés érotiques [24]. D'ailleurs Sigmund Freud lui-même a écrit que la tendresse des parents « manque rarement de traduire son caractère érotique [25] ». Dans ces conditions, on conçoit facilement qu'à certains moments de la vie, tout sujet ait particulièrement besoin d'un amour de soi solide : maladie, vieillissement, adolescence. Voyons maintenant le moment de l'adolescence.

Narcisse adolescent

L'adolescence, ce passage de l'enfance à l'âge adulte, est une période délicate de changements corporels et psychiques, de séparations et d'abandons. Les modifications corporelles et le processus de séparation et d'individuation sont particulièrement liés pendant cette période. L'adolescent est confronté à l'émergence d'un corps sexué rendant possible la réalisation sexuelle génitale ; il doit donc se tourner vers d'autres personnes à séduire, vers d'autres objets d'amour que ses parents et il doit découvrir des ressources différentes en lui-même et dans son corps de celles de son enfance pour atteindre ce but. C'est ainsi qu'il est poussé à prendre une distance physique avec ses parents : il évite les manifestations de tendresse à l'égard de ces derniers et ceux-ci, comprenant l'importance d'une telle distance, ne le cajolent plus comme quand il était enfant. Un ancien « papa poule » dont les enfants entraient dans l'adolescence me dit un jour, avec mélancolie, combien « il se forçait à prendre des distances physiques avec sa fille et son fils ».

Cependant, avant de se lancer dans une relation amoureuse et d'exercer une sexualité génitale, l'adolescent, pendant un temps, va se replier sur son propre corps qu'il va prendre comme objet à la fois d'amour et... de haine. Les psychanalystes ont, en effet, insisté sur le fait que dans toute relation à l'autre sont liés ces deux mouvements, l'amour et la haine. Dans son roman intitulé *Hanna et ses filles*, Marianne Fredriksson écrit : « Lorsqu'il – son père – se leva de table et la remercia pour le dîner, sa voix était friable, comme bordée de givre. Je ne l'aime pas beaucoup, se dit-elle. J'ai peur de lui, je ne le supporte pas, je le déteste. Ce qui complique les choses, c'est que je l'aime [26]. » La haine devient destructivité quand elle se déploie en n'étant plus liée à l'amour. Ainsi, les adolescents peuvent rester des heures enfermés dans la salle de bains familiale pour « bichonner leur corps » ou, tout au contraire, pour l'attaquer en, par exemple, excoriant une acné modérée.

Tous les changements corporels et psychiques au moment de l'adolescence sont donc accompagnés de nombreux et variés affects. Cela fragilise l'amour de soi et entraîne une grande insécurité narcissique chez les adolescents, augmentée par la moindre imperfection du visage ou du corps. C'est pourquoi un grand nombre d'entre eux expriment des plaintes d'ordre esthétique concernant, par exemple, la modification de leur silhouette ou de leur peau... ou que les filles vont se voûter dissimulant ainsi, l'émergence de leurs seins. C'est aussi à cause d'une plus grande insécurité narcissique de l'adolescent, par exemple, qu'une acné, même modérée, du visage ou du dos, affection banale à l'adolescence, est rarement une affection bénigne.

Par ailleurs, pendant longtemps, l'adolescent peut avoir honte de ses changements corporels plus ou moins visibles. Cette honte s'exprime bien souvent par une pudeur exagérée que parents, éducateurs, médecins doivent bien sûr respecter. Le dermatologue, quand il examine un adolescent pour des affections cutanées aussi banales que l'acné ou des verrues et, en particulier, quand il touche la peau d'un adolescent et quand il demande à ce dernier de se déshabiller, ne doit pas oublier l'existence très fréquente de tous ces sentiments. Les transformations pubertaires peuvent même être ressenties par l'adolescent, comme étrangères voire comme persécutrices. D'ailleurs, la fréquence, à l'adolescence, des conduites plus ou moins pathologiques prenant la peau pour cible (des tatouages aux automutilations) vient dévoiler la force de la destructivité que nous avons évoquée plus haut et qui anime parfois l'adolescent à l'égard de son propre corps.

Naïma : un symbole de féminité

Naïma était une jeune fille née en France de parents algériens. À l'adolescence, elle avait été attirée par le mode de vie de ses amies de lycée, Brigitte, Marie et Françoise. Mais son père et ses frères avaient veillé au respect des coutumes arabes et musulmanes. Naïma, tiraillée entre deux cultures, française et algérienne, avait fini par s'en prendre à ses jeunes seins dont l'éclosion avait marqué le début de ses ennuis et les avait atrocement mutilés chaque soir dans le secret de son lit. Naïma avait dû manquer de plus en plus souvent le lycée et ses amies s'étaient peu à peu éloignées d'elle. Son père et son frère aîné avaient multiplié les consultations avec de nombreux médecins différents à la recherche d'un diagnostic et d'un traitement efficace.

Heureusement, Naïma avait rencontré une dermatologue qui avait posé le diagnostic de pathomimie et avait cherché à comprendre la souffrance psychique qui la poussait à attaquer ses seins. La dermatologue avait ensuite rencontré un frère de

Naïma particulièrement attentif à sa sœur et tolérant et elle avait pu lui expliquer la situation avec tact. Des compromis avaient été trouvés avec la famille pour permettre à Naïma de vivre au mieux sa vie de jeune « beurette » de la deuxième génération sans être sous la menace permanente d'un renvoi en Algérie et d'un mariage précipité.

Puis Naïma avait fini par laisser s'épanouir... ses seins avant de devenir une adulte telle que le poème d'Henri Michaux *Je suis gong* le suggère : « Dans le chant de ma colère il y a un œuf / Et dans cet œuf il y a ma mère, mon père et mes enfants, / Et dans ce tout il y a joie et tristesse mêlées et vie. / Grosses tempêtes qui m'avez secouru, / Beau soleil qui m'as contrecarré, / Il y a haine en moi, forte et de date ancienne, / Et pour la beauté on verra plus tard. / Je ne suis en effet devenu dur que par lamelles ; / Si l'on savait comme je suis resté moelleux au fond. / Je suis gong et ouate et chant neigeux, / Je le dis et je suis sûr[27]. »

Massages et messages

Dès le début de sa vie, la peau et les muqueuses du petit d'homme reçoivent de nombreuses stimulations plus ou moins agréables, surtout par l'intermédiaire de la mère, lors du nourrissage, du portage, des soins corporels, de l'habillement. Cette peau, offerte au regard maternel, est aussi un objet de caresses tendres pour le plaisir partagé de la mère et de l'enfant. Un surcroît de plaisir est ainsi apporté en plus de la simple satisfaction des besoins vitaux. On a dit d'ailleurs de la mère qu'elle est « la première séductrice ».

Pour Freud, on le sait, le courant tendre entraîne toujours avec lui et ce, dès son émergence, le courant érotique : « Les rapports de l'enfant avec les personnes qui le soignent sont pour lui une source continue d'excitations et de satisfactions sexuelles partant des zones érogènes. Et cela d'autant plus que la personne chargée des soins (généralement la mère) témoigne à l'enfant des sentiments dérivant de sa propre vie sexuelle l'embrasse, le berce, le considère, sans aucun doute, comme le substitut d'un objet sexuel complet. Il est probable qu'une mère serait vivement surprise si on lui disait qu'elle éveille ainsi, par ses tendresses, la pulsion sexuelle de son enfant, et en détermine l'intensité future. Elle croit que ses gestes témoignent d'un amour asexuel et " pur " dans lequel la sexualité n'a aucune part, puisqu'elle évite d'exciter les organes sexuels de l'enfant plus que ne le demandent les soins corporels. Mais la pulsion sexuelle, nous le savons, n'est pas seulement éveillée par l'excitation de la zone génitale ; ce que nous appelons tendresse ne pourra manquer d'avoir un jour une répercussion sur la zone génitale [28]. » Le courant érotique s'étaye donc sur le courant tendre en se détournant alors de ses buts sexuels tout comme les premières satisfactions sexuelles sont éprouvées en étayage sur les fonctions corporelles nécessaires à la vie (par exemple boire un biberon pour calmer la faim entraîne dans son sillage le plaisir de téter ; ce dernier peut être finalement pris par le bébé en dehors de toute faim à satisfaire en tétant, par exemple, son pouce).

Tout au long de la vie, la tendresse n'est jamais complètement « pure » : tout geste tendre peut amorcer le réveil d'un désir érotique. On peut donc dire avec la psychanalyste Catherine Parat que « le courant tendre sous-tend toute relation interhumaine... La désérotisation est variable dans son intensité d'une relation à l'autre. Certaines amitiés se soutiennent de manifestations de tendresse. D'autres, même profondes, ne sont pas des amitiés tendres. Les équilibres sont variables entre les investissements érotiques, et les investissements tendres, amicaux, sociaux pour chacun d'entre nous [29].» Cette réflexion concerne aussi, bien évidemment, tous les soignants, quels que soient les malades dont ils assurent les soins, quelles que soient leurs spécialités et y compris les psychanalystes...

Les manipulations maternelles à l'origine d'une excitation agréable pour le nourrisson sont aussi l'occasion d'une communication préverbale, témoignage de l'amour que la mère porte à son enfant et qu'elle arrive ainsi à lui faire ressentir. Selon le mot de Didier Anzieu, le massage devient message : « Les mères connaissent bien les plaisirs de peau chez le nourrisson, écrit Anzieu, et, dans leurs jeux, leurs caresses, elles provoquent volontairement ces stimulations. Un échange s'établit là entre la mère et son enfant, dès qu'il commence à différencier ses perceptions, reçoit ces gestes maternels non seulement comme un plaisir, c'est-à-dire comme une excitation générale, mais aussi comme un message : l'apprentissage de la parole est entre autres, conditionné par l'établissement de communications nonverbales précoces de cet ordre [30]. » À côté des besoins du corps, le petit enfant présente donc des besoins psychiques qui sont satisfaits par une mère « suffisamment bonne » et qui influent sur la vitalité du petit enfant. En retour, le bébé, qui répond à sa mère par un sourire, un gazouillis, une caresse, et diverses autres expressions non seulement de satisfaction, mais aussi de désir d'entrer en contact avec elle, aide cette dernière à penser qu'elle est une assez bonne mère pour apporter un bien-être à son bébé. Elle sera ainsi, grâce à son bébé, rassurée sur ses capacités maternelles et portée à développer les échanges avec lui.

C'est, entre autres, pour ces raisons que les équipes hospitalières pédiatriques ont favorisé, malgré des difficultés pratiques de toutes sortes, les échanges tactiles entre les bébés, en particulier, prématurés, et leurs parents et ont ainsi permis une amélioration du pronostic vital chez les bébés les plus fragiles et un accueil plus aisé de ces bébés par leurs parents, une fois ces derniers rentrés dans leur famille. Plus récemment, chez les bébés prématurés hospitalisés en soins intensifs et, souvent, particulièrement agités, des infirmières, des médecins, des psychanalystes (Monique Bydlowski), des psychologues (Drina Candilis-Huisman), des psychomotriciennes (Laurence Vaivre-Douret), par exemple, travaillant dans diverses maternités, ont conçu des lits et des matelas épousant étroitement le corps du bébé et permettant ainsi de contenir l'agitation de ce dernier. Cette réponse efficace à l'agitation de l'enfant et... à l'angoisse des parents a été imaginée par les soignants à la suite des constations faites, en particulier par Mylène Hubin-Gayte, chez les bébés, dans le premier trimestre de la vie : ceux-ci s'apaisaient et étaient consolés par le réconfort, certes apporté par la proximité de l'adulte, mais surtout par la restriction motrice qu'entraîne la prise du bébé dans les bras de l'adulte.

Ainsi, réaliser un toucher contenant des membres supérieurs et du thorax du bébé favorise chez ce dernier l'émergence d'un état d'attention et de vigilance. Au bout du compte, les techniques utilisées en soins intensifs pour apaiser les bébés ne font que reprendre les techniques traditionnelles d'emmaillotement qui, elles-mêmes, ne font que répéter et prolonger l'enveloppement étroit du bébé par l'utérus dans la période prénatale. Ce qui amène à s'interroger sur « les effets de la non-limitation (liberté des membres et de la tête) proposée à l'enfant moderne dès le jour de sa naissance... [31] » Chez les enfants souffrant d'une maladie de peau, les dermatologues savent

maintenant veiller à la bonne qualité des échanges tactiles tendres et ludiques entre cet enfant et ses parents,
afin que ces échanges ne se réduisent pas à l'application
matin et soir de crèmes plus ou moins agréables.

Les vertus du massage

Vingt enfants souffrant d'une dermatite atopique et âgés de
2 à 8 ans ont été répartis en deux groupes : un groupe témoin et
un groupe interventionnel. Dans le groupe témoin, les enfants
bénéficiaient d'un suivi dermatologique classique avec, en particulier, l'application régulière de crèmes à la cortisone. Dans le
groupe interventionnel, les parents bénéficiaient eux-mêmes,
lors d'une session de formation, d'une séance de massage et
assistaient à une séance de massage de leur enfant par le spécialiste. Une cassette vidéo avec des instructions leur était ensuite
confiée afin qu'ils puissent eux-mêmes masser leur enfant
chaque jour pendant vingt minutes avec un émollient en plus du
traitement dermatologique classique.
Les caractéristiques physiques des lésions de dermatite atopique des enfants ont été quantifiées avant le début du traitement
puis au bout d'un mois par des observateurs indépendants, igno-
rant le groupe d'appartenance de l'enfant. Si le degré de desquamation a diminué significativement dans les deux groupes, seul
le groupe interventionnel a permis de constater une diminution
de la rougeur, une diminution de la lichénification (l'épaisseur de
la peau), une diminution de l'anxiété parentale (évaluée sur une
échelle autoadministrée) entre le début et la fin du traitement,
ainsi qu'une diminution de l'anxiété de l'enfant (évaluée par les
parents).

Actuellement, en dehors de toute pathologie infantile, les parents occidentaux sont aussi encouragés à mul-

tiplier les échanges tactiles avec leurs bébés [32]. Au bout du compte, ces pratiques, nouvellement conseillées aux parents occidentaux pour favoriser les échanges tactiles avec leurs enfants, reprennent d'anciennes coutumes très répandues dans le monde entier, mais qui avaient été abandonnées dans notre monde occidental contemporain. Ainsi les mères indiennes ont toujours eu l'habitude, chaque jour, de masser et d'étirer chaque partie du corps de leurs bébés après l'avoir enduit d'huile et, dans le même temps, de parler et de regarder leurs bébés. Le développement actuel de ces pratiques, on pourrait même dire leur mode, s'est probablement peu à peu imposé grâce aux travaux des éthologues et grâce à ceux des nombreux psychanalystes qui se sont intéressés à la relation mère-bébé.

L'attachement vu par les psychanalystes

Parmi ces psychanalystes, il faut insister sur John Bowlby, psychanalyste anglais, qui élabore, à partir des années 1950, la théorie de l'attachement. Cette élaboration a donc lieu dans la période de l'après-guerre marquée par les conséquences humaines dramatiques du conflit mondial (et notamment par le grand nombre d'enfants orphelins). Bowlby s'appuie particulièrement sur les travaux des éthologues Konrad Lorenz sur l'empreinte filiale et Imre Hermann sur l'instinct filial et la pulsion d'agrippement. Pour Hermann, les petits des mammifères s'agrippent aux poils de leur mère pour trouver une sécurité physique et psychique. La disparition de la fourrure sur la surface du corps humain affinerait la perception des échanges tactiles primaires entre la mère et le bébé et permettrait le développement de la gamme des différentes sensations que ces échanges cherchent à transmettre. L'accès des humains au langage et aux autres codes sémantiques serait ainsi préparé, mais le développement du comportement d'agrippement chez le petit homme serait rendu plus aléatoire [33].

L'attachement, selon Bowlby, serait le premier mode de relation du bébé au personnage maternel. Il se construirait tout au long de ses premières années de vie et serait favorisé par cinq éléments : la solidité du portage, la chaleur de l'étreinte, la douceur du toucher, l'échange de sourires et l'interaction des signaux sensoriels et moteurs lors de l'allaitement – Didier Anzieu ajoutera plus tard à ces cinq éléments la concordance des rythmes entre la mère et l'enfant. La fonction essentielle de ce lien d'attachement serait d'assurer la sécurité de l'enfant et donc, comme le disait volontiers Bowlby, de satisfaire son besoin primordial de protection [34].

À la suite des travaux de John Bowlby, Didier Anzieu va évoquer, tout au long de son œuvre, une *pulsion d'attachement*, intermédiaire entre les pulsions d'autoconservation (qui ont pour but de satisfaire les besoins fondamentaux) et la pulsion sexuelle [35]. Il s'agirait d'une pulsion primaire, globale, non sexuelle (indépendante des zones érogènes), mais qui peut le devenir secondairement, de dépendance de l'enfant à sa mère, et orientée vers la recherche du contact physique avec la mère. Le but de cette pulsion ou, selon le terme employé par Didier Anzieu dans *L'épiderme nomade et la peau psychique* [36], de cet « accomplissement pulsionnel » serait de satisfaire le besoin de protection, de réconfort et de soutien de l'enfant. Elle pousserait aussi l'enfant vers l'autre comme objet de besoin, puis de désir, puis objet social. Signalons que John Bowlby avait d'ailleurs déjà aussi indiqué la fonction de socialisation de l'attachement. L'enfant va ainsi pouvoir aller, grâce à un attachement « sécure », à la rencontre des autres et du monde.

La source de la pulsion d'attachement serait donc la peau tout entière, siège d'un plaisir diffus et global (on dit « frissonner de plaisir » et on sait que les caresses sur tout le corps constituent un des préliminaires du coït) alors que, par exemple, la cavité buccale, source de la pulsion dite « orale », est le siège, lors de la succion, d'un plaisir certes intense mais localisé. La peau se trouve investie psychiquement par l'enfant (on dit que tel ou tel objet – un objet extérieur réel, le corps propre, une pensée, ici la peau – est investi psychiquement quand l'énergie qui caractérise le mouvement pulsionnel se lie à cet objet, permettant alors à ce dernier de devenir une source de satisfaction). L'investissement de sa peau par l'enfant permet la constitution du fantasme de Moi-peau [37]. D'ailleurs, à ce propos Freud écrivait déjà : « Nous ne serons donc pas étonnés d'apprendre qu'il faut attribuer à certaines excitations de la peau des effets d'une érogénéité incontestable. Parmi celles-ci, mentionnons comme très importantes les sensations thermiques, ce qui nous aidera peut-être à comprendre les effets thérapeutiques du bain chaud [38]. »

Actuellement, les principales discussions autour du concept d'attachement concernent le fait de savoir si on peut concevoir l'attachement seulement comme un besoin automatique de l'enfant, de nature non sexuelle et non mentalisée ou si, au contraire, existent sexualisation (par étayage corporel) et représentation mentale. Les spécialistes en ce domaine ont des avis différents. Ainsi, pour le pédopsychiatre et psychanalyste Bernard Golse, il est sans doute possible de « parler d'une pulsion d'attachement, mais au sens alors d'une pulsion globale d'autoconservation secondairement libidinalisée [c'est-à-dire sexualisée] au sein du système interactif précoce [essentiellement entre la mère et l'enfant] [39] ». On peut donc dire que le plaisir du contact avec le corps maternel est à la base des possibilités d'attachement et de séparation et d'un sentiment de sécurité de sa propre peau et dans sa propre peau (la confiance dans ses limites). Ce sont des conditions indispensables pour rencontrer l'autre, pour l'aimer. On insiste par ailleurs sur la valeur prédictive, aussi bien en matière de santé mentale que de santé physique, de modalités d'attachement (« sécure » ou « insécure ») mises en place très tôt au cours du développement, en fonction de la qualité des interactions entre le bébé et les personnages parentaux : les relations entre le type d'attachement, la réactivité au stress, mais aussi la qualité de l'observance thérapeutique dans diverses pathologies chroniques constituent une voie de recherche fertile en psychologie de la santé.

Winnicott et le « doudou »

Donald W. Winnicott a lui aussi beaucoup insisté sur l'importance des échanges tactiles entre l'enfant et le personnage maternel et, en particulier, sur l'importance de la continuité des expériences corporelles de portage et d'agrippement avec la mère bien réelle (c'est le fameux « holding »), pour la maturation affective de l'enfant et le besoin de protection de ce dernier. Ces expériences sont l'occasion pour l'enfant de se conforter entre chaque exploration de la réalité extérieure et lui permettent, lorsqu'elles ont été satisfaisantes, de se séparer lentement du support maternel et de s'autonomiser [40]. C'est également à Winnicott que l'on doit la notion d'« objet transitionnel », jouant un rôle fondamental dans le processus d'individuation de l'enfant [41].

Nous connaissons tous les « doudous » : les mouchoirs, les bouts de chiffon aux propriétés tactiles agréables, les bouts de vêtement moelleux, différents donc du pouce sucé et précurseurs de l'ours en peluche, dont la présence immuable, le contact, voire le frottement répétitif sur le visage, sont indispensables à de nombreux enfants au moment de l'endormissement ou même en toute circonstance où ils se trouvent éloignés de leur mère, afin, justement, d'en supporter l'absence. Didier Anzieu a bien insisté sur le plaisir tactile procuré par l'objet transitionnel et dont la permanence permet l'installation de la confiance en l'objet.

Quand le cheveu devient un doudou

La chevelure elle-même peut être vécue par le petit enfant comme un véritable « doudou ». Ainsi il n'est pas rare de voir un enfant qui, tout en suçant son pouce, se tripote une mèche de cheveux qu'il peut enrouler autour d'un doigt. On a rapproché de cette conduite banale de rassurement de la petite enfance, une conduite pathologique qui survient le plus souvent chez des jeunes filles dans la période de préadolescence : la trichotillomanie ou arrachage des cheveux et des poils. La chevelure, en partie arrachée, est la plupart du temps masquée par des coiffures savantes ou par un foulard, parfois par une perruque ou, au contraire, exhibée. Les psychanalystes insistent sur l'agressivité exprimée par cette conduite. Une telle conduite permettrait, en effet, comme nous l'avons vu à propos d'autres conduites pathologiques prenant la peau pour cible, de déplacer l'agressivité éprouvée à l'égard de l'autre (ici, bien souvent la mère) et de la retourner contre soi.

Il existe ainsi bien souvent une relation mère-fille faite de rejet et de fusion entravant l'autonomisation de la fille, tandis que le père paraît fréquemment passif et absent. La jeune fille trichotillomane peut aussi chercher parfois à montrer à sa mère, de façon symbolique, qu'elle fait le sacrifice de sa féminité, à travers celui de sa chevelure, et qu'ainsi elle abandonne son désir de rivaliser avec sa mère auprès de son père.

Autoérotisme et ouverture au fantasme

Le frottement du « doudou » sur sa joue par l'enfant qui cherche le sommeil ou essaie de combler un moment de solitude, la mèche de chevelure tripotée, ou tout simplement le suçotement du pouce, font plus généralement partie d'un ensemble d'activités dites « autoérotiques », car permettant à l'individu de se stimuler et de se procurer du plaisir en recourant à son propre corps, sans objet extérieur, ou, pour le moins, sans avoir à dépendre d'un autre sujet (lorsque ce dernier est remplacé, par exemple, par le doudou que l'enfant manipule). La masturbation est évidemment aussi une activité autoérotique, qu'elle soit découverte par le petit enfant, engagé dans l'exploration de son corps (et aussi, bien sûr, dans celle du corps des autres, au cours de laquelle les enfants jouent à « touche-pipi » comme on appelle parfois ces jeux érotiques infantiles) et ravi de mesurer les propriétés de ses différentes zones érogènes, ou redécouverte par l'adolescent à l'occasion des remaniements pubertaires.

Sigmund Freud a accordé une importance toute particulière à l'existence d'activités autoérotiques au cours du développement précoce du bébé. Il fonde, dans la satisfaction de l'enfant par son propre corps [42], ce qui d'après lui, spécifie la pulsion sexuelle par rapport aux pulsions d'autoconservation (comme la faim) sur lesquelles la pulsion sexuelle, en tant que telle, émerge au cours du développement en se détachant des fonctions non sexuelles, telles que l'alimentation par exemple, et en s'affranchissant d'un objet externe, qui cesse d'être indispensable à sa satisfaction : un plaisir comparable à celui éprouvé lors de la tétée peut être autoengendré par l'activité de suçotement. La possibilité de remplacer un objet externe de stimulation, source de plaisir, par une partie du corps propre, voire par la remémoration « hallucinatoire » de l'expérience de plaisir, fait ainsi dire à Sigmund Freud que l'objet de la pulsion est contingent.

L'ensemble de plusieurs de ces activités autoérotiques indique donc cette potentialité, inscrite dès les premiers stades du développement, d'exploiter la sensualité corporelle à une époque de la vie où le petit d'homme est loin de disposer de la moindre autonomie motrice par rapport à son environnement et de pouvoir garantir tout seul sa survie ! La qualité de ce fonctionnement réflexif dépend cependant intimement de la qualité des échanges, de la disponibilité de la présence du personnage maternel, de la capacité même qu'aura eue ce dernier à susciter l'éveil de sensations plaisantes chez le bébé, par ses caresses, ses bercements, la modulation rythmique de ses interactions. Si les autoérotismes anticipent malgré leur juxtaposition parfois anarchique l'autonomie de l'appareil psychique de l'enfant par rapport à son environnement et à l'appareil psychique de la mère, et s'ils constituent ainsi les prémices de ce qui fondera progressivement le narcissisme, à savoir une aptitude à prendre soin de soi et à s'aimer, en tant qu'image unifiée, en laquelle on peut se reconnaître, ils supposent paradoxalement un « objet » externe fiable et disponible, suffisamment stimulant et séducteur (c'est-à-dire pourvoyeur de plaisir) sans être intrusif.

194

Le déploiement paisible d'activités autoérotiques favorise le développement des activités fantasmatiques : réactualisation de la scène de plaisir à partir d'une auto-stimulation partielle en provenance d'une zone érogène, incitation à la rêverie et à l'association de pensées et d'images, que suscitent la mèche de cheveux tripotés, un mouvement de balancement, le frottement répétitif d'une partie du corps... Remarquons la fréquence d'une certaine rythmicité dans ces activités autoérotiques. Freud, toujours lui, écrit à ce propos : « Sans doute l'excitation produisant le plaisir est-elle liée à certaines conditions, que nous ne connaissons pas. Au nombre de ces conditions, le caractère rythmique joue sans doute un rôle ; et une certaine analogie avec le chatouillement est évidente [43]. »

L'excès ou les carences de la présence maternelle et notamment des stimulations cutanées lors des échanges précoces ont été incriminés comme possiblement en cause dans une carence, en miroir, des autoérotismes primaires, et dans l'installation d'une fragilité narcissique qui pourra se manifester, chez l'adulte, sous forme de troubles de la personnalité, d'une propension à des conduites addictives (dépendance à une drogue, un toxique, la nourriture, le travail, etc.), voire une vulnérabilité à l'égard du déclenchement de nombreuses maladies somatiques. Claude Smadja et Gérard Szwec, quant à eux, ont proposé le concept de « procédés auto-calmants » pour désigner la recherche active et contraignante, chez certains sujets, de sensations physiques répétitives destinées à apaiser leurs tensions internes, sur un fond de défaillance des capacités autoérotiques et en raison de la difficulté de ces sujets à recourir à leurs ressources psychiques propres et à leurs fantasmes pour tolérer au mieux les moments de séparation, de conflit ou de détresse morale [44-45].

Le « pare-excitation » et ses aléas

Les travaux de Donald W. Winnicott ont aussi porté sur la mère qui est pour le nourrisson, en raison de l'immaturité motrice et affective de ce dernier, l'auxiliaire indispensable et « dévouée » qui médiatise ses échanges avec le monde extérieur. C'est elle qui joue un rôle de discrimination, qui filtre les stimuli provenant de l'environnement à un moment où le nourrisson est incapable lui-même d'assurer sa propre protection ; par exemple, c'est elle qui apprécie la chaleur de l'eau du bain. La mère joue donc un rôle de barrière « pare-excitation » qui préserve son enfant jusqu'à ce que ce dernier puisse en prendre le relais grâce à la maturation de ses fonctions corporelles [46]. Quand le rôle de pare-excitation est joué correctement par la mère, l'enfant investira ses limites corporelles, c'est-à-dire ses organes sensoriels et sa surface cutanée comme capables de lui assurer la protection dont il a besoin contre toute agression extérieure, sans être sous la menace permanente d'une possible effraction.

Ainsi, pour que la peau puisse jouer son rôle de frontière entre le dedans et le dehors, il faut que l'enfant ait acquis un sentiment de sécurité suffisant, lié à la qualité des échanges corporels avec sa mère et à la protection que cette dernière aura pu lui assurer. Les capacités d'individuation et d'autonomisation de l'enfant vont de pair avec la confiance que celui-ci met dans ses ressources corporelles et dans la solidité de ses limites. Accepter dans ce cas une séparation avec la personne aimée n'est pas une source de danger, car il existe alors des possibilités de repli respectant l'intégrité du soi. Dans le cas contraire, toute séparation constitue une menace pour le sujet, car elle équivaut à une brèche ouverte dans son système de protection et de défense, dans la mesure où la personne aimée l'est moins comme un individu à part entière que comme un complément de soi indispensable à l'équilibre vital. On remarque d'ailleurs assez souvent que le début d'une maladie dermatologique (et, tout particulièrement, d'une pelade, si je me réfère à mon expérience) prend place à la suite d'une séparation d'avec une personne qui assurait ce rôle de barrière pare-excitation pour le sujet. Avec un tel sujet, c'est le psychanalyste qui va jouer, pendant un temps plus ou moins long, d'abord un rôle de barrière pare-excitation avant de pouvoir se dégager peu à peu de ce rôle et assurer celui de l'analyste interprétant.

Les psychanalystes se sont donc beaucoup interrogés sur les effets psychiques et somatiques de la perturbation des échanges tactiles dans la petite enfance. Par exemple, la clinique psychanalytique a, relativement récemment, décrit des patients ayant éprouvé précocement des alternances contradictoires et répétées d'attachements excessifs et de détachements brusques et imprévisibles qui ont fait violence à leur Moi corporel et/ou psychique. D'ailleurs, la pédopsychiatre Myriam David décrit bien, en particulier dans le livre qu'elle a dirigé, *Enfant, parents, famille d'accueil*, les mères imprévisibles qui alternent des mouvements de rejet (négligences, maternage incohérent, abandon, énervement et violence, voire maltraitance dangereuse) et des mouvements de captation (« un besoin de proximité physique dans laquelle le bébé peut être serré, au pire étouffé ou encore sur-stimulé, exposé aux débordements émotionnels, voire utilisé comme objet sexuel [47] »). Ces mouvements maternels imprévisibles handicapent gravement le développement de l'enfant comme nous l'avons déjà indiqué à propos de l'auto-érotisme. Ils conduisent à la mise en place de certaines caractéristiques de la personnalité qui révèlent tout leur pouvoir pathogène à l'âge adulte. Il s'agit alors de patients adultes dits « limites » parce qu'ils utilisent des moyens de défense face à leurs conflits psychiques empruntés à la fois au mode de fonctionnement névrotique et au mode de fonctionnement psychotique, et parce que leurs plaintes expriment des difficultés à vivre leurs limites corporelles et psychiques comme solides. Par exemple, ils resteraient « collés » aux autres dans leur vie sociale tout en redoutant la pénétration que ce soit celle de la vue ou du coït génital. Ils seraient aussi peu sûrs de ce qu'ils ressentent, étant plus préoccupés par ce qu'ils supposent être les désirs et les sentiments des autres.

À quelle distance ?

Les patients dits « limites » sont facilement déprimés, ils ont une fréquente tendance à consommer des drogues, ils ont ce qu'on appelle une pathologie de l'agir (c'est-à-dire qu'ils sont poussés à réaliser une action – agression de l'autre, conduite automobile dangereuse, suicide – pour résoudre leurs conflits) et enfin ils auraient, plus que d'autres sujets, une vulnérabilité somatique. Raymond Cahn décrit ainsi deux variétés de fonctionnements propres aux états limites : « La première se caractérise par la peur du rapprochement avec l'analyste-objet : le patient se comporte comme si ce dernier n'était pas là. Une situation paradoxale s'installe entre une autosuffisance – le patient est émotionnellement " débranché " de l'analyste – et une dépendance énorme vis-à-vis du cadre sur lequel ce type de patients projette l'objet idéalisé avec lequel ils ont établi une relation narcissique et auquel le soi s'est identifié. Dans la seconde variété, on observe au contraire une grande faim objectale, une quête de l'objet avec communication d'affects intense, éprouvés avec autant de vivacité par le thérapeute. L'analyste est investi comme objet idéalisé, mais ici en tant que source d'amour et de sécurité entre le sujet et le monde environnant hostile. La dimension interne du conflit est renvoyée à la réalité extérieure, aux intentions ou aux propos de l'autre[48]. » C'est d'ailleurs à propos des patients limites, au bout du compte assez fréquemment rencontrés en dermatologie, que Caroline Thompson écrit : « L'analyste qui ne se laisse pas entamer par le patient mais reste dans une position extérieure ne fera que renforcer le mode défensif extérieur qui existe déjà. Transférentiellement, l'analyste doit être une pâte à modeler psychique épousant les contours de la forme psychique du patient afin de dessiner ceux-ci pour lui[49]. »

La défaillance de la fonction de pare-excitation dévolue à la mère, qu'elle soit due à des exigences instinctuelles excessives chez l'enfant ou à une relation personnage maternel-enfant carencée ou inadéquate au regard des besoins corporels et psychiques de l'enfant a été rapportée par des psychanalystes (Spitz, Leibovici, Kreisler et Fain, par exemple) comme étant à l'origine de certaines affections somatiques et en particulier dermatologiques (la dermatite atopique par exemple). René A. Spitz, psychanalyste anglais, a d'ailleurs étudié la qualité des contacts cutanés entre la mère et son enfant souffrant d'une dermatite atopique. La dermatite atopique est une affection cutanée multifactorielle pour laquelle le facteur allergique héréditaire tout comme le facteur infectieux ne suffisent pas à expliquer la survenue de toutes les poussées ou leur caractère très récidivant ou très chronique. Selon Spitz, les mères d'enfants souffrant d'eczéma atopique n'aimeraient pas toucher leur enfant, éviteraient les contacts physiques et limiteraient les caresses. Ces mères cacheraient une hostilité refoulée importante à l'égard de leur enfant par une anxiété manifeste (c'est ce que René A. Spitz appelle « une sollicitude anxieuse [50] »). Sigmund Freud avait, quant à lui, parlé d'« excessive tendresse anxieuse » destinée à dissimuler la haine [51].

Certains auteurs critiquent beaucoup, actuellement, les déductions avancées par Spitz. Celles-ci ont été faites, en effet, surtout à partir d'une population de 28 nourrissons nés de mères célibataires vivant dans une institution pénale, même si cette population a été comparée à celle des 165 autres nourrissons indemnes d'eczéma et vivant dans la même institution. Il faut aussi faire la part, dans le comportement phobique décrit chez la mère de l'enfant atopique, d'une exigence instinctuelle excessive de l'enfant déconcertant la mère (Spitz lui-même a noté une excitabilité cutanée plus importante chez les bébés qui allaient souffrir d'un eczéma atopique que chez les bébés qui allaient ne pas en être atteints), d'une maladresse chez cette dernière, bien compréhensible lorsqu'il s'agit d'un premier-né, enfin d'un rejet de l'enfant plus ou moins refoulé. Par ailleurs, ces études ont été effectuées lorsque la dermatite atopique de l'enfant s'était déjà constituée : surprotection maternelle et phobie du toucher peuvent aussi être interprétées comme une réaction de ces mères à une maladie physique de leur enfant vécu comme endommagé, tout mouvement agressif devant être évité par la mère en raison de sa culpabilité, au profit d'une attitude réparatrice. En outre, la culpabilité maternelle se trouve souvent renforcée quand c'est la lignée maternelle qui semble avoir transmis l'hérédité atopique.

Les ravages d'un manque de caresses

René A. Spitz a aussi décrit, en employant le terme « hospitalisme », une carence affective entraînant des régressions graves et rapidement irréversibles et survenant chez des nourrissons qu'une hospitalisation précoce sépare de leur mère et qui sont l'objet de soins routiniers, dénués de tendresse, de chaleur affective sans le libre jeu des communications tactiles, olfactives, auditives et visuelles exercées par la mère. Ainsi, après une phase réversible de tristesse suivie par une phase de fureur contre la mère, si l'hospitalisation se prolonge ou se répète, le nourrisson peut s'enfoncer dans un état, parfois létal, marqué par l'indifférence et l'apathie comme si ce nourrisson avait perdu tout espoir de retrouver un contact satisfaisant avec sa mère [52]. Au moment de l'effondrement du régime Ceausescu en Roumanie, nous avons tous vu à la télévision ces images, difficilement supportables, de jeunes enfants roumains abandonnés dans des orphelinats, se tapant la tête contre les barreaux de leurs berceaux, à la recherche de sensations cutanées et corporelles quelles qu'elles soient, pourvu qu'elles existent.

Les grands aussi...

Les effets morbides de la déprivation sensorielle, et en particulier cutanée, associée à une déprivation affective, n'ont pas seulement été constatés chez les enfants, ils l'ont été aussi chez les adultes, dans certaines circonstances exceptionnelles. Par exemple, certains membres de la « bande à Baader », lors de leur

201

emprisonnement en Allemagne, dans les années 1970, furent soumis à une telle déprivation sensorielle avec des conséquences physiques et psychologiques dramatiques.

À l'âge adulte, bien des manipulations douloureuses sur leur propre peau aident certains sujets à éprouver leur peau, leur limite, leur être même : des tatouages aux pathomimies cutanées en passant par le prurit. Un dermatologue me rapporta un jour ces paroles d'un de ses malade : « Je me gratte, donc je vis. » Les dermatologues connaissent bien, par exemple, le prurit dit « sénile » qui survient chez des personnes âgées, isolées, privées de tendresse (qui ne sont plus jamais caressées ou embrassées), et déprimées. Pierrette Fleutiaux dans son livre *Des phrases courtes, ma chérie*, qui raconte l'histoire du lien qui se défait entre une fille et sa mère vieillissante, écrit : « Il n'y a pas de communauté pour cette maladie qui n'en est pas une, pour l'extrême vieillesse. Chacun est seul, les autres vieillards sont au mieux inutiles, au pire ils sont nuisibles, les peaux usées se frottant l'une contre l'autre ne peuvent réconforter la chair, au contraire découvrent d'autant plus vite le squelette[53] ». Les médecins s'accordent cependant sur la causalité multiple du prurit dit sénile. En effet, outre les causes psychologiques, on incrimine dans le déclenchement des sensations prurigineuses aboutissant à des crises de démangeaison plus ou moins importantes, des causes physiologiques liées au vieillissement cutané qui entraîne une sécheresse cutanée, ou des causes somatiques (par exemple, un diabète, une insuffisance rénale ou même une alimentation déséquilibrée pauvre en vitamine B).

En outre, il arrive parfois que des personnes âgées isolées et déprimées soient en proie à une tendance à interpréter leurs sensations tactiles et, même, à de véritables hallucinations tactiles et finissent par souffrir d'un délire parasitaire que nous avons décrit plus précisément au début de cet ouvrage. Ces personnes âgées, souvent des femmes plutôt actives, scrupuleuses et méticuleuses, sont convaincues d'être infestées par des parasites et s'épuisent dans de multiples démarches auprès des médecins et des services municipaux d'hygiène et de désinfection. Un tel délire peut survenir à la place d'une dépression, à la suite, par exemple d'un deuil. Ainsi la peur de la mort, chez une personne elle-même au soir de sa vie, pourrait jouer un rôle déterminant dans l'éclosion de ce délire. N'oublions pas que les parasites, connus pour se nourrir de chair humaine décomposée, peuvent représenter l'entrée dans la mort...

Chez d'autres malades, un délire parasitaire exprime surtout un conflit concernant l'agressivité et/ou la sexualité. Je pense à une femme de 65 ans, toujours en bonne santé physique et psychique jusque-là, qui avait déclenché un délire parasitaire dans les jours suivant l'installation chez elle du premier petit ami de sa fille, âgée de 35 ans. Celui-ci, selon les propres termes de la malade, s'incrustait dans son « petit chez elle » comme un « véritable parasite ». Le délire parasitaire de cette femme a guéri après un traitement neuroleptique (traitement chimique antidélirant) et des entretiens à visée psychothérapique. Ce traitement a pu être arrêté, sans survenue de rechute, après le départ du petit ami de sa fille...

Chez Marc, 75 ans, le délire parasitaire a commencé quelques jours après avoir rencontré fortuitement, alors qu'il venait garder sa petite-fille, la maîtresse de son fils. Marc adorait, selon ses propres termes, sa belle-fille. Il se faisait aussi, à cette époque, beaucoup de souci pour lui-même car il estimait que sa santé physique déclinait et il n'éprouvait plus que très rarement du désir pour sa compagne. Le délire parasitaire de Marc a disparu avec le traitement neuroleptique. Une fois ce traitement terminé, la guérison a pu se maintenir grâce, je pense, à la promesse du fils de Marc de quitter sa maîtresse et de ne jamais divorcer.

L'autisme et le toucher, selon Frances Tustin

Frances Tustin est une psychanalyste anglaise qui a traité, en se référant à la théorie psychanalytique, de nombreux enfants autistes. Chez ces enfants, il y a une absence de relations humaines et un appauvrissement massif de la vie mentale et affective. Tustin a élaboré sa propre conception de l'autisme qui met l'accent sur le fait qu'il est essentiel pour les enfants autistes d'éviter à tout prix la conscience de la séparation corporelle. Dans la genèse de l'autisme, le rôle traumatique d'une séparation d'avec le personnage maternel aurait été, à côté évidemment du rôle d'autres facteurs, primordial. Une telle séparation aurait été vécue dans un profond état d'impuissance et de vulnérabilité, comme un arrachement à un personnage maternel ressenti par l'enfant comme faisant partie de son corps propre et donc comme une perte d'une partie de soi. C'est pour détourner leur attention de cette brèche insupportable dans leur moi corporel, pour se préserver de sensations corporelles de vide, de chute sans fin, d'écoulement dans l'anéantissement, liées à cette brèche, « pour se sentir » que certains enfants autistes se fabriqueraient une « carapace » indestructible mais interdisant toute communication avec autrui.

Ces enfants ont donc été souvent décrits comme

enveloppés d'une « seconde peau musculaire » selon l'expression d'Esther Bick, psychanalyste anglaise, ou d'une carapace rigide et statique. Ils ont en effet un corps dur, raide, musclé ; ils sont mutiques, ils sont en retrait et isolés, attachés à des rituels qui les aident à se maîtriser et à empêcher leur environnement de changer (tout changement risquant d'ouvrir une brèche dans leur moi corporel). Chez eux, le toucher a souvent une signification magique – comme dans les contes de fées, le toucher peut faire exister les choses, mais aussi les faire « partir ». Ces enfants ont ainsi souvent peur qu'on les touche et qu'on les fasse alors « partir ».

Leurs propres activités manipulatrices consistent à toucher des objets qui jouent un rôle essentiel dans leur vie car ces objets les aident à faire face au danger de survenue brutale de brèche dans leur moi corporel et ils intéressent les enfants autistes à cause des sensations qu'ils éveillent sur leur peau (ce sont des « objets-sensations »). Ces enfants se promènent donc souvent en comprimant ou en serrant très fort des objets durs (une petite voiture par exemple), comme si la dureté et l'impénétrabilité de ces objets allaient finir par faire partie de leur corps et par rendre encore plus solide et plus « sécure » leur moi corporel.

Frances Tustin a aussi décrit des enfants autistes dits confusionnels qui luttent contre la terreur de la séparation corporelle en tentant surtout de ne pas se différencier du monde extérieur. Les objets utilisés par ces enfants dans ce but et appelés « objets-sensations confusionnels mous » réintroduisent une continuité avec le monde extérieur, et, par leur caractère mou, favoriseraient l'illusion d'être enveloppé dans un voile, un brouillard, une brume. Les enfants autistes vivraient donc en fonction des surfaces sans avoir conscience de l'intérieur des objets. Ils ressentiraient des constellations de sensations tactiles qui circuleraient sur la surface de leur corps de façon apaisante et réconfortante. La conscience douloureuse de la séparation corporelle semblerait ainsi évitée.

À l'heure actuelle, cette conception psychogénétique de l'autisme, dont le risque serait de considérer ce qui est observé – une séparation traumatique d'avec le personnage maternel – comme la cause de la maladie, mais qui peut être très utile dans le traitement des enfants autistes et de leur famille, est combattue par une conception de l'autisme mettant l'accent sur des troubles neurocomportementaux du développement. Un tel combat n'a pas lieu d'être, car les tenants de ces deux conceptions ont beaucoup à s'apporter pour le plus grand bien de ces jeunes malades et de leurs familles. D'ailleurs, Frances Tustin le reconnaît elle-même : « J'en suis arrivée à l'idée que l'autisme peut survenir dans différentes situations, par exemple, en tant que réaction à une atteinte cérébrale ou à un déficit sensoriel, aussi bien que comme réaction à une situation traumatique qui paraît menacer corps et âme [54]. »

Le « Moi-peau »

Les travaux de Didier Anzieu à propos des échanges tactiles et corporels entre l'enfant et sa mère occupent, évidemment, une place à part dans notre réflexion. Anzieu, peut-être parce qu'il a été stagiaire psychologue dans un service de dermatologie, celui de Pierre de Graciansky à l'hôpital Saint-Louis, s'est toujours beaucoup intéressé à la problématique des limites : à la surface cutanée, aux patients dits limites, et aux techniques thé-

rapeutiques pouvant aller au-delà des limites traditionnelles de la psychanalyse (le pack par exemple). Dans
le droit fil de la pensée de Freud, qui a affirmé, rappelons-le ici, que toute fonction psychique se développe en
s'étayant sur une fonction corporelle qu'elle transpose sur
le plan mental, Anzieu a proposé dès 1974 le concept de
Moi-peau, dont le fondement même est le toucher[55]. Ce
concept désigne une « réalité fantasmatique », une figura-
tion dont l'enfant se servirait au cours des phases précoces de son développement pour se représenter
lui-même comme Moi à partir de son expérience de la
surface du corps.

Ce Moi-peau s'étayerait, principalement, sur trois
fonctions de la peau :

– celle de sac, de contenant rempli des expériences
satisfaisantes que l'allaitement, les soins, les bains de
parole y ont accumulées,

– celle de surface entre le dedans et le dehors, protégeant l'individu des agressions externes provenant des
autres ou des choses,

– celle de zone d'échange et de communication avec
autrui, d'établissement de relations signifiantes, de surface d'inscription de traces laissées par ces dernières.

Les traces du passé

Les traces sont la plupart du temps invisibles. Michel Serres
parle à plusieurs reprises, dans *Les cinq sens*, de « la peau qui
garde la trace de touchers anciens », de « la mémoire des
caresses » ou, plus loin, « des traces invisibles laissées par les
caresses ». Pierrette Fleutiaux, dans son livre cité précédemment, écrit quant à elle : « La peau de ma mère m'était si fami-
lière, elle doublait et enveloppait la mienne, elle était le lieu

essentiel de mon frottement avec le monde extérieur, parfois elle me causait de la répulsion, je ne voulais pas être touchée, me repliais en panique sur moi-même, parfois au contraire, elle m'attirait invinciblement, c'était la paroi de mon nid, le parfum en était comme une nourriture, je me lovais contre ma mère, embrassais son cou, ses mains [56]. » J'ai encore moi-même le souvenir, de mes mains molles et mousseuses, abandonnées dans celles de ma mère, pour y être lavées énergiquement sous l'eau froide, dans une cuisine, sombre et fraîche, un soir d'été, après une journée de jeux dans le jardin de mon enfance...

L'enfant est enveloppé par les soins maternels. Dans ce véritable peau à peau, corps à corps avec la mère se constitue une interface figurée par le fantasme d'une peau commune à la mère et à l'enfant capable de protéger des excès d'excitation : d'un côté, la mère (on pourrait dire le feuillet externe du Moi-peau); de l'autre côté, l'enfant (on pourrait dire le feuillet interne du Moi-peau). Mais bien sûr un écart progressif entre les deux feuillets de cette peau psychique est nécessaire, c'est alors qu'adviennent les fantasmes de peau arrachée, meurtrie. Ces fantasmes de peau arrachée apparaissent d'ailleurs dans de nombreuses œuvres d'art et dans des mythes. Dans le mythe de Marsyas, par exemple, un jeune homme musicien ose défier Apollon. Un concours est organisé pour savoir qui, de Marsyas avec sa flûte ou d'Apollon avec sa lyre, joue le mieux. Apollon l'emporte et punit l'orgueilleux Marsyas en le suspendant à un pin, la tête en bas, position de total abandon, de vulnérabilité extrême et éminemment humiliante, puis en l'écorchant vif...

Le dépassement de tous ces fantasmes de peau arrachée et meurtrie va permettre à l'enfant d'acquérir un Moi-peau qui lui appartient en propre. Ainsi, de même que la peau enveloppe tout le corps, le Moi-peau enveloppe tout l'appareil psychique. Le Moi-peau a une fonction de contenant de l'appareil psychique traversé par ces forces qui nous animent et qu'on appelle les pulsions.

Le Moi-peau a aussi une fonction d'intersensorialité. En effet, la peau est trouée par des cavités qu'elle recouvre (elle s'appelle alors « muqueuse ») et dans lesquelles, pour certaines d'entre elles, se logent les organes des autres sens que le toucher (nez, bouche, oreille, œil). Ainsi, de même que la peau relie les organes des sens entre eux, le Moi-peau relie « entre elles les sensations de diverses natures et les fait ressortir comme figures sur ce fond primaire qu'est l'enveloppe tactile : c'est la fonction d'intersensorialité du Moi-peau, qui aboutit à la constitution d'un " sens commun " dont la référence de base se fait toujours au toucher. À la carence de cette fonction répondent l'angoisse de morcellement du corps, celle de démantèlement, c'est-à-dire d'un fonctionnement indépendant, anarchique, des divers organes des sens [57]. »

L'acquisition, par un sujet d'un Moi-peau qui lui appartient en propre et qui assure harmonieusement ses différentes fonctions, a pu être entravée par des alternances imprévisibles d'attachement excessif à l'objet d'amour de la toute petite enfance (la mère le plus souvent, mais aussi, par exemple, une nourrice) et de détachement brutal et violent. Rappelons ici combien Winnicott insistait sur l'importance de la continuité des expériences corporelles et des échanges tactiles avec le personnage maternel. L'absence chez un malade d'un Moi-peau lui appartenant en propre peut aussi favoriser l'émergence chez son soignant quel qu'il soit, dermatologue, psychiatre, psychanalyste, du sentiment que son patient est agrippé, voire collé à lui, incapable de s'autonomiser, d'avoir sa peau à lui, son espace psychique personnel.

Ainsi Nicolas avait entrepris une psychothérapie analytique avec moi à l'occasion d'une pelade décalvante totale. Il s'asseyait toujours strictement face à moi, me fixant de ses yeux noirs ; moi-même, je me sentais comme sous l'emprise de son corps et comme capturée par son regard, ce que j'acceptais. Ce ne fut qu'après plusieurs mois de travail analytique et à la suite d'une de mes interventions portant sur une séparation récente (séparation qui avait réactivé une séparation ancienne « avec une nounou algérienne ») que Nicolas baissa les yeux et que j'eus alors la sensation quasi physique que Nicolas se décollait de moi pour me parler enfin de lui.

« Nicolas baissa les yeux... Nicolas se décollait de moi. » Là encore, vue et toucher sont indissociables. Jean-Bernard Pontalis écrit dans son livre *Perdre de vue* [58] : « Et nous [les analystes] en plaçant le fauteuil derrière le divan, nous donnons une forme concrète à cette division du regard et de la pensée. Nous instituons la perte de vue comme condition de la pensée ». Cependant, Pontalis ajoute aussitôt : « Mais n'allons pas trop vite. C'est dans les œuvres d'art visibles autant que dans les textes que Freud trouve ce qui déclenche en lui l'exigence de penser. » Pour certains patients, cette « exigence de penser » ne peut jaillir qu'après un long temps où ils s'assurent de la permanence de la présence de l'objet-psychanalyste, vu et touché psychiquement par eux, eux qui, sont aussi, bien sûr, vus et touchés psychiquement par leur psychanalyste et ainsi rassurés quant à la permanence de l'intérêt tendre que leur psychanalyste leur porte.

Dans de nombreuses autres affections dermatologiques, on peut s'appuyer sur le concept de Moi-peau pour réfléchir à la part psychologique intervenant dans le déclenchement de ces affections. Ainsi, Ophélie, pendant plusieurs mois, à chaque début de séance en face à face avec moi au rythme d'une fois par semaine, rapprochait son fauteuil du mien. Elle était venue me rencontrer à propos d'une dermatite atopique atteignant essentiellement le visage et extrêmement prurigineuse surtout la nuit. Ophélie liait le début de son affection cutanée au moment où, immédiatement après une dispute avec sa mère ayant entraîné une séparation d'avec elle de plusieurs semaines, elle avait fait avec son amoureux son premier « câlin » selon ses propres termes, sa joue contre la joue mal rasée de celui-ci. Depuis ce « câlin » elle s'était acharnée à toujours faire disparaître la moindre trace de son amoureux dans son appartement quand sa mère était revenue lui rendre visite (son père, me dit-elle, ne venait presque jamais). Ophélie avait fini par remarquer, avec une très grande finesse, que tout homme était vécu par elle comme un « perturbateur », comme son père l'était, selon elle, par sa mère, et ajouta-t-elle plus tard, par elle. Il suffisait bien souvent que sa mère vienne dormir avec elle, son corps collé contre le sien, sans espace pour son amoureux ou pour son père, remarqua-t-elle, pour que les démangeaisons nocturnes cessent et que la dermatite atopique s'améliore considérablement.

Pauline, elle, a 7 ans. Tout son corps est couvert d'eczéma. Pendant la plus grande partie du premier entretien que j'ai avec elle et avec sa mère, elle reste collée à cette dernière, debout contre elle. Et pourtant Pauline m'observe attentivement et me dessinera de façon très ressemblante, et humoristique, ce qui nous fera rire. La mère de Pauline est une réfugiée cambodgienne. Elle parle très mal le français et elle reste enfermée chez elle la plus grande partie de la journée, tant elle se sent, dit-elle, perdue dans la ville, sauf, ajoute-t-elle, quand Pauline est avec elle...

À propos de ces cas, on peut se demander si l'eczéma

n'est pas parfois le signe des difficultés des mères à se séparer de leurs enfants et même, à envisager que leur fille se sépare d'elles pour rencontrer un homme et éprouver donc le plaisir du contact avec lui. Dans ces conditions, on conçoit facilement combien les échanges tactiles entre mère et enfants ou entre parents et enfants peuvent être entravés ou perturbés. En effet, la reconnaissance de l'altérité (c'est-à-dire la reconnaissance de l'autre – ici l'enfant – en tant que sujet séparé et autonome) est la condition d'échanges tactiles harmonieux favorisant la rencontre entre deux individus et permettant d'éviter tout collage entre les individus ou toute emprise d'un individu sur un autre, collage et emprise risquant, en outre, en cas de maladie dermatologique plus particulièrement, d'être accentués par les soins dermatologiques eux-mêmes.

Le « *double interdit du toucher* »

Didier Anzieu a aussi élaboré l'hypothèse, indissociable du concept de Moi-peau, d'un « double interdit du toucher ». Un tel interdit précéderait, anticiperait et rendrait possible l'interdit œdipien prohibant l'inceste et le parricide (« tu n'épouseras pas ta mère », « tu ne tueras pas ton père »)[59]. Pour établir son hypothèse, Anzieu s'appuie sur plusieurs éléments.

D'abord, il y a le fait que Sigmund Freud n'a découvert la psychanalyse qu'après avoir posé un interdit du toucher dans la cure de ses patients. Tout contact peau à peau, corps à corps est interdit : « La psychanalyse n'est possible que dans le respect de l'interdit du toucher. Tout peut se dire, à condition de trouver des mots qui conviennent à la situation transférentielle et qui traduisent des pensées appropriées à ce dont souffre effectivement le patient. Les mots de l'analyste symbolisent, remplacent, recréent les contacts tactiles sans qu'il soit nécessaire de recourir concrètement à ceux-ci : la réalité symbolique de l'échange est plus opérante que la réalité physique [60]. »

L'interdit du toucher existait, bien sûr, avant la découverte de la psychanalyse, dans la plupart des cultures et en particulier dans la culture chrétienne au sein de laquelle s'est principalement développée la psychanalyse. En effet, il existe un interdit christique du toucher. À Marie de Magdala, première personne qu'il rencontre après sa résurrection, le Christ dit : « *Noli me tangere* », c'est-à-dire aussi bien « ne me touche pas » que « ne me retiens pas ». Mais huit jours plus tard, le Christ invite Thomas, un homme, remarquons-le, à toucher ses plaies pour le convaincre de sa résurrection. Il lui dit : « Parce que tu m'as vu, tu as cru ; bienheureux ceux qui, sans avoir vu, ont cru. » Il est amusant de penser que l'expression « tu te touches » très répandue actuellement chez les jeunes gens reprend peut-être cette problématique et semble donc venir de très loin puisqu'elle signifierait « qu'est-ce que tu crois ? » Notons enfin que, dans cet échange entre le Christ et Thomas, on passe du toucher à la vue et que ces deux sens sont donc confondus. Cette confusion annonce la prise de conscience de la complémentarité de ces deux sens sur laquelle, nous l'avons déjà indiqué, Diderot, entre autres, a tellement insisté. En tout cas, Didier Anzieu insiste, à ce propos, sur ce que la psychanalyse et la culture chrétienne ont en commun : « la conviction de la supériorité spirituelle de la communication par la parole sur la communication de corps à corps [61] ».

Les premiers interdits adressés à l'enfant par son entourage familial concernent essentiellement les contacts tactiles à l'égard d'objets ou du corps propre et portent à la fois sur l'agressivité et sur la sexualité. Ces dernières sont véhiculées par le toucher et sont les expressions de la violence des pulsions en général. C'est ainsi que sont entendues de telles injonctions : « ne touche pas », « c'est mal », « c'est sale », ou enfin « tu vas le casser », « tu vas te blesser ». Cet interdit du toucher sépare pour l'enfant deux régions : celle du familier, protégée et protectrice, et celle de l'étranger, inquiétante et dangereuse. Il existerait ainsi un « interdit primaire » du toucher qui prohibe le contact global, le corps à corps, la fusion des corps : « Ne reste pas collé au corps de tes parents », et qui interdit le retour dans le sein maternel et « un interdit secondaire du toucher » : « Tu ne peux pas toucher à tout, t'emparer de tout, être le maître de tout. » Cet interdit concerne le toucher manuel et impose à ce dernier des règles qui tiennent compte de la réalité, de la morale et de la vie en société. Aux velléités de l'enfant, les adultes opposent un non-verbal ou signifié par un geste de la tête ou de la main. Mais, toujours selon Anzieu, l'interdit du toucher, à la différence de l'interdit œdipien, ne demande pas un renoncement définitif à l'objet d'amour de l'enfance, mais seulement à la communication tactile comme le mode principal de communication avec les autres... Enfin, et c'est fondamental, l'interdit du toucher, comme l'interdit œdipien, s'applique aussi bien à l'enfant qu'à l'adulte qui s'occupe de cet enfant : « Des manquements graves et répétés [de l'interdit du toucher par les éducateurs et les parents] constituent un traumatisme cumulatif, qui produit à son tour d'importantes conséquences psychopathologiques [62]. » En effet, les comportements physiquement violents (qu'ils soient ou non sexualisés) des adultes à l'égard des enfants (enfants battus, soumis à des attouchements sexuels, violés) entraînent fréquemment la survenue de troubles psychiques qui se révèlent parfois seulement à l'âge adulte et qui peuvent alors s'exprimer non seulement à un niveau psychique mais aussi à un niveau somatique.

Les aléas de l'interdit du toucher et leurs conséquences sur l'établissement de l'interdit œdipien de l'inceste peuvent parfois être repérés lors de la survenue d'une affection cutanée comme des cas cliniques vont le montrer plus loin. D'ailleurs, en dermatologie précisément, il me semble que l'on pourrait peut-être distinguer, sur le plan psychologique, les dermatoses dépourvues de tout signe fonctionnel comme la pelade ou le vitiligo des dermatoses accompagnées de signes fonctionnels bruyants (par exemple le prurit), comme la dermatite atopique ou l'urticaire chronique. La problématique psychologique des premières serait plus en rapport avec une séparation traumatique précoce, parfois oubliée consciemment mais ravivée à un moment de la vie par une nouvelle séparation. La problématique psychologique des secondes serait plus en rapport avec les aléas d'un interdit œdipien liés à un interdit du toucher mal assuré. Cette hypothèse élaborée à partir des entretiens à visée psychothérapique menés avec de nombreux patients différents demande bien sûr à être mise à l'épreuve d'études psychologiques avant d'être éventuellement considérée comme juste.

QUENTIN OU L'IMPOSSIBLE SÉPARATION

Quentin est un chef d'entreprise efficace depuis qu'il a repris l'entreprise créée par sa mère. Lors de son premier entretien avec moi, il dit souffrir d'une pelade depuis la naissance de sa fille. Aucun conflit n'apparaît, aucun affect n'effleure son discours. À la fin de cet entretien, à l'une de mes questions visant à susciter une élaboration psychique chez Quentin, celui-ci s'effondre en pleurs en évoquant le suicide d'une amie très chère, quelques semaines avant la naissance de sa fille.

Depuis cet entretien, Quentin a pris conscience du caractère intolérable des sentiments négatifs suscités en lui-même à l'égard de celui ou de celle qui se sépare de lui. Il s'est souvenu des longs et fréquents moments où tout petit enfant, il attendait sa mère, plus préoccupée, selon lui, par son « troisième enfant », selon les propres termes de sa mère, c'est-à-dire l'entreprise même qu'il dirige maintenant à son tour, que de son propre fils. En fait, Quentin ne tolère ni les séparations, toutes vécues comme s'il se perdait lui-même sans retrouvailles possibles, ni l'hostilité que ces séparations déclenchent en lui à l'égard d'autrui, si peu fiable, puisque lui rappelant les longues et fréquentes séparations infantiles.

ROSE : DES SENSATIONS DE BRÛLURES INEXPLICABLES

Rose est une très belle femme majestueuse animée d'un grand désir de comprendre ce qui lui arrive. Elle souffre de sensations très inconfortables à type de brûlures dans toute la région vulvaire sans aucune lésion somatique. Ces sensations ont commencé à l'âge même où sa propre mère est morte d'un cancer de l'utérus. D'ailleurs, dès le début de son premier entretien avec moi, Rose évoque une mère parfaite dont, me dit-elle, elle ne se consolera jamais de la mort.

Mais Rose va aussi me dire que, pendant la période de la maladie de sa mère et quelque temps après la mort de celle-ci, son père avait pris l'habitude de la retrouver, chaque soir, dans son lit et de la caresser sur les organes génitaux. Quand Rose me rencontre, elle se plaint non pas tant de ses difficultés sexuelles, mais surtout de ses difficultés affectives avec son mari dont elle reconnaît l'extrême gentillesse. En fait, alors qu'elle l'aime et qu'elle voudrait se laisser aller avec lui, Rose n'est jamais tendre avec son mari, elle est même le plus souvent méfiante et blessante, ayant instauré un rapport de forces où, dit-elle, elle le pousse à bout et où elle veut toujours avoir... le dessus.

Rose, au cours de sa psychothérapie analytique, prendra conscience qu'elle dirige l'hostilité qu'elle nourrissait contre son père depuis l'enfance sur son mari et sur les autres hommes qu'elle vit tous comme tout-puissants et supérieurs à elle. Mais l'hostilité de Rose était accompagnée par un très fort amour. Par exemple, au début de l'adolescence, elle n'avait pas supporté le remariage de son père, ne comprenant pas pourquoi il avait besoin d'une femme puisque elle-même s'occupait très bien de lui et de ses frères... Elle se souviendra aussi que sa mère avait été souvent négligée, soumise mais aussi acariâtre et violente. En fait, Rose vivait sa mère et se vivait elle-même ainsi que toutes les autres femmes comme inférieures aux hommes, nulles et méprisables.

Les sensations de brûlures vulvaires disparaîtront rapidement et complètement en quelques mois et ne réapparaîtront pas après l'arrêt de l'antidépresseur prescrit par la dermatologue qui suivait Rose sur le plan somatique. Et il faudra seulement 18 mois à Rose, à raison d'une séance de psychothérapie analytique par semaine, pour abandonner le rapport de forces avec son mari (faire l'homme la protégeait, mais à quel prix, du risque d'être une femme et donc d'être soumise et méprisable), pour accueillir sans culpabilité et sans honte la tendresse, l'amour et le plaisir que son mari lui offrait, pour renouer une relation un peu plus apaisée avec son père, pour s'aimer elle-même et pour garder, enfin, un souvenir beaucoup plus « vivant » selon ses propres termes car plus nuancé de sa mère morte dont elle pourra dire, à la fin de la psychothérapie, qu'elle en avait, enfin, fait le deuil.

SOPHIE ET SA « PEAU DE MOTS »

Quand je la rencontre, Sophie est une très belle jeune femme brune, âgée de 30 ans. Elle souffre de multiples, profondes et récidivantes plaies qu'elle se provoque elle-même sur le visage et qui ont nécessité, sans succès, plusieurs interventions chirurgicales. Sophie, jeune femme pathomime, a longtemps gardé le secret sur les manipulations qu'elle s'infligeait elle-même sur la peau de son visage.

Pendant longtemps, elle a pensé que sa psychanalyste pouvait être dangereuse pour elle et qu'elle risquait de lui être soumise comme elle avait été soumise à sa mère. La mère de Sophie obligeait, en effet, sa petite fille à se confesser chaque soir à elle et « dans des crises de véritable folie » la tapait violemment. D'ailleurs, pendant longtemps, le discours de Sophie fut un discours parfaitement construit, me donnant la sensation d'être un véritable mur de paroles dressé entre elle et moi, ne permettant aucun contact, aucun échange entre nous deux. J'en étais réduite à montrer à Sophie que j'existais, en intervenant sur la réalité de sa vie quotidienne, faisant ainsi quelques brèches dans son discours compact, dans « sa peau de mots ». Sophie pensait que pouvoir garder un secret en elle ou sacrifier son corps en étant malade protégeaient ses pensées et elle-même de la soumission, de la dépendance et de la pénétration par sa mère, par son analyste, par un autre, par un homme.

Ce n'est qu'après une courageuse et longue analyse que Sophie acceptera d'être touchée par les paroles de son analyste et de perdre, enfin, parfois, en séance, le contrôle de la situation. Dans le même mouvement elle évoquera son père, trop éloigné et même absent ou à l'inverse, selon elle, trop proche et d'une présence insupportable. Marie dit alors que, comme sa mère n'avait pas respecté les limites quand elle la battait et qu'elle la forçait à se confesser à elle, elle imaginait que son père ne serait pas capable de garder pour lui ses désirs sexuels pour sa fille et pourrait dépasser les limites interdisant à un père d'entretenir des relations sexuelles avec sa fille.

Le tabou du toucher a été souvent violé par la mère de Sophie et on peut penser que, dans ces conditions, le tabou de l'inceste n'a pas pu bien s'instaurer pour Sophie. Tout peut arriver : sa mère débordée par son agressivité peut la détruire, son père débordé par sa sexualité peut la séduire. Les lésions cutanées peuvent alors être considérées, entre autres, comme des tentatives pour éprouver, par l'intermédiaire de sensations fortes, l'existence de ses limites corporelles et par conséquent psychiques même si Sophie, en séance, n'a jamais évoqué la moindre douleur cutanée.

Barrières et pénétration

La perception des limites a été objectivée par une étude comparative réalisée par Fisher et Cleveland chez des pathomimes et chez des excoriés névrotiques et rapportée par Jean Corraze dans son livre *De l'hystérie aux pathomimies*. Lors de la passation d'un test dit projectif de la personnalité de Rorschach [63], on a distingué des indices particuliers qui apprécient la façon dont le sujet se différencie de son milieu (indices *bar-*

rière et *pénétration*). Quand une réponse témoigne d'une perception bien différenciée du milieu, elle est cotée comme une réponse *barrière*. En revanche, quand une réponse atteste d'une mauvaise perception des limites entre le sujet et le milieu elle est cotée comme une réponse *pénétration*. Dans cette étude, les réponses *pénétration* étaient significativement plus nombreuses chez les pathomimes, indiquant donc combien ces derniers percevaient leurs limites corporelles comme mal différenciées du milieu et pénétrables [64].

Sophie s'était donc enveloppée d'une « peau de mots », tant elle percevait sa peau, limite physique de son corps et représentante de la limite de son espace psychique, comme facilement pénétrable, violable. Le premier travail tissé entre elle et moi-même, sa psychanalyste, a donc consisté principalement à permettre à Sophie de me parler, de la toucher avec mes mots sans qu'elle se sente, à tout moment, sous la menace d'une intrusion intolérable venue de ma part.

À propos du cas de Sophie, il faut noter qu'il peut parfois exister une transmission transgénérationnelle de la maltraitance. Par exemple les mères qui sont poussées à créer artificiellement des maladies chez leur propre enfant (c'est le syndrome de Münchausen par procuration) ont elles-mêmes parfois eu une enfance marquée par de lourdes carences affectives, par des sévices physiques et/ou sexuels et elles souffrent encore, dans un tiers des cas, d'une pathomimie.

J'ai rencontré en entretien, une fois, la mère d'un petit garçon de trois ans qui se mourait d'une infection généralisée faisant suite à une profonde et vaste ulcération abdominale. Les médecins ont mis quelque temps pour arriver à penser que cette ulcération avait été provoquée par la mère de cet enfant. Il est en en effet difficile à un médecin (comme à un psychanalyste et comme à n'importe qui) de renoncer à certaines idées – par exemple, à celle de la bonté des mères. En fait, cette très jeune mère, originaire d'Afrique noire, orpheline, avait été beaucoup battue par ses oncles, avant de s'enfuir de son pays à l'âge de 14 ans pour échapper à un mariage arrangé. Seule à Paris, elle vivait de ses charmes et de menus larcins. Elle était profondément déprimée et confondait, dans son discours, le corps de son enfant et son propre corps. Au bout du compte, elle cherchait de l'aide pour elle, au travers des actes qu'elle perpétrait sur le corps de son enfant. Cependant elle ne prenait pas la mesure de leurs significations, de la violence qu'ils réalisaient et de leurs conséquences dramatiques.

Mais il serait néfaste de penser que pour chaque être humain tout est écrit une fois pour toute. Il faut ici remercier Boris Cyrulnik qui a développé dans son livre intitulé *Les vilains petits canards*, le concept de *résilience* : confrontés à l'épreuve d'un traumatisme, un certain nombre d'enfants surmontent cette épreuve et s'en sortent. Il écrit ainsi : « La résilience c'est l'art de naviguer dans les torrents [...], le résilient doit fait appel aux ressources internes imprégnées dans sa mémoire, il doit se bagarrer pour ne pas se laisser entraîner par la pente naturelle des traumatismes qui le font bourlinguer de coups en coups jusqu'au moment où une main tendue lui offrira une ressource externe, une relation affective, une institution sociale ou culturelle qui lui permettra de s'en sortir [65]. » On retrouve ici la main, la main tendue et la capacité de s'en saisir et de nouer un contact.

TATIANA OU L'AMOUR DES CHATOUILLES

Un jour au cours de sa psychothérapie analytique, Tatiana, à sa grande surprise, lie le début de son psoriasis, survenu sur le bout des seins et sur le cuir chevelu au moment de l'entrée dans l'adolescence, à une phrase prononcée par sa mère : « On n'embrasse pas son père sur la bouche. » Jusqu'alors, Tatiana adorait être chatouillée « partout » par son père [mais ce dernier, c'est moi qui le précise, ne touchait jamais les seins ou les organes génitaux de Tatiana], jusqu'à en faire pipi dans sa culotte me dit-elle. Après, en revanche, elle s'opposa violemment à son père et prit ses distances avec lui alors que le psoriasis s'étendait.

On peut constater que, chez cette jeune femme, la survenue du psoriasis venait redoubler un fragile interdit de l'inceste : le psoriasis, en effet, éloignait le père et rapprochait la mère qui, chaque jour, pommadait Tatiana. Ainsi, en quelque sorte, le psoriasis d'une part, protégeait Tatiana de ses désirs œdipiens pour son père, désirs brutalement nommés et dévoilés par sa mère (elle-même probablement traversée par ses propres désirs œdipiens refoulés). Le psoriasis, d'autre part, protégeait Tatiana d'éventuelles représailles de la part de sa mère puisqu'il l'éloignait de son père, comme si sa violente conduite d'opposition avait été insuffisante pour la protéger.

D'ailleurs, certains psoriasis sont vécus par les malades qui en sont atteints, au même titre que d'autres maladies de peau, sans parler des lésions cutanées provoquées par le virus du sida, comme les marques infamantes, indélébiles qu'aucun toucher ne pourra effacer, et qui révéleraient des manquements à des idéaux, à des lois (par exemple l'interdit de l'inceste). Cela ne veut pas dire que la maladie cutanée survient pour stigmatiser sur la peau des désirs interdits. On a vu, à plusieurs reprises, que les conflits psychiques aux côtés des facteurs biologiques peuvent jouer un rôle précipitant dans la survenue d'une maladie cutanée, comme d'autres maladies somatiques à composante psychosomatique, de par leur pouvoir anxiogène ou parce qu'ils ont confronté un sujet vulnérable, à un moment donné de sa vie, à un sentiment d'impuissance ou à une sensation d'effraction de ses limites imaginaires. Malgré cette absence de « spécificité », de « choix » du symptôme, dans le type de maladie somatique en rapport avec la nature des conflits psychiques auxquels est confronté un sujet, le sens que ce sujet va attribuer à sa maladie somatique sera intimement lié à son histoire et à ses fantasmes, conscients et inconscients tels qu'ils se révèlent au cours d'un travail analytique.

Obéir à en mourir

De tels fantasmes sont aussi à l'œuvre chez Franz Kafka lorsque, dans *la Colonie pénitentiaire*, il évoque une machine infernale qui grave, jusqu'à ce que mort s'ensuive, sur la peau des condamnés, l'article de la loi qu'ils ont transgressé. L'officier qui a inventé cette machine en parle en ces termes au voyageur qui est venu visiter la colonie pénitentiaire : « Notre sentence n'est pas sévère. On grave simplement à l'aide de la herse de notre machine le paragraphe violé sur la peau du coupable. On va écrire par exemple sur le corps de ce condamné – et l'officier indiquait l'homme : Respecte ton supérieur [...]. Il serait inutile de la (la sentence) lui faire savoir puisqu'il va l'apprendre sur son corps [...]. L'homme déchiffre – la sentence – avec ses plaies [66]. »

URSULE LA TOUCHEUSE

Je suis une toucheuse, me dit Ursule, avide de contacts tendres, lors de notre premier entretien. J'aime toucher les autres, les hommes et les femmes, et être touchée par eux. Mais, quand je me touche moi-même, c'est pour me gratter jusqu'au sang, depuis une rupture sentimentale avec mon dernier compagnon. Ursule remarque qu'elle dit compagnon et non amant, car pour elle, ajoute-t-elle, tout plaisir et en particulier tout plaisir sexuel est interdit. Elle vit les hommes soit comme de mignons nounours à cajoler, soit comme des pestiférés, à laisser à distance, n'apportant que déchirements. En outre, à 40 ans, Ursule parle d'elle comme d'une vieille femme usée...

Au cours de sa psychothérapie analytique Ursule découvrira qu'elle ne faisait que répéter ce que sa propre mère disait des hommes. Mais surtout elle se souviendra avec émotion de sa séparation d'avec son père : quand elle avait 18 mois, il était parti longtemps en sanatorium et à son retour les femmes de la maison lui avaient interdit de le toucher. Lors de sa psychothérapie analytique Ursule s'autorisera peu à peu à prendre du plaisir dans la vie, à devenir une femme séduisante et à passer outre l'interdit d'un toucher sexualisé, à allier dans l'amour, courant tendre et courant érotique...

Chapitre VI

Histoires singulières

Le corps dont s'occupe la psychanalyse dérive du
corps réel, c'est, en fait, le corps réel, biologique, anato-
mique, lieu de besoins, transformé en un corps fantasmé,
pris dans le langage, travaillé par les pulsions sexuelles.
Freud affirme à propos des paralysies de nature hystérique, par exemple, qu'elles ne tiennent aucun compte des
trajets nerveux. Pour la femme hystérique, l'anatomie
n'existe pas, ou elle fait comme si elle ne la connaissait
pas. Comme l'écrit François Gantheret, « le champ psychanalytique s'établit dans une coupure, qui laisse à l'un
de ses bords le corps biologique, pour en assurer " de
l'autre côté " la reprise dans un langage, dans un système
de signes [1] ». Il arrive cependant que, dans la relation
nouée entre un patient et son psychanalyste, le corps réel
occupe une place non négligeable. Et, en effet, tout au
long de notre réflexion sur le toucher, nous avons fréquemment rapporté des cas de patients souffrant de
maladies cutanées ou d'autres maladies somatiques
comportant des lésions anatomiques et biologiques
objectivables, et, dans leur déterminisme, des facteurs
psychologiques (événements vécus, facteurs de stress,
caractéristiques de la personnalité ou de l'environnement
social de l'individu) à côté, bien sûr, des facteurs biolo-

giques (par exemple, l'hérédité). Il a été convenu d'appeler ces maladies « maladies psychosomatiques ». Cependant, actuellement, on tend plutôt à parler d'« approche psychosomatique » afin, entre autres, d'éviter de séparer, de façon arbitraire, des maladies qui seraient psychosomatiques et des maladies qui ne seraient pas psychosomatiques.

L'approche psychosomatique

L'approche psychosomatique en dermatologie se propose ainsi de mettre en relation la survenue et l'évolution des maladies cutanées, quelles qu'elles soient, mais comportant des lésions biologiques et anatomiques objectivables avec des facteurs psychologiques. Une telle approche prend aussi en compte le retentissement psychosocial de la maladie et comporte toujours une réflexion approfondie sur la relation médecin-malade. Elle concerne donc un individu caractérisé par une histoire singulière, un sujet malade considéré dans son contexte affectif et social, et n'est pas réservée à certains malades ou à certaines maladies. Elle constitue un mode d'approche possible de toute affection somatique (en dermatologie par exemple, du psoriasis au pemphigus en passant par l'acné et le mélanome), mais suppose le renvoi à un corpus théorique et le respect fondamental du fait biologique.

Les liens entre toucher et psychosomatique sont nombreux et variés et ils ne concernent pas uniquement la dermatologie. Nous insisterons plus spécialement sur quelques-uns d'entre eux. Comme pour la psychanalyse, ces liens s'expriment aussi bien dans le champ de la théorie que dans celui de la pratique. Ceci n'est pas très étonnant puisque l'approche psychosomatique est issue et a été d'abord et surtout influencée, du moins en Europe, par la psychanalyse. L'apport de cette discipline dans l'approche psychosomatique reste actuellement fondamental. Cependant, les apports d'autres disciplines comme la physiologie, l'épidémiologie ou la neuropsycho-immunologie sont aussi importants. Les études comparatives avec groupe témoin, les essais interventionnels randomisés, les études longitudinales prospectives se multiplient, concernent des malades souffrant de maladies cutanées diverses et ont le mérite d'objectiver ce que les malades et les médecins pressentaient depuis longtemps – nous en verrons des exemples plus loin –, mais ces études restent complémentaires des exposés détaillés de cas suivis en psychothérapie analytique dont la réflexion porte sur le sujet malade lui-même, sur la singularité de son histoire, de son fonctionnement psychique et de son mode de relation aux autres et, en particulier, à son psychanalyste. Ces études ont aussi le mérite d'abattre des idées reçues comme celle, par exemple, très répandue chez les psychanalystes, qui affirmait qu'un fonctionnement psychique délirant (et donc très « riche » en productions mentales) pouvait protéger de la survenue d'une maladie somatique...

La pensée opératoire

Nous ne reviendrons pas sur le rôle déjà indiqué des carences affectives précoces et des perturbations précoces des échanges tactiles entre l'enfant et le personnage maternel dans la survenue, dans l'enfance ou à l'âge adulte, de maladies somatiques ou de maladies psychiques. Nous rajouterons juste, à ce propos, que des psychanalystes français ont caractérisé une « personnalité allergique » chez les sujets susceptibles de développer une maladie allergique comme l'asthme, la dermatite atopique, la rhinite allergique, l'urticaire. Cette personnalité comporterait des particularités dans le contact du sujet allergique avec l'autre – par exemple, une grande appétence affective, un désir de considérer l'autre comme exactement semblable à soi-même, et même un désir de fusion avec l'autre [2]. Les crises allergiques surviendraient quand l'autre se révélerait trop dissemblable de soi-même, étranger, ravivant alors une insupportable angoisse de séparation apparue précocement dans la petite enfance. Nous développerons plutôt ce que ces mêmes psychanalystes, à la fin des années 1950 et au début des années 1960, ont appelé la « pensée opératoire » : c'est-à-dire un mode particulier de fonctionnement psychique qui existerait chez les sujets souffrant d'une maladie somatique grave et évolutive et qui favoriserait la survenue d'une telle maladie chez ce sujet. Notons tout de même qu'au même moment un psychiatre et psychanalyste américain, Peter E. Sifneos, proposait un concept proche : l'« alexithymie » (étymologiquement « pas de mots pour exprimer les émotions »).

Quand la raison l'emporte

La pensée opératoire, et c'est ce qui, ici, nous intéresse plus particulièrement, est une pensée sans zone de contact avec les différentes formations de l'inconscient. Elle est donc dépourvue de fantasmes, de rêves, de rêveries diurnes. C'est une pensée actuelle, rationnelle et factuelle, motrice, doublant et illustrant l'action, conformiste, dénuée d'affects, évitant le recours aux digressions personnelles, aux annotations affectives, aux images verbales (métaphores). À la différence du sujet névrosé, un sujet présentant une pensée opératoire ne semble donc en rien touché par ce dont il parle ou par ce qu'il vit y compris donc par ce qu'il vit dans la relation avec le psychanalyste rencontré.

De fait, la pensée opératoire, qui est une réalité clinique a été découverte par des psychanalystes français chez des malades somatiques en situation d'entretien psychanalytique. Ces psychanalystes, qui étaient d'excellents cliniciens, allaient former l'École de psychosomatique de Paris [3].

Pendant longtemps, la pensée opératoire a été souvent considérée comme structurale et déficitaire, témoignant d'un mode stable de fonctionnement psychique des sujets susceptibles de développer une maladie somatique. Les recherches de nombreux psychanalystes ont enrichi et en même temps nuancé les caractéristiques de la pensée opératoire. Actuellement, si la pensée opératoire reste une réalité clinique, elle est considérée de façon plus dynamique, comme un processus défensif à valeur protectrice. Elle est variable. On a d'ailleurs parlé d'« états opératoires de la vie quotidienne » quand un sujet, quel qu'il soit, « se met en repos, en convalescence d'être. Il s'agit en quelque sorte de moments de ressourcement narcissique apparentés à l'état de sommeil-rêve [4] ».

New York, septembre 2001 : la sidération de la pensée

La pensée opératoire apparaît selon les événements de vie auxquels les individus doivent faire face et, en particulier, lorsque ces individus débordés par l'importance de leurs soucis quotidiens ou par l'intensité traumatique d'un événement de vie, ne parviennent plus à le penser, c'est-à-dire à se le représenter mentalement avec des images et des affects liés à ces images (tristesse, déception, plaisir...). Nous avons tous vécu une « sidération » de la pensée, quand, par exemple, à l'annonce brutale d'un événement extraordinaire on ne parvient pas à se le représenter mentalement et à éprouver les affects qui lui sont liés. C'est ainsi qu'après l'attentat contre les tours du World Trade Centre à New York en septembre 2001 nombreux furent ceux qui ne pouvaient pas détacher leur regard des images transmises par la télévision : ces images les aidaient à mettre eux-mêmes des images mentales sur cet événement pour pouvoir se le représenter mentalement et éprouver les affects correspondants.

À la recherche d'un appareil à penser

Il n'est pas rare que certains patients, souffrant d'une affection somatique, déclenchent chez le psychanalyste qu'ils rencontrent la sensation, accompagnée parfois d'un affect de peur, qu'ils sont, non pas seulement, comme nous l'avons indiqué plus haut, à la recherche d'une barrière pare-excitation, collés à lui, mais, aussi, à la recherche d'un appareil mental à investir, à s'approprier, appareil mental qui pourrait accueillir, contenir, maîtriser, mais aussi intégrer leurs affects et pensées, vécus comme trop dangereux et désorganisateurs pour leur propre espace psychique. Le psychanalyste, lors d'une telle rencontre psychanalytique, se doit alors de supporter et d'accepter qu'une partie de lui-même soit, pour un temps, incluse, captée même, dans son patient, sans craindre d'être, à son tour, vidé de ses pensées et de ses affects, on pourrait dire entraîné dans une mort psychique. Je reprends là, à dessein, beaucoup de termes employés par Michel de M'Uzan dans son article « Le travail du trépas », quand il décrit les qualités requises de la personne réelle, de la « personne clef » qui va permettre au mourant d'accomplir son travail du trépas grâce à cette ultime expérience (nourrie par une grande expansion libidinale et par une forte appétence relationnelle). Ce travail du trépas consiste à ressaisir et à assimiler toute une masse de désirs dirigés vers les autres qui, jusque-là, n'avait pas pu être intégrée par le sujet [5]. Il me semble que ces deux situations, toutes proportions gardées, peuvent être comparées, sauf que, avec un mourant, la personne clef, qui peut être un psychanalyste, ne doit pas craindre d'être entraînée dans la mort réelle, si j'ose dire, par le moribond.

Une peur ancestrale

La crainte d'être entraîné dans la mort par un mourant pèse sur Marie, l'héroïne du roman d'Arthur Schnitzler, *Mourir*, qui raconte l'agonie du compagnon de Marie, Félix : « Il [Félix] semblait avoir retrouvé toute sa force, et il ne la lâcha pas : " Je veux te rappeler ta promesse, dit-il d'une voix haletante, de vouloir mourir avec moi ". Il lui avait parlé de tout près. Elle sentait son souffle passer sur sa bouche, et ne pouvait reculer. Il parlait tout contre ses lèvres comme s'il voulait lui faire boire ses paroles. " Je t'emmène, je ne veux pas partir seul. Je t'aime, et je ne te laisserai pas ici. " Elle était paralysée par la peur [6]. »

Valentin allait mourir d'un cancer du poumon qui s'était généralisé. Tous les soignants l'aimaient beaucoup lui et sa femme si discrète, disponible, et malgré tout souriante. Ils avaient eu à cœur d'organiser ses derniers jours à son domicile afin qu'il puisse ne pas mourir à l'hôpital même s'il s'enfonçait dans un profond coma. Mais, comme tout s'organisait, la femme de Valentin semblait se déprimer, éviter les soignants et même s'emporter facilement contre ces derniers. C'est alors que je rencontrai la femme de Valentin. Avec beaucoup de précautions, elle m'expliqua qu'en fait elle ne pouvait pas supporter l'idée que son mari allait mourir chez eux, dans leur lit. Elle avança d'abord des raisons matérielles, puis elle me dit avec une toute petite voix que, surtout, elle avait peur que si son mari meure dans leur lit, une fois mort et enterré, il ne revienne « lui gratter les pieds » et même « la tirer hors de leur lit et l'emmener avec lui ».

La femme de Valentin, honteuse de ses pensées, n'avait pas osé s'expliquer avec les soignants de son mari. Elle parvint à le faire après notre entretien. En effet, débarrassée de la crainte d'être qualifiée de « mauvaise épouse », par les soignants, elle put alors parler avec eux. Valentin mourut donc à l'hôpital, mais tendrement, entouré de sa femme et de tous ses enfants prévenus en temps voulu.

« Sois un homme, ne pleure pas »

De toutes les façons, l'aptitude à reconnaître en soi et à exprimer ses affects face aux événements de sa vie quotidienne et aux conflits psychiques en général a certainement un effet modulateur favorable sur sa santé psychique mais aussi physique. Cela va à l'encontre de croyances souvent rencontrées chez nos patients : ce n'est pas un signe de faiblesse, ce n'est pas une honte, mais plutôt un signe de bonne santé psychique que de se montrer touché par les événements de la vie et de pouvoir exprimer la façon dont on est attendri par ces événements. Les dermatologues, qui sont souvent amenés à faire des traitements banals mais douloureux chez les enfants, lorsqu'ils brûlent avec de l'azote liquide des verrues par exemple, savent maintenant combien il est important de permettre aux enfants malades, filles ou garçons, d'exprimer leur douleur physique. Ainsi ils ne disent plus, par exemple à un petit garçon : « Sois un homme, ne pleure pas. » Une telle injonction rompait tout contact entre le corps et le psychisme, la douleur physique et ses représentations mentales, ainsi que son expression émotionnelle et verbale. Il a même été dit que l'instauration d'une pensée opératoire pouvait aussi être favorisée par une répression des affects de l'enfant par l'entourage socio-affectif de celui-ci.

Répression émotionnelle et défenses immunitaires

Une étude réalisée chez des enfants diabétiques suivis pendant plusieurs années a montré l'instauration d'une pensée opératoire au fur et à mesure du développement de la maladie diabétique, de ses nombreux traitements et des contraintes psychiques, sociales et physiques que la maladie diabétique et son traitement entraînaient. Ces résultats demandent certainement à être vérifiés par d'autres équipes de recherche et dans d'autres domaines de la pathologie somatique. De nombreuses études psychologiques récentes vont cependant dans ce sens. Par exemple, une étude a montré que des étudiants à qui l'on avait demandé, lors d'un protocole expérimental, de raconter dans une lettre imaginaire à un ami un événement vécu particulièrement traumatisant présentaient des taux d'anticorps EBV (dirigés donc contre l'Epstein Barr Virus) d'autant plus élevés qu'ils avaient eu tendance à avoir des difficultés à exprimer dans leur lettre, leurs émotions. Ces résultats suggèrent donc une association entre la tendance à la répression émotionnelle, au fait, donc, d'être séparé de sa vie émotionnelle et une atténuation des défenses immuni-

taires se traduisant par la réactivation de virus « saprophytes »,
présents de manière quiescente chez l'homme (comme l'EBV ici
dans cette étude ou comme, pourquoi pas, les virus du groupe
herpès) [7].

Ma pratique

À propos des concepts qui viennent d'être évoqués et,
en particulier, de celui de pensée opératoire, et des cas cliniques rapportés qui les ont illustrés, il me paraît important de souligner que tout concept est utile pour entraîner
la pensée du thérapeute, psychanalyste ou dermatologue,
sur des chemins nouveaux et pour lui offrir, à un moment
donné du traitement, un cadre susceptible de l'aider à penser. Cependant, tout concept ainsi que les hypothèses
pathologiques qui lui sont liées ne sont que des outils de
travail sans cesse revérifiés ou remodelés ou même abandonnés à la suite d'apprentissages et d'expériences variés
dont font partie les rencontres avec les malades. Le psychanalyste Jean-Bernard Pontalis recommande d'ailleurs à ses
collègues « de ne pas être soumis aux concepts afin de pouvoir s'ouvrir à l'inconcevable » et, dans ce même esprit, les
encourage à lâcher les amarres en les mettant en garde
contre tout arrimage conceptuel défensif : « Et si, s'inter-
roge-t-il, ce que j'ai appris m'empêchait d'entendre ? Si je
ne m'accrochais à du déjà nommé-identifié que par peur
de me perdre [8] ? » Même les plus rigoureux et les plus
inventifs des psychanalystes n'ont pas échappé à cet écueil.
Ainsi, Winnicott lui-même, dans son article *Urticaire papuleuse et sensations cutanées*, lie de façon hâtive et simpliste,
l'urticaire papuleuse (et l'eczéma atopique) à un onanisme
compulsif qu'il soit génital ou anal... [9]

Quant à moi, dès le tout début de ma pratique de la psychanalyse avec des malades souffrant d'affections dermatologiques étendues, récidivantes, mettant parfois en péril la vie du malade et encore maintenant avec des malades souffrant d'autres affections somatiques, il a fallu que j'accepte ma surprise de ne pas constater fréquemment chez ces malades une pensée opératoire et, donc, selon ses théoriciens, une inaptitude à entreprendre une psychanalyse. Je pense que, pour un bon nombre de malades somatiques habitués à un certain style de relation avec leurs médecins somaticiens (la découverte de la pensée opératoire se passait, rappelons-le, vers la fin des années 1950), il n'était certainement pas facile, brusquement, lors d'un entretien avec un psychanalyste, souvent assimilé par eux à un médecin comme un autre, peut-être seulement encore un peu plus silencieux, de parler authentiquement d'eux-mêmes. En outre, certains patients souffrant d'une affection somatique et, en particulier, en dermatologie, certains patients souffrant d'une pelade, ont recours, à une parole excessivement convenue, retenue, désaffectée, figée. J'ai aussi d'ailleurs souvent remarqué, chez ces patients, la fréquence de l'expression d'un « non » en début de phrase. Que ce « non » vienne spontanément ou en réponse à une question plus ou moins banale de ma part servant principalement à relancer le discours du patient, il est sans lien avec le reste de la phrase qui, elle-même, est la plupart du temps, d'ailleurs, affirmative. C'est un « non » qui met à distance le psychanalyste, qui empêche tout contact discursif et psychique avec ce dernier.

Une telle parole « sous contrôle » peut avoir pour fonction de constituer une véritable barrière pare-excitation, barrière souvent déficiente dans ces cas, comme cela a été indiqué plus haut et qui, parfois, était assuré par un autre dont le sujet a été séparé plus ou moins brutalement. Cette parole réalise aussi un discours proche du discours narratif-récitatif décrit par André Green dans la relation transférentielle avec un patient narcissique : un discours qui fait écran entre le psychanalyste et l'analysant, et qui, en repoussant le psychanalyste, objet perçu comme intrusif, assure les limites de l'analysant [10]. Un tel discours n'est pas un lieu d'échange où se côtoient et circulent des pensées et des affects entre soi et les autres, car un tel lieu recèle des risques que ces sujets ne sont pas prêts à prendre : celui du non-contact, de la non-rencontre, de l'incompréhension avec l'autre, et celui de la séparation d'avec l'autre, de sa perte. Cependant, malgré ses caractéristiques, un tel discours n'infère aucunement, à mon avis, l'existence d'un fonctionnement psychique opératoire. Je pense aussi que, contrairement à ce qu'avaient rapporté Pierre Marty, Michel Fain et Christian David, les auteurs de *L'investigation psychosomatique* quant à leurs difficultés à s'identifier à leurs patients somatiques (peut-être pour mettre la maladie somatique elle-même à distance et se protéger ainsi d'une éventuelle « contagion »), je me suis toujours identifiée facilement à mes patients somatiques (peut-être parce que, côtoyant souvent, à l'hôpital, la maladie somatique, je sais que chacun de nous peut un jour ou l'autre tomber malade et que je l'accepte).

Je ne suis donc pas prête, à cause aussi de la tendresse que j'éprouve pour eux, à considérer les patients somatiques que je rencontre comme ayant un fonctionnement psychique si différent du mien, et, en particulier, marqué du sceau de la carence, du manque. C'est pour cette dernière raison, entre autres, que j'ai eu un grand plaisir à rencontrer le psychanalyste suisse Jacques Press, par l'intermédiaire (seulement, hélas !) d'un de ses articles intitulé « Mécanismes de répression, travail de contre-transfert ». Press y écrit en particulier : « On pourrait considérer que le fonctionnement opératoire signe une carence précoce de l'environnement et que sa répétition en séance traduit une logique du non-espoir (plutôt que du désespoir : le désespoir indique qu'on ait espéré), l'impossibilité pour le patient de penser que les choses puissent se passer différemment. L'analyste se cantonnant dans une position d'individu « complet » face à un patient qui ne le serait pas, risque fort de répéter la carence originelle[11]. » Plus loin, il ajoute : « Il serait donc heuristiquement utile de renverser le questionnement usuel en psychosomatique et de se demander ce qui nous manque à nous comme analystes pour comprendre et donner sens à ce que vit le patient somatisant, plutôt que de dire qu'il manque de quelque chose qui le rend inapte à la psychanalyse[12]. »

Changer de croyance

Au bout du compte, il m'est certainement difficile et peut-être impossible, pour des raisons personnelles liées à mon vécu infantile et que j'ai, du moins pour certaines d'entre elles, explorées dans mon analyse, de prendre plaisir à penser avec un patient en « croyant », à une construction théorique marquée par le manque et en ne croyant pas dans les capacités psychiques du patient que je rencontre. Croire... Le mot est lâché. Il faut certainement « croire pour croître », selon l'expression de Didier Anzieu[13], croire en la vie, croire en l'existence de l'autre, en sa pensée, croire en la réalité du monde. Pour croire et continuer à croire, pouvoir toucher mais aussi pouvoir se dégager du toucher sont, on l'a vu à plusieurs reprises dans cet ouvrage, fondamentaux.

Cependant, je reste très attachée au plaisir et à la liberté de penser que j'ai découverts dans mon analyse personnelle et je me méfie donc de tout « appareil de croyance ». Ainsi que l'écrit Pontalis, « le trait le plus manifeste de l'appareil de croyance est qu'il vient se substituer au travail de la pensée. La pensée questionne, se donne des réponses limitées, provisoires. Elle est par nature expérimentale, exploratrice, curieuse. Elle appelle la contradiction, se réfléchit, polémique avec elle-même. Elle est laboratoire. La croyance – inébranlable, sans faille, indissociable, mais se sachant totalement vulnérable –, ne se questionne pas [...]. L'appareil de croyance est une réponse (à tout) tranquille ou violente qui anticipe toute question [14]. » Alors, il s'agit peut-être de pouvoir, d'oser, au cours du travail analytique mené avec un patient, changer de croyance.

Même Freud a changé de croyance quand il a renoncé, pour expliquer la survenue d'une névrose hystérique, à sa théorie de la séduction de la jeune fille hystérique par son père, pour découvrir le rôle du fantasme et donc d'une autre réalité, la réalité psychique, dans l'origine de l'hystérie. Et c'est ainsi qu'il a écrit le 21 septembre 1897 à son ami Wilhelm Fliess : « Il faut que je te confie tout de suite le grand secret qui, au cours de ces derniers mois, s'est lentement révélé. Je ne crois plus à ma neurotica. » Mais, fait remarquable, il ajoute quelques semaines plus tard, le 3 octobre exactement, à ce propos : « J'ai davantage le sentiment d'une victoire que d'une défaite », et on sait combien alors sa créativité fut stimulée...

Il m'arrive bien sûr, de rencontrer des patients chez lesquels j'ai repéré une pensée opératoire. Afin probable-

238

ment de préserver mon plaisir de rencontrer de tels patients, je préfère penser à eux en me référant à la formule tendre de Jean Cournut qui dit des psychosomatiques qu'ils ne sont pas « doués pour la mise en représentations affectées, refoulables, et symbolisés [15] ». En ces circonstances, il m'est facile de me demander d'abord : « Comment puis-je faire pour permettre à ce malade d'entrer en contact avec sa vie psychique ? comment puis-je adapter non pas seulement la technique analytique mais aussi ma façon d'être et toute ma personne à ce malade singulier qui me fait face ? »

Cependant, des patients souffrant, par exemple, de maladies somatiques plus ou moins graves se plaignent encore de rencontrer des psychanalystes muets, froids, distants, ne sachant pas ou ne voulant en aucun cas établir un contact, et se montrer touchés psychiquement, répétant ainsi, comme le souligne Green dans *Narcissisme de vie. Narcissisme de mort*, des traumatismes initiaux : un père froid et distant, une mère déprimée. De tels psychanalystes poussent certains de ces patients dans les bras, si j'ose dire, de soi-disant psychanalystes qui, eux, ne sont ni muets, ni distants, ni froids mais qui n'ont aucune rigueur théorique et pratique. Ces soi-disant psychanalystes mettent en péril l'équilibre psychique et somatique de leurs patients.

New York, septembre 2001 : un premier geste

Le 12 septembre 2001, le lendemain des attentats contre New York, l'un de mes patients, toujours très réservé physiquement (il ne me serrait jamais la main) et exprimant peu ses affects, éclate en sanglots incoercibles juste avant de quitter mon cabinet. Ses associations d'idées avaient conduit ses pensées, de l'écroulement des deux tours du World Trade Center à New York à son père décédé dix ans auparavant et avec lequel il avait visité New York du temps de sa jeunesse. Au lieu de rester à ses côtés immobile et, si j'ose dire, les bras ballants, je lui ai alors dit au revoir en lui serrant la main. En ces circonstances, des mots de réconfort étaient inutiles tant ce qui avait été dit pendant la séance d'analyse avait été riche en sens et en affects ; en revanche, un geste, qui peut être considéré comme tendre a pu être apaisant.

À propos d'une femme, Wanda, souffrant d'une pelade décalvante totale et qui, pendant deux ans, à chacune de ses séances de psychothérapie analytique en face à face avec moi, me racontait en détail ses réunions professionnelles et syndicales, je me souviens d'avoir écrit : « Ainsi, bien souvent, l'instauration d'une psychothérapie analytique [avec des malades somatiques] est indissociable de la qualité du contre-transfert du psychothérapeute-psychanalyste concerné [c'est-à-dire des sentiments plus ou moins inconscients induits chez le psychanalyste, par son patient et liés au vécu de l'histoire familiale et personnelle de ce psychanalyste] : c'est bien souvent parce que le psychanalyste croit dans la richesse enfouie du fonctionnement mental de son patient et le lui fait savoir que ce dernier peut s'aventurer avec confiance sur les différents chemins de sa pensée. »

Après ces deux années, cette femme fit avec moi, dans le cadre d'une cure analytique classique (trois séances par semaine en étant allongée), un travail analytique remarquable sans craindre, en particulier, d'être débordée par la haine qu'elle éprouvait à l'égard de sa mère, crainte qui, au bout du compte, l'empêchait de penser. D'autant plus que, avec cette crainte d'être débordée par la haine, existait, chez cette femme, une autre crainte : celle que cette haine finisse par détruire sa mère. Enfin, au-delà de cette haine, existait une détresse indicible pendant longtemps. D'ailleurs, à 50 ans, cette femme, célibataire, vivait toujours avec sa mère dans un univers confiné et figé, ressassant toujours le fait d'avoir été, selon elle, abandonnée chez une tante, alors que les bombardements de la dernière guerre faisaient rage et que sa mère s'était enfuie avec un amant de l'autre côté de la ligne de démarcation. Une fois sa haine revécue avec moi sans pouvoir me détruire et exprimée dans le cadre « sécure » de la séance de psychanalyse, cette femme put retrouver en elle-même son amour pour sa mère puis se séparer enfin d'elle pour, selon ses propres termes, faire sa vie.

On voit bien, à la lumière du cas de Wanda, en particulier, combien il serait nocif de hiérarchiser cure analytique classique (trois à quatre séances par semaine) et cure analytique en face à face (une à deux séances par semaine). René Roussillon, psychiatre et psychanalyste, a fort justement stigmatisé une telle attitude : « Mettre en place les conditions, le dispositif nécessaires pour modifier le mode de fonctionnement de l'appareil psychique, pour le rendre utilisable pour l'analyse, pour le rendre accessible à l'interprétation, pour certains, cela passe par le face-à-face, c'est-à-dire, par un travail analytique sous le regard de l'autre [16]. » Bien sûr, la présence perçue de l'analyste va influer sur les voies que le travail analytique va prendre : l'impact des effets historiques et des objets réels va être plus important au début de ce travail analytique. Mais, chemin faisant, vont pouvoir se réunir les deux voies; accueillir le poids de la réalité externe et s'en dégager pour pouvoir accueillir la réalité psychique.

Il faut du sens !

Dans les divers médias, des idées plus ou moins justes et reçues sont véhiculées à propos de la « psychosomatique ». Aussi, lorsque des malades souffrant d'une maladie somatique et acquis à ces idées rencontrent un psychanalyste pour parler de leur maladie et... d'eux-mêmes, il n'est pas rare qu'ils lient le début de leur maladie somatique à l'impact traumatique de paroles, prononcées à leur propos, qui les ont touchés et qu'ils ont jugées blessantes.

Ainsi, Xavière souffre d'une pelade décalvante totale. Dès son premier rendez-vous avec moi Xavière lie sa pelade à son accouchement et plus précisément à la situation tendue qui s'est installée entre elle et l'infirmière des suites de couches. Elle s'est sentie extrêmement blessée par les paroles de cette infirmière : « Vous avez de trop petits seins, vous ne pourrez jamais allaiter, vous n'aurez pas assez de lait », et aussi : « Ce n'est pas un petit Pierre que vous auriez dû avoir, mais un petit Paul [le petit voisin], regardez comme il est vorace. » Xavière n'a pas répondu à ces remarques. Mais le quatrième jour après l'accouchement, alors que cette même infirmière venait de pincer la cuisse de Pierre pour le réveiller, Xavière répond enfin : « Vous ne toucherez plus à un cheveu de mon fils » et précipite sa sortie. Notons que Xavière porte le prénom d'une sœur aînée morte à sa naissance à l'hôpital, des suites, selon la famille, d'une erreur médicale. Les paroles prononcées par l'infirmière, puis celles prononcées par Xavière, auraient-elles pu favoriser ou même provoquer la survenue de la pelade de Xavière ? Et ce d'autant plus que ces paroles réactivaient un événement familial traumatique ancien?

Il ne faut pas cependant oublier que, quand un malade lie la survenue de sa maladie somatique à l'impact traumatique d'un événement de sa vie, ce lien peut être tout à fait artificiel, seulement construit dans l'après-coup de la survenue de la maladie, tant chacun de nous est poussé à donner du sens à ce qui lui arrive et qui pourrait lui paraître d'autant plus intolérable et injuste que dénué de sens. Il tente donc sans cesse de répondre à ces questions qui le taraudent : « Pourquoi suis-je tombé malade? » « Pourquoi moi? » Cette recherche de sens n'est donc ni toujours à prendre à la lettre ni à négliger. À partir d'une telle recherche, un malade peut parvenir à parler de lui, de ses sentiments et à découvrir d'autres liens encore plus inattendus et enfouis. Ainsi les soignants, quels qu'ils soient, devraient plus souvent prêter attention aux explications apportées par leurs malades à propos de leurs maladies.

Les thérapies corporelles dans les maladies somatiques

Enfin, si, parallèlement aux traitements classiques de toute maladie somatique, des malades souffrant d'une affection somatique et dont le mal-être physique et le mal-être psychique sont intriqués peuvent bénéficier d'une approche psychanalytique adaptée à leur personnalité, à leur souffrance et à leur projet de mieux-être, d'autres malades ont recours à des approches corporelles différentes, par exemple, les massages corporels. À Miami, aux États-Unis, il existe même un Institut du toucher qui réalise des études intéressantes sur les comportements tactiles des sujets normaux comme des sujets pathologiques et sur le rôle thérapeutique bénéfique des massages dans des affections variées comme la dermatite atopique, les brûlures, l'asthme.

Chez un groupe de brûlés massés chaque jour avant le traitement physique de leurs brûlures (toujours très douloureux) il a été noté, comparativement au groupe de brûlés non massés avant le traitement physique : une diminution significative de l'anxiété à court terme et à plus long terme, une diminution significative de la colère, de la dépression et de la douleur. Cette étude n'indique malheureusement pas l'effet de ces massages sur la durée de la cicatrisation des brûlures [17]. De même, chez un groupe de jeunes enfants asthmatiques (16 enfants âgés de 4 à 8 ans), massés par leurs parents 20 minutes avant le coucher chaque soir pendant un mois, l'anxiété a diminué très rapidement et la fonction pulmonaire respiratoire s'est nettement améliorée, par rapport à un groupe contrôle bénéficiant d'une relaxation musculaire. Chez les enfants plus âgés (9 à 14 ans), si l'anxiété a aussi diminué, la fonction pulmonaire, quant à elle, n'a été améliorée que dans 1 cas sur 16, sans que les chercheurs sachent les raisons de cette moins bonne réponse aux massages comparativement aux enfants plus jeunes [18]. Peut-être qu'en raison de certaines caractéristiques de l'adolescence, détaillées précédemment, les enfants plus âgés sont plus défensifs quant aux approches corporelles et, donc, moins susceptibles d'en éprouver certains bienfaits...

Il m'est arrivé moi-même, dans le service de médecine interne où je travaille, de solliciter une infirmière formée aux approches corporelles afin de masser une malade souffrant d'une sclérodermie généralisée et particulièrement anxieuse quand elle devait être hospitalisée

une semaine pour être traitée par une perfusion de produits médicamenteux. La sclérodermie généralisée est
une affection qui provoque, dans tous les organes, des
dépôts de fibres de collagène dans les tissus et des
troubles de la microcirculation sanguine. La peau, en
particulier, perd son élasticité, elle devient comme car-
tonnée, elle est douloureuse. Ces massages ont permis de
diminuer considérablement la dose d'anxiolytiques anté-
rieurement prescrits et d'engager le dialogue sur les
craintes de la malade quant à son avenir fonctionnel
(« quand deviendrai-je dépendante ? » se demandait-elle)
et vital (« jusqu'à quand vais-je durer ? ») et de la rassurer
en ramenant ses craintes à des proportions plus justes.

Contenir la douleur

L'utilisation des massages, en particulier chez les patients
souffrant d'une maladie somatique douloureuse, rappelle le
caractère indissociable des composantes corporelle et psychique
du toucher. Et, en effet, si le toucher peut exacerber une douleur, il peut donc aussi la contenir. Erri De Luca l'exprime ainsi
dans son roman *Tu, mio* : « La morsure de la murène avait laissé
un dessin de trous, une lettre claire sur ma peau foncée. Ella
avait mis sa main juste là et c'était le geste le plus intime qu'une
femme avait eu pour moi. Elle touchait la surface d'une douleur,
une prise nette capable de la raviver comme de la radoucir. Je
suis là, disait sa main sur la blessure, je t'accompagne loin, le
temps d'une chanson, et je tiens ta douleur dans ma main [19]. »

À propos des affections somatiques douloureuses, le
bien-être apporté par les approches corporelles ne doit
pas faire oublier celui apporté par « la peau des mots »,
selon l'expression émouvante de Didier Anzieu. Dans

les services de médecine ou de chirurgie, on constate souvent, en effet, que les malades ont moins besoin d'antalgiques pendant les heures des visites permises à l'entourage ou bien « oublient » leurs douleurs pendant un entretien psychothérapique, comme si le toucher relationnel au même titre que le toucher physique permettait l'élévation du seuil de déclenchement de la sensibilité douloureuse. De même la douleur s'apaise parfois seulement parce que le médecin accueille et reconnaît la douleur dont le malade lui parle. En effet, l'une des terreurs des malades douloureux est de ne pas être cru par leur médecin, or un tel manque de reconnaissance provoque souvent une surenchère de la symptomatologie douloureuse.

Chapitre VII

POUR UNE TENDRESSE BIEN TEMPÉRÉE

Dans le précédent chapitre, j'ai rapporté, à propos de Wanda, que moi, sa psychanalyste, j'avais cru dans la richesse de son fonctionnement psychique et que je le lui avais fait savoir. Une telle attitude, adoptée avec une patiente souffrant d'une grave maladie somatique, s'éloigne quelque peu de la neutralité bienveillante et de l'absence de gratification dans la réalité observées à juste titre dans les cures psychanalytiques classiques. Cependant, tout travail analytique, qu'il se déroule dans une cure classique ou dans une cure en face à face, n'est en aucun cas, comme beaucoup le croient encore, une démarche seulement intellectuelle. Comme le dit Jean Cournut, « c'est la chair même du patient qui constitue le matériau, à la rencontre duquel va l'analyste, travaillant sa propre subjectivité pour entendre celle de l'autre [1] ».

Du tact et de la sincérité

Le travail analytique progresse parce que le patient va, tout en les transformant chaque fois, répéter en séance et avec la personne de son psychanalyste, des modalités relationnelles infantiles traversées par de nombreux affects tendres, érotiques et hostiles (c'est le transfert), que le psychanalyste va interpréter au moment où il le juge utile et parce que le psychanalyste lui-même est traversé par des mouvements affectifs identiques plus ou moins conscients surgis en réaction ou non au transfert de son patient et à la personne même de ce dernier, mais, de toutes les façons, toujours en relation avec le vécu de son histoire familiale et personnelle. Freud a défini le contre-transfert comme « le résultat de l'influence du malade sur les sentiments inconscients du médecin[2] ». Dans cette perspective, on comprend l'importance pour se dire psychanalyste d'avoir soi-même fait une psychanalyse.

À la suite de Freud, Ferenczi a été l'un des premiers psychanalystes qui a analysé son contre-transfert, sans relâche, comme en témoignent ses nombreux articles et son « journal clinique ». Il écrit ainsi : « La position analytique n'exige pas seulement du médecin un contrôle rigoureux de son propre narcissisme, mais aussi la surveillance aiguë de diverses réactions affectives[3]. » Et un peu plus loin : « Le travail psychique fourni par l'analyste est compliqué en vérité. [...]. En fait, on pourrait presque parler d'une oscillation perpétuelle entre " sentir avec ", auto-observation et activité de jugement[4]. » Dans ces conditions, et Ferenczi insiste là-dessus à plusieurs reprises, la sincérité de l'analyste est fréquemment sollicitée : « En aucun cas, on ne doit avoir honte de reconnaître sans restriction ses erreurs passées. Qu'on n'oublie jamais que l'analyse n'est pas un procédé suggestif, où le prestige du médecin et son infaillibilité sont à préserver avant tout. L'unique prétention élevée par l'analyse est celle de la confiance en la franchise et la sincérité du médecin, et à celle-ci la franche reconnaissance d'une erreur ne fait pas tort[5]. »

Cette question de la sincérité du psychanalyste en séance est, à mon avis, toujours aussi fondamentale. La sincérité est indissociable du contact, du tact et du toucher psychique. Elle pousse le psychanalyste à être au plus près de ses mouvements contre-transférentiels tendres, hostiles ou érotiques et à les travailler sans relâche, comme le faisait Ferenczi. Les psychanalystes contemporains de Patrick Miller à André Green en passant par Claude Smadja continuent à élaborer autour de cette question de la sincérité du psychanalyste. À une réflexion de Claude Smadja pour qui « une parole sincère est une parole sans distance protectrice, sans séduction non plus, sans perversion et exprimée telle qu'elle est pensée et pour dire quelque chose de ce qui a été pensé au sujet de la vie du patient », André Green répond ainsi : « [la sincérité] c'est la reconnaissance ! c'est l'activité de l'analyste reconnaissant quelque chose et le reconnaissant dans une position qui n'est pas celle de " voilà ce qui pourrait vous arriver, qui ne pourrait pas m'arriver ", mais " voilà quelque chose qui vous arrive, mais vous savez cela pourrait aussi m'arriver " [6]. »

Yolaine et Joli Cœur

Yolaine souffre d'un vitiligo. À plusieurs reprises Yolaine m'avait évoqué, lors de ses séances de psychothérapie avec moi, l'aide qu'elle apportait à une mère qui lui paraissait souvent fatiguée et peu épaulée par son père. Une autre fois, à l'une de mes questions portant sur ses lectures et visant à relancer ses associations sur une autre voie que celle de ses préoccupations quotidiennes, Yolaine avait parlé de *Sans famille*, le roman d'Hector Malot, en me disant que l'un de ses personnages fictifs préférés était Joli Cœur. Joli Cœur est ce petit singe savant qui, gravement malade puis mourant, continue à faire ses tours pour permettre à son Maître Vitali de survivre avec toute sa petite troupe.

Quand au début d'une séance suivante, Yolaine, se disant fatiguée, se tut longuement, j'intervins en lui suggérant qu'elle était peut-être en colère contre moi. Yolaine manifesta sa surprise, puis elle me dit qu'elle se demandait si elle m'intéressait tant que cela ou si c'était seulement son cas qui m'intéressait. Je fis l'interprétation suivante qui pointait l'instauration du transfert de Yolaine : « Je me demande si vous n'êtes pas fatiguée de toujours vous sentir poussée à être avec moi comme Joli Cœur l'était avec Vitali et comme vous l'êtes avec votre mère. » Yolaine m'interrompit pour me dire rapidement qu'en effet elle commençait à se fatiguer de se sentir toujours devoir aider sa mère.

Yolaine m'avait beaucoup touchée en me parlant de *Sans famille*, roman tant aimé par ma mère qui me l'avait fait lire alors que j'étais encore une toute petite fille, et que... à mon tour, j'avais aimé. J'avais donc d'autant plus vite pointé la colère de Yolaine que je m'étais sentie touchée et que je savais bien que si on ne parlait pas de cette colère, Yolaine pouvait rompre le lien psychothérapique très brutalement et très rapidement, comme elle l'avait déjà fait avec de précédents psychothérapeutes.

Danielle Quinodoz, dans son livre *Des mots qui touchent*, écrit : « Un langage touche lorsqu'en transmettant des pensées il atteint aussi les sentiments, ainsi que les sensations et les manifestations corporelles qui les accompagnent [7]. » Pour ne pas entraver le processus analytique de chaque cure, le psychanalyste doit donc analyser sans cesse son contre-transfert, c'est-à-dire ses sentiments, ainsi que ses propres résistances intérieures. C'est un véritable travail psychique. Mais aussi, c'est en s'appuyant sur son contre-transfert, à la fois dans ses composantes psychiques et corporelles (ennui, confusion, tristesse, envie de dormir...), que le psychanalyste pourra se repérer dans le fonctionnement psychique de son patient. Ainsi le patient est-il touché psychiquement par son psychanalyste et ce dernier est touché psychiquement par son patient. Ce phénomène est même utilisé pour la cure, il est le moteur du processus analytique et la condition nécessaire à une interprétation juste.

La fameuse neutralité bienveillante

Parler de la neutralité bienveillante du psychanalyste en séance ne signifie pas que ce dernier n'éprouve pas d'affects. Cela signifie que les affects du psychanalyste sont suspendus et ne sont pas déchargés dans un agir au cours de la séance. Pour autant, la neutralité n'aboutit pas à une neutralisation de la psyché, comme le souligne Patrick Miller : « La compréhension et l'intelligibilité ne peuvent jamais, d'un point de vue psychanalytique, venir du dehors et être appliquées à un matériel qu'il s'agirait de déchiffrer et de traduire. Il faut que s'établisse d'abord une expérience de l'autre qui en passe par un toucher psychique qui lui-même procède d'un lien vital [8]. »

L'attendrissement

La relation psychanalyste-patient est donc une relation intersubjective comme les autres relations humaines. Elle est traversée par des sentiments complexes qui l'entravent ou, au contraire, la facilitent et, en particulier, par la tendresse du psychanalyste. Carlos, premier jeune malade souffrant d'un sida que j'ai rencontré en tant que psychanalyste, m'a beaucoup appris à ce propos.

Par tous les moyens, Carlos désirait ne pas laisser indifférents ses soignants, les toucher, et même les séduire. Quand il fut hospitalisé, il les « recevait », selon ses propres termes, allongé sur son lit, savamment déshabillé, enroulé dans un châle chatoyant et agitant un éventail. Il soulignait fréquemment d'un compliment une particularité vestimentaire ou physique d'un soignant. Il se disait aussi capable de deviner les pensées de ses soignants et semblait prendre un malin plaisir à les tenir à sa merci. Malheur au jeune interne qui avait eu le tort de tomber dans ses filets et qui lui avait confié ses propres difficultés psychologiques : à la première minime erreur professionnelle, Carlos le rejeta avec mépris. Une autre fois, il se sépara brutalement d'un de ses soignants en qui il avait confiance et qu'il jugeait compétent, mais qu'il ressentait comme trop amical et trop touché par sa maladie, trop fragile. Moi-même, sa psychanalyste, je ne fus pas épargnée, bien sûr, par les manœuvres de séduction de Carlos. Cependant, je me gardais toujours, je pense maintenant, dans l'après-coup, par tendresse pour lui, d'annuler son pouvoir de séduction et, par-là même, de lui infliger une blessure narcissique supplémentaire.

En effet, si Carlos multipliait tant les manœuvres de séduction c'était, entre autres, parce que très jeune il avait été soumis à des conduites violentes de la part de ses parents avant d'être abandonné par eux. Depuis lors, Carlos ne parvenait pas à se penser aimable. En outre, une fois l'autre séduit, ce dernier perdait de la valeur et devenait semblable à l'image méprisable que Carlos avait de lui-même.

J'expliquai donc à Carlos, à plusieurs reprises, que je reconnaissais et que je comprenais son besoin d'amitié et d'amour (dont il pourra lui-même avant de mourir comprendre les principaux ressorts, ce qui, dans une certaine mesure, l'apaisera). Cependant, à chaque explication j'ajoutai que, s'il avait certes besoin d'amis, il avait aussi tout autant besoin de soignants pour sa santé physique et de sa psychanalyste pour sa santé psychique, pour l'aider à vivre et à comprendre ce qui lui arrivait. Maintenant je ne serais pas honnête si je ne disais pas combien Carlos me touchait et combien je fus, jusqu'à sa mort et encore aujourd'hui, attendrie par lui.

La relation analytique nouée avec Carlos, qui a inauguré ma pratique de l'analyse avec les patients souffrant d'une infection par le virus du sida, a modifié de façon durable ma pratique de l'analyse avec tous les autres patients : d'autant plus de rigueur analytique que, par exemple, j'étais amenée à montrer, à exprimer ma tendresse, mon admiration pour le combat pour la vie de tel ou tel patient atteint d'une maladie dermatologique extrêmement invalidante ou d'un cancer du côlon en phase terminale. Et, en effet, la tendresse existe dans les mouvements contre-transférentiels qui sont aussi, bien sûr, nourris par le courant érotique ainsi que par la haine [9].

Le corps et la pensée

Bien souvent, le psychanalyste doit être, selon les termes de Didier Anzieu, un appui auxiliaire, exerçant symboliquement les composantes de l'attachement (sourire, solidité du partage, douceur du toucher, chaleur de l'étreinte, messages sensoriels et moteurs accompagnant la parole-nourriture, concordance des rythmes entre la mère et l'enfant). Quand les patients ne peuvent pas verbaliser leurs carences affectives précoces, « c'est leur

corps qui fournit à la séance d'analyse le matériel en donnant à voir, à sentir, à entendre, à toucher. L'analyste doit
alors transformer en utilisant la symbolisation [c'est-à-
dire la parole] les éprouvés corporels qui ont été émis à
son adresse. Cela nécessite donc chez lui une certaine disponibilité intérieure à éprouver dans son propre corps les
difficultés de son patient, car, le travail de l'analyste
allant du corps à la pensée, rien n'apparaît à l'esprit sans
qu'il ait été préalablement senti [10]. »

Ainsi, Éliane souffre d'un psoriasis très étendu. Elle
est là devant moi, souriante et comme abandonnée sur le
sable (au bord de la mer, ai-je envie de dire) ; le froid et
un sentiment de solitude m'envahissent. Après un
silence, avec un sourire implorant, elle me dit : « Posez-
moi des questions, sinon... » et elle s'arrête de parler. Je
répondrai au sourire et à la demande d'Éliane avec la
sensation de l'envelopper ainsi de tendresse et de chaleur. Je lui rappelle donc que lors de notre premier
entretien elle m'avait expliqué qu'avec ses enfants elle
parvenait à dire ce qu'elle avait envie de dire, ce qui
lui était impossible avec toutes les autres personnes.
Elle poursuit alors elle-même sur son agressivité qui
s'exprime trop facilement avec ses enfants. Songeuse,
elle me dit que peut-être avec ses enfants elle ne craint ni
la rupture ni l'abandon. C'est ainsi, dans ces conditions,
qu'elle a pu commencer à parler d'elle-même, et à penser
une souffrance infantile liée à des abandons et enfouie
depuis toujours.

Ainsi le vécu abandonnique infantile d'Éliane, avant
que nous le mettions toutes les deux ensemble en mots, je
l'ai d'abord éprouvé dans mon propre corps, lorsque le
froid et un sentiment de solitude m'ont envahie. Cet
éprouvé m'a poussée à « réchauffer » avec tendresse
Éliane en répondant par un sourire, une attitude cor-

porelle détendue et accueillante (j'étais assise dans un fauteuil face à elle) et des mots à sa demande de lui poser des questions. Je l'assurais ainsi de ma présence physique et psychique et je lui signalais, dans le même mouvement, que je n'étais pas prête à l'abandonner. Cependant, quand un peu plus tard dans sa psychothérapie analytique, Éliane, en début de séance, me demandera à nouveau de lui poser des questions, je pus alors lui proposer de plutôt penser à ce qui lui rendait si difficile le fait de me parler d'elle...

Tous ces soins psychiques pour des patients gravement carencés d'un point de vue affectif sont réalisés par des psychanalystes dans un cadre thérapeutique prévisible et sécure tant du point de vue de l'espace (en face à face) que du temps (toujours le même jour, à la même heure, toujours la même durée pour chaque séance) ; ils s'appuient sur, avant tout, évidemment, la parole mais aussi, donc, l'intonation de la voix, un sourire, une attitude. Ces soins psychiques font penser aux soins corporels réalisés par les mères des familles d'accueil d'enfants qui ont été séparés de leur propre famille parce qu'ils y étaient en danger physique et psychique tels que Myriam David les a décrits. Ainsi Mme M., qui vient d'accueillir Céline, bébé minuscule, terne et éteint, et qui se montre prévenante et douce dans ses gestes : « Avant de prendre Céline dans son lit, elle se penche sur elle, la prévient, recherche son regard, puis l'enveloppe de ses bras, avant de la soulever très lentement. Ceci afin de lui offrir une assise stable, avant de la décoller et éviter ainsi toute perte d'équilibre [11]. » Puis plus loin : « Durant tout le bain, soin que Céline n'apprécie pas du tout, Mme M. prévient Céline par la parole et par le geste de ce qu'elle va lui faire. Elle lui donne le temps de la percevoir, de s'y préparer, puis attend un début de réponse avant d'agir [12]. »

Une séance de psychothérapie analytique comme un bain, un bain de paroles, un bain de tendresse est parfois un préalable indispensable à la construction d'une solide assise tendre. C'est en s'appuyant sur une telle assise que certains patients parviendront à déployer ultérieurement, dans le jeu transféro-contre-transférentiel entre eux-mêmes et leur psychanalyste, des mouvements érotiques et haineux qui pourront alors, en temps voulu, être interprétés au sein d'un véritable travail analytique. En effet, en évitant la reconnaissance et l'expression de la haine, en particulier à son propre égard, le psychanalyste serait incapable de permettre au patient de penser cette haine et de la lier à l'amour pour un même objet distinct de lui et de découvrir de la détresse au-delà de la haine (comme ce fut le cas pour Wanda). Comme le dit Winnicott, « ce n'est que si nous avons été dévorés, usés jusqu'à la corde et exposés à des vols, que nous pouvons supporter à un degré moindre d'être aussi introjectés magiquement et d'être rangés au rayon des conserves dans le monde interne de quelqu'un [13] ». Indiquons, tout de même, à ce propos, que si les principales lignes de réflexion de cet ouvrage s'articulent autour de « être touché » et « être attendri », du côté du psychanalyste, cela ne veut, évidemment pas dire que tout analyste avec tout patient n'a pas affaire à tous les autres affects... Dans *La vie urgente*, Catherine Chatillon rappelle ainsi le coup de colère de Freud (tentant de se dégager d'une position maternelle dans le transfert) tel qu'il a été rapporté par sa patiente Hilda Doolittle : « Il a frappé sur mon coussin ou sur l'appui-tête du vieux divan sur lequel je m'allonge – je l'avais contrarié [14]. »

« *Tolérer la présence de l'autre* »

On souligne souvent, et en particulier dans la pratique analytique, la nécessité de savoir établir un contact, de garder un contact, d'avoir un bon contact. Au-delà de ces formules toutes faites, on peut dire avec Patrick Miller : « Le contact témoigne de la capacité à tolérer la présence de l'autre [15]. » Or le psychanalyste dont la présence en séance requiert « perméabilité, réceptivité, porosité » est celui, par excellence, qui se porte à la rencontre de l'autre pour l'accueillir, aussi différent soit-il de lui-même, grâce, ai-je envie de dire, à une enveloppe, à une peau poreuse.

Indissociable de ce qui, à travers le discours du patient, s'exprime ou rate à s'exprimer ou manque à s'exprimer la qualité du contact éprouvé avec un patient (aisé ou trop aisé, froid et/ou distant) s'impose au psychanalyste. À charge alors pour ce dernier de transformer ce ressenti, de l'élaborer en représentations psychiques qui l'amèneront à proposer une interprétation au plus près de la réalité somato-psychique de son patient. La colère de Yolaine, je l'ai d'abord perçue avant même que cette patiente me parle, à travers un changement du contact que j'avais l'habitude de ressentir avec elle. Secondairement mes représentations mentales m'ont permis de penser ce changement du contact puis de proposer une interprétation suffisamment juste pour aider, à son tour, Yolaine à penser. L'analysant, aussi, peut ressentir, lors d'une séance, le contact avec son psychanalyste comme différent de celui de la séance précédente. Cet analysant peut alors dire à son analyste : « aujourd'hui je vous trouve absorbé », ou « ailleurs », ou « découragé ».

Bien sûr, la plupart du temps, cet analysant projette son propre ressenti sur son analyste, mais parfois il peut ne pas se tromper... Avant de faire entrer une analysante dans mon bureau, je venais juste de recevoir un coup de fil de mon mari m'annonçant qu'il emmenait notre fils à l'hôpital pour une appendicectomie. Allongée sur le divan, après un long silence, cette femme me dit : « Vous me semblez inquiète. Vous avez peut-être reçu une mauvaise nouvelle. » Au lieu de dénier la justesse de la perception de cette patiente, je suis intervenue en disant : « Vous avez perçu que j'étais inquiète, mais je me demande pourquoi vous êtes si attentive à moi que vous ne pouvez plus parler de vous. » Renvoyée « en douceur » à son propre espace psychique, sans avoir donc reçu un démenti violent à propos de sa perception et, ainsi, encouragée à faire confiance en ses perceptions, à les penser et à penser, cette jeune femme évoqua le silence pesant qui s'était abattu sur sa famille au début de la maladie mortelle de sa mère.

Enfin, il est des circonstances propres au psychanalyste (par exemple, des événements traumatiques personnels) qui font que ce dernier n'est pas prêt à se laisser toucher par son patient. De telles circonstances posent d'ailleurs la question du choix du moment judicieux pour reprendre sa pratique de psychanalyste après leur traversée. Il m'est ainsi arrivé un jour de devoir arrêter ma pratique analytique plusieurs mois en raison d'un problème de santé personnel. Pendant quelque temps, après la reprise des séances avec mes différents patients, je remarquai que je n'étais pas toujours dans la relation transféro-contre-transférentielle, probablement encore attachée à un investissement narcissique de moi-même, me protégeant ainsi sans doute de la violence des affects liés à cette relation. J'abandonnai cette défense quand je me sentis moins fragile, capable de lier les projections hostiles de certains de mes patients, sans craindre un réveil de ma douleur psychique et... physique. Une problématique proche a été mise en scène avec beaucoup de tact par Nanni Moretti dans son film *La chambre du fils*, où un psychanalyste perd son propre fils à la suite d'une noyade.

Les mouvements affectifs

En fait, en dehors de la relation psychanalytique, dans toute relation soignant-malade le transfert et le contre-transfert existent : les deux partenaires de la relation soignante sont touchés l'un par l'autre, non seulement corporellement (par exemple, lors de la poignée de main inaugurant ou mettant fin à la consultation ou lors de l'examen clinique), mais aussi psychiquement. Ces deux touchers, répétons-le, sont indissociables. Combien de femmes disent d'un gynécologue que quand celui-ci les examine (la palpation des seins par exemple) il ne leur fait jamais mal alors qu'un autre, qualifié de « moins doux » ou de « plus brutal », va régulièrement leur faire mal. On peut entendre un discours similaire chez des hommes devant subir, régulièrement, par exemple, une palpation abdominale.

Toute relation soignant-malade est traversée par des mouvements affectifs complexes et variés, aussi bien du côté du malade que du côté du soignant. Dans ces conditions, un malade va imposer un certain style de relation à son médecin (un malade peut être obéissant, très observant, ne discutant jamais les prescriptions du médecin; un autre, au contraire, peut être sans cesse en opposition aux prescriptions et, au bout du compte à la personne même de son médecin). Quant au dermatologue, il est beaucoup sollicité par les maladies dermatologiques qui sont souvent visibles, affichantes et chroniques. Il peut être agacé, par exemple, face à un malade qui souffre d'une maladie qui ne guérit pas. En ces circonstances, se sentant atteint dans ce qui fait sa vocation de soignant (vaincre la maladie et... la mort), blessé dans son amour-propre, se sentant parfois visé personnellement par la « mauvaise volonté » évidente de son malade à ne pas vouloir guérir, le dermatologue, agacé puis parfois découragé, peut être tenté de baisser les bras, voire d'abandonner son malade risquant alors de répéter des abandons anciens qui ont eu souvent leur part dans le déclenchement de la souffrance somatique ou psychique, ou de rendre responsable le malade lui-même et non pas la maladie, de son échec thérapeutique. Et que dire de l'hostilité majeure et du rejet brutal que peut vivre un dermatologue avec une patiente pathomime dont il découvre, alors que bien souvent il s'est dévoué pour elle, qu'elle lui a toujours menti ?

Si le dermatologue veut éviter d'être touché par une telle découverte et que même la relation thérapeutique en soit touchée « à mort », selon les propres termes d'une collègue dermatologue, il faut alors réfléchir à sa malade, en terme de souffrance psychique. C'est dans ces conditions que le dermatologue, touché différemment par son malade, peut retrouver en lui-même des sentiments qui, quel que soit le mode d'expression de cette souffrance, protègent en quelque sorte la relation soignant-malade et, donc, les démarches diagnostique et thérapeutique : tendresse, modestie, patience, tolérance, respect d'autrui considéré comme un sujet à part entière et jamais seulement comme un malade, empathie, sans oublier le plaisir à exercer son métier de soignant, plaisir souvent stimulé par la capacité à questionner son savoir, à s'étonner et à inventer et ce, quel que soit le malade que l'on rencontre et même si « ce malade n'est pas un beau malade ».

La tendresse des soignants du corps

C'est vrai que la tendresse du dermatologue est, tout particulièrement sollicitée. Son regard découvre souvent des peaux vieillissantes, meurtries, monstrueuses même ; les gestes du dermatologue vont, en les touchant, aller à la rencontre de ces peaux pour savoir de quel mal elles souffrent, puis pour les soigner et ainsi, pour apaiser, par la même occasion, ceux qui les habitent.

Faire bien et simplement

Fanchon, la malade de Micheline Enriquez, trouve ainsi de l'aide auprès « d'un coiffeur qui, ayant remis un peu d'ordre dans sa chevelure, lui choisit, en attendant que celle-ci repousse (Fanchon, en une nuit, s'était arraché la moitié de ses cheveux), une perruque plutôt seyante » et « auprès d'un dermatologue averti qui lui pansait régulièrement ses plaies (Fanchon avait sur le visage des boutons purulents qu'elle grattait beaucoup) sans en faire une affaire d'État ou un objet de recherche de pointe, mais plutôt comme on donne avec tendresse et efficacité des soins corporels à un enfant malade [16] ».

Malheureusement, certains soignants, sans jamais en prendre conscience, peuvent être dépourvus de toute tendresse et cela peut apparaître au détour d'une attitude ou d'un mot blessant pour leurs malades. Ainsi, Diane rencontre un gynécologue qu'elle ne connaît pas, plutôt que sa gynécologue habituelle, parce qu'elle se sent vaguement honteuse, selon ses propres termes, d'avoir à montrer des petites lésions ressemblant à des verrues, situées au niveau de la région vulvaire. En fait, Diane souffre de condylomes acuminés, tumeurs épidermiques bénignes provoquées par un virus nommé *Human Papilloma Virus*. Le gynécologue rencontré n'est pas très bavard, mais Diane elle-même se sent tendue, peu confiante et même sur la défensive. C'est en cours d'examen gynécologique, accompagné d'une colposcopie et d'un prélèvement histologique, que le gynécologue lui dit brutalement qu'elle a des « crêtes de coq » (terme argotique pour les condylomes acuminés). Diane sent alors brutalement ses joues rougir et les larmes lui monter aux yeux. Elle pense confusément que le terme de « crête de coq » n'est pas un terme médical et elle le reçoit comme une insulte. Après l'examen elle ne parviendra pas à prêter attention aux explications du gynécologue et elle ne posera aucune question.

Il faut aussi manquer beaucoup de tendresse pour dire « la vérité » à un malade qui ne la demande pas sous prétexte que maintenant les malades ont « le droit de savoir » le diagnostic et le pronostic de leur maladie. Ne vaudrait-il pas mieux ne plus penser en termes de « dire ou non la vérité », mais plutôt penser avec Élisabeth Kübler-Ross, psychiatre et psychanalyste américaine, en ces termes : « Ce que je sais sur ce malade, comme vais-je le partager avec lui [17] ? » C'est seulement avec une telle disposition de pensée que sera évité l'écroulement des fragiles défenses qu'un malade a construites pour lutter contre l'angoisse intolérable d'une mort annoncée.

Quand la mort se fait attendre

J'ai rencontré, en septembre 2001, en entretien, un malade en véritable état de stress posttraumatique comme on le voit chez les survivants d'un attentat ou d'une catastrophe naturelle qui ont, selon leurs propres termes, vu la mort. Plusieurs mois avant notre rencontre, un médecin avait diagnostiqué chez ce malade une affection somatique très grave et lui avait affirmé qu'il allait mourir avant juillet 2001. Or nous étions en septembre 2001, ce malade était là, bien vivant devant moi, les larmes aux yeux et son diagnostic venait même d'être modifié entraînant un pronostic beaucoup moins sombre. Ce malade devait donc réapprendre à vivre, à faire des projets et surtout à supporter les modifications des contacts qu'il avait récemment noués avec les différents membres de sa famille : ceux-ci n'étaient plus en effet aussi disponibles pour lui que lorsqu'il allait mourir...

On le constate donc, le manque de tendresse chez un soignant ne lui permet pas d'avoir de l'empathie pour son patient, c'est-à-dire la capacité à comprendre et à partager la souffrance de ce dernier tout en restant, bien sûr, et c'est fondamental, à sa place de soignant. Seules la tendresse et l'empathie permettront au soignant, quel qu'il soit, d'accepter les découragements et les révoltes de ses patients (qui s'expriment, notamment par l'envie soudaine de « tout arrêter »), mais aussi ses désirs (par exemple, celui de faire son traitement le matin plutôt que le soir tant il commence très tôt à travailler) ainsi que ses doutes et ses craintes (« mais, docteur, comment est-ce possible qu'au XXIe siècle on en soit encore à mettre des crèmes pour traiter des maladies de peau ? » ou bien

« appliquer sur la peau des corticoïdes, n'est-ce pas très dangereux ? »). Mais aussi la tendresse et l'empathie permettront aux soignants d'apprendre de leurs patients leurs astuces et leurs « trucs » pour combattre, à leur façon la maladie – astuces et trucs qu'ils pourront eux-mêmes conseiller à d'autres malades moins inventifs ou plus découragés.

Être compris par son médecin est le rêve, parfois réalisé, de tout malade. J'ai ainsi le souvenir ému d'un malade qui est venu m'embrasser avec chaleur à la fin d'un exposé sur la relation médecin-malade que j'avais fait pour une association de malades...

Le dermatologue face à la demande esthétique

Les sentiments contre-transférentiels d'un dermatologue qui s'occupe de cosmétologie et d'esthétique sont sollicités de façon très importante puisque, dans ces conditions, l'imaginaire est au centre de la relation médecin-malade. Une personne qui vient avec une demande d'ordre esthétique est dans l'attente et à la recherche d'un geste plus ou moins miraculeux du dermatologue auquel il s'adresse. Un tel geste pourrait, par exemple, masquer une dermatose, enlever un élément disgracieux du visage ou du corps, effacer les ravages provoqués par le temps qui passe (de la chute des cheveux aux rides). Si, en de nombreuses occasions, le dermatologue peut répondre de façon satisfaisante à de telles demandes, dans d'autres cas il en est rigoureusement incapable.

LES RIDES ET LES FAILLES PSYCHIQUES

Le dermatologue ne peut pas effacer définitivement les rides. Il est contraint à répéter régulièrement le geste qui les efface (par exemple, par une injection locale de collagène). Mais chemin faisant, s'il allie ce geste technique à un accueil plus global de sa patiente, il peut permettre à cette dernière d'intégrer peu à peu en elle-même les modifications de son corps vieillissant et ainsi les accepter comme faisant partie d'elle. Le dermatologue est aussi incapable, par un geste technique qui rendrait la peau parfaite et donc sans failles, de masquer des failles psychiques anciennes et secrètes. Je me souviens de Zoé, qui m'avait été adressée par son dermatologue. Quand elle me rencontre, c'est une svelte et jolie femme blonde, habillée avec élégance et raffinement d'un chemisier chatoyant et d'une minijupe plissée noire. Elle a 48 ans et elle m'explique combien elle lutte contre le vieillissement depuis déjà de très nombreuses années. C'est un combat acharné de tous les instants qui est devenu, au fil du temps, un combat désespéré qui, selon ses propres termes, la vide de toute son énergie.

Zoé est le fruit des amours brèves d'une fille de ferme et d'un forain. Elle n'a jamais connu son père et elle s'est toujours sentie rejetée par sa mère. Dès la majorité atteinte, Zoé a quitté, pour ne plus jamais les revoir, son pays natal, son milieu modeste, sa famille et elle s'est installée à Paris. Puis, pour son malheur, dit-elle, elle a épousé un homme de dix ans plus jeune qu'elle, cultivé et raffiné. Un vrai intellectuel, ajoute-t-elle. Ils n'ont pas désiré d'enfant. Depuis son mariage, Zoé lutte contre le vieillissement mais aussi pour maintenir une apparence sans faille, empêchant le moindre dévoilement de ses origines qualifiées de honteuses par elle-même (elle découvrira ceci en cours de psychothérapie). Elle ne se montre jamais, à qui que ce soit, sans son maquillage, ce qui la contraint à inventer sans cesse de nouvelles ruses avec son mari ; elle suit des régimes épuisants, elle se fait colorer les cheveux tous les quinze jours, elle utilise des kilos de crème sur son visage et sur son corps...

En parlant de son corps qui vieillit et se dégrade, Zoé parle aussi d'elle, de l'image qu'elle a d'elle-même et de celle qu'elle voudrait offrir au regard des autres. En s'adressant aux dermatologues, Zoé leur demande, comme Dorian Gray au Diable, de la faire habiter un corps et une peau inaltérables, capables de masquer éternellement aux yeux de tous des failles psychiques, anciennes et secrètes. Ces failles sont incompatibles avec le Moi que s'est fabriqué Zoé et qui la représente : un Moi tyrannique ne tolérant aucune imperfection physique ou psychique. On conçoit aisément que, dans ces conditions, la demande de Zoé (et de tant d'autres) d'habiter une peau et un corps inaltérables ne puisse pas être satisfaite en tant que telle par les dermatologues seuls.

LES DÉFAUTS QUI N'EXISTENT PAS

Le dermatologue est aussi incapable de réparer un défaut cutané qui n'existe pas... sauf dans l'imaginaire du patient. C'est ainsi qu'il n'est pas rare qu'un jeune homme, par exemple, rencontre un dermatologue parce qu'il a la conviction inébranlable d'avoir une peau anormale, dans son ensemble, ou des follicules pilo-sébacés infectés ou une pilosité anormale, alors que ce médecin ne constate aucune lésion cutanée. De telles préoccupations anormales concernant l'esthétique du corps (appelées dysmorphophobies) peuvent prendre un caractère délirant : la réassurance apportée par le dermatologue ne parvient pas à calmer les angoisses du malade et à lui faire abandonner ses idées erronées en contradiction avec la réalité.

Un tel jeune malade est alors à la recherche d'un dermatologue qui réaliserait le geste technique qui le soulagerait de sa souffrance dermatologique. Mais ce geste n'existe pas puisque la souffrance de ce malade est, en fait, psychique. Dans ces conditions, on peut facilement comprendre combien le dermatologue a un travail ardu à réaliser : faire accepter à ce jeune malade une double prise en charge, à la fois dermatologique et psychologique pour, au bout du compte, lui faire prendre conscience de sa souffrance psychique.

Angelo, 23 ans, me rencontre après plusieurs consultations avec des dermatologues qui, me rapporte-t-il, lui ont dit qu'« il n'avait rien ». Or Angelo, qui est un grand jeune homme filiforme, pâle et blond, a la conviction qu'il est couvert d'une abondante pilosité brunâtre. Il veut absolument une épilation électrique de tous ses poils et, me précise-t-il, il n'est pas fou. Pendant l'entretien, Angelo prend conscience, fort heureusement ai-je envie de dire, qu'il est aussi déprimé. Il explique sa dépression comme étant la conséquence de son hyperpilosité. Moi, je pense le contraire, mais je ne dis rien. Je m'attache plutôt avec Angelo à repérer quand ces idées à propos de sa pilosité sont apparues. En fait, ces idées sont apparues au moment du divorce de ses parents quand il a appris que son père était homosexuel. Lui-même, à ce moment-là, entrait dans l'adolescence et se posait beaucoup de questions quant à sa sexualité.

Avec Angelo, nous avons passé un contrat... Il était suivi sur le plan psychologique... puisqu'il était déprimé et il avait des séances d'épilation électrique avec un dermatologue que je connaissais, auquel j'avais expliqué la situation clinique et qui consentait à réaliser un geste technique certes inutile médicalement mais qui était le préalable à un suivi psychologique cohérent et efficace. Un an après cet entretien, je reçus une petite carte postale d'Angelo (il habitait la province) me disant qu'il avait arrêté les « séances d'épilation électrique » devenues pour lui inutiles, mais qu'il poursuivait les « séances de psychiatrie ». Il faut dire qu'un tel dénouement, aussi rapide, n'est pas la règle et que le dermatologue est souvent longtemps seul pour amener de tels malades à un suivi psychologique.

Geste technique et soin psychique

Pour éviter l'émergence entre le dermatologue et la personne qui demande un geste technique à visée esthétique de malentendus, déconvenues, rancœurs, il est important de ménager un temps pour parler et un temps pour penser avant la réalisation de ce geste technique. Le dermatologue n'est pas un personnage tout puissant capable de créer une beauté imaginaire et de faire revenir les amours envolées. Personne ne doit s'y tromper... Un geste technique à visée esthétique ne peut pas être un banal passage à l'acte dispensant le sujet de toute réflexion sur ses motivations plus ou moins conscientes et sur lui-même. Il est donc nécessaire, en ces circonstances aussi, de joindre la parole au geste. Les consultations qui précèdent la réalisation d'un geste technique à visée esthétique sont importantes pour sceller une alliance, exposer les techniques employées, les résultats escomptés, évoquer la douleur et... parfois... surseoir à ce qui était envisagé... Et, en effet, un geste technique à visée esthétique n'est pas toujours indispensable.

En posant un regard tendre et bienveillant sur leurs malades, en écoutant leurs plaintes esthétiques, qu'elles leur semblent justifiées ou non, ou en sachant amener leurs malades à exprimer ces plaintes sans honte, en proposant à ces derniers, avec tact et en en mesurant le poids économique, des solutions esthétiques raisonnables et adaptées à chacun d'eux, les dermatologues peuvent aussi aider leurs malades à embellir l'image qu'ils offrent aux autres. Le rôle du dermatologue est donc fondamental dans la réconciliation du sujet avec son corps. Cette réconciliation est souvent le premier pas de la réconciliation de ce sujet avec son image de soi et de ses retrouvailles avec une estime de soi qu'il croyait perdue.

De même, une séance de psychothérapie analytique peut remplacer une séance dans... un institut de beauté ou un geste esthétique plus sophistiqué. Au cours d'une séance de psychothérapie analytique particulièrement importante et émouvante, Béatrice parvient à retrouver et à m'exprimer les violences subies, tant physiquement que verbalement, dans l'enfance, de la part de ses parents. Elle comprend mieux alors l'origine de ses fantasmes sadomasochistes qui la troublaient tant. Béatrice se sent très soulagée après une telle prise de conscience. Au début de la séance suivante, elle me rapporte en souriant les réflexions de trois collègues, alors qu'elle revenait à son bureau après sa séance : « Qu'est-ce que tu as fait à ton visage ? Il paraît si reposé ! Quelle crème as-tu appliquée sur ta peau ? Tiens, tu t'es fait faire un masque à l'heure du déjeuner... »

Épilogue

Peau somatique et peau psychique, enveloppe somatique et enveloppe psychique se renvoient les unes aux autres. Le toucher, ce virtuose de l'équilibre entre ce qui est permis et ce qui est interdit, entre tendresse et sexualité, a des implications corporelles, affectives et psychiques. Les dermatologues et les psychanalystes sont donc faits pour... s'entendre. Et, au bout du compte, ce sont les malades qui bénéficient d'une telle entente. Que ces malades souffrent de leur peau ou de leur psychisme ou des deux à la fois.

Si les dermatologues et les psychanalystes sont faits pour s'entendre, le toucher et la parole sont, tout au long de notre vie, des compagnons inséparables pouvant s'épauler l'un l'autre. Théa-Hélène Fua l'a illustré de façon poignante dans son livre *La double rencontre. Le corps et la parole*, où la cure d'un jeune homme n'est possible que parce qu'elle a le courage d'associer, en les alternant de façon régulière et imposée par elle, des séances de psychanalyse et des séances de relaxation [1].

Pour chacun d'entre nous, les moments heureux ou malheureux où la parole manque ou ne suffit pas à exprimer notre tendresse, ainsi que tous nos autres affects, y compris notre désir sexuel, jalonnent notre vie : la naissance d'un enfant, celle d'un amour, le partage d'une émotion artistique, celui d'une indignation, l'approche de la mort... Ces moments nous poussent à recourir à des registres sensoriels variés, parfois abandonnés depuis longtemps, pour parvenir à exprimer toutes les nuances de notre affectivité : une main tenue, une main serrée, une épaule entourée, un corps enlacé... En atteste le témoignage de cette infirmière des soins palliatifs qui écrit : « Ce corps-à-corps, qui fait le quotidien des infirmières et des aides-soignantes, me paraissait bien banal lorsque j'ai fait mes études il y a de bien nombreuses années ; d'ailleurs, il paraît sûrement bien banal à beaucoup d'entre nous, puisqu'on a coutume d'appeler " soins de base ", tout ce qui représente les soins d'hygiène et de nursing ; ils sont la base, en effet, d'un contact relationnel qui dépasse très largement ce que l'on y met d'intentions au départ. On pourrait, en soins palliatifs, les qualifier de primordiaux ou d'essentiels, car c'est à travers le corps et les soins dont il fait l'objet que la qualité de ce qu'il lui reste à vivre va s'exprimer le mieux, plaisir, bien-être, estime de soi, amour des siens et amour des autres [2]. » Jusque dans les derniers moments précédant la mort, la tendresse, l'amour, le plaisir et la vie peuvent parvenir à rester entremêlés par l'intermédiaire de la peau et du sens qui lui est le plus intimement lié, le toucher.

J'ai évoqué l'importance du plaisir de penser partagé par les soignants et par les malades. Or le plaisir de penser, rappelons-le, naît toujours et d'abord dans l'épaisseur de notre chair. Penser, c'est organiser en perceptions et transformer en représentations mentales les excitations, les sensations corporelles. C'est dans ce mouvement de transformation que le psychisme se constitue. Comme le rappelle Freud, « il faut se souvenir que toutes les représentations sont issues de perceptions, qu'elles en sont des répétitions [...]. La pensée possède la capacité de rendre à nouveau présent ce qui a été une fois perçu, par reproduction dans la représentation, sans que l'objet ait besoin d'être encore présent au-dehors [3]. » On pourrait dire que le toucher, inséparable des autres sens, et, en particulier, du regard, donne son poids de tendresse, mais aussi de sexualité, de chair donc, à la parole, à l'écoute, à la relation intersubjective, à la pensée, à l'inconscient, surtout à une époque où les rencontres corps à corps risquent de plus en plus souvent d'être remplacées par des rencontres virtuelles sur Internet. Le plaisir de penser s'éveille dès que l'enfant et le personnage maternel partagent le plaisir des premiers échanges tactiles et il s'épanouit dans le plaisir d'être soi, dans le plaisir d'aller à la rencontre des autres, dans le plaisir d'être avec les autres.

La peau contient tous ces plaisirs, y compris le plaisir de penser, elle en est la messagère. Les liens dynamiques et sans cesse remodelés noués entre la peau, le toucher, la tendresse, la sexualité, le plaisir, la pensée, nous permettent de réaliser notre projet de vie le plus fondamental : habiter notre corps et penser en toute sécurité avec plaisir. Certains échouent dans la réalisation de ce projet et en souffrent physiquement ou psychiquement. Seule la rencontre avec un psychanalyste qui, lui-même, incarnant véritablement la psychanalyse, a su garder en lui vivants et opérants les liens noués entre la peau et le toucher, le plaisir et la pensée, peut aider ces sujets souffrant à trouver des voies pour comprendre leurs échecs et leur souffrance et pour retrouver les plaisirs mêlés de la peau, du corps et de la pensée.

Ainsi, Fanny, à la fin de sa psychothérapie analytique, m'explique combien la parole analytique a libéré en elle la tendresse. En effet, la qualité de son intimité avec son mari a changé. Fanny se trouve plus tranquille, plus douce, plus tendre avec lui. Au petit matin, par exemple, elle se blottit plus volontiers dans ses bras, que survienne ou non, par la suite, une relation sexuelle. Fanny me dit aussi qu'elle peut maintenant accueillir son mari tel qu'il est. Elle ne lui reproche plus ce que, en fait, elle se reprochait à elle-même et elle ne lui en veut plus de ne pas pouvoir colmater ses propres difficultés psychologiques à elle. Au bout du compte, je pense que c'est aussi la tendresse, bien tempérée, qui me soutient moi-même dans les psychothérapies analytiques de patients plus ou moins gravement malades, aussi bien physiquement que psychiquement. Née de la peau et du toucher, pour se porter vers l'autre, la tendresse est ce qui fait lien entre la dermatologie et la psychanalyse.

Notes bibliographiques

AVANT-PROPOS

Souvenirs, souvenirs

1. Widlöcher D., « L'hystérie dépossédée », *Nouvelle Revue de psychanalyse*, 1978, 17, p. 86-87.
2. Green A., Interview par Fine A. et Smadja C., *Revue française de psychosomatique*, 2000, 17, p. 165.
3. *Dictionnaire historique de la langue française*, sous la direction de Rey A., Le Robert, 1999, p. 3787.
4. Laplanche J., Pontalis J.-B., *Vocabulaire de la psychanalyse*, sous la direction de Lagache D., PUF, 1971, p. 483.
5. Freud S. (1912), « Sur le plus général des rabaissements de la vie amoureuse », in « Contributions à la psychologie de la vie amoureuse », in *La Vie sexuelle*, trad. fr. Berger D., Laplanche J. *et al.*, PUF, p. 55-65.
6. France A. (1894), *Le Lys rouge*, Le Livre de Poche, 1972, p. 59.
7. Freud S. (1919), « Les voies nouvelles de la thérapeutique psychanalytique », in *La Technique psychanalytique*, trad. fr. Berman A., PUF, 1975, p. 137.

CHAPITRE PREMIER

À la surface

1. Maupassant (de) G. (1881), « Histoire d'une fille de ferme », *in La Maison Tellier. Une partie de campagne et autres nouvelles*, « Folio Classique », 2001, p. 87.
2. Starobinski J., *Le Corps, miroir du Monde, Voyage dans le musée imaginaire de Nicolas Bouvier*, Zoé, 2000, p. 123.
3. Melissopoulos A., Levacher C., *La Peau. Structure et physiologie*, E. M. Inter, 1988.

4. Kiecolt-Glaser J. K., Marucha P. T., Malarkey W. B., Mercado A. M., Glaser R., « Slowing of wound healing by psychological stress », *Lancet*, 1995, 346 : 1194-1196.

5. Garg A. G., Chren M. M., Sands L. P. *et al.*, « Psychological stress perturbs epidermal permeability barrier homeostasis », *Arch. Dermatol.*, 2001, 137 : 53-57.

6. Roustang F., *La Fin de la plainte*, Odile Jacob, 1999, p. 23.

7. Rosenzweig M. P., Leiman A. L., Breedlove M. (1996), *Psychobiologie*, trad. et adapt. fr. Bonaventure N., Will B., De Boeck Université, 1998, p. 265.

8. Sifneos P. E., « Psychosomatique, alexithymie et neurosciences », *Rev. Franç. Psychosom.*, 1995, 7, p. 28.

9. *Le Monde*, 26 août 2001.

10. Misery L., *La Peau neuronale. Les nerfs à fleur de peau*, Ellipses, 2000, p. 53-55.

11. Dagognet F., *Philosophie d'un retournement*, Encre marine, 2001, p. 23-24.

12. « La vie quotidienne d'un poil à gratter », *Chroniques atypiques et atopiques*, journal de l'Association française des patients atteints de dermatite atopique, 17 mai 2000.

13. Wolfromm J.-D. (1978), *Diane Lanster*, Grasset, « Les Cahiers Rouges », 1999, p. 55-56.

14. Douleur exquise : douleur aiguë, localisée en un point très précis, Mais aussi l'adjectif « exquis » signifie : très bon, très beau ou très délicat.

15. France A. (1894), *Le Lys rouge*, Le Livre de Poche, 1972, p. 259.

16. Rosselin V., Grivet-Seyve M., Girard F., « L'analyse sensorielle », *Les Nouvelles Dermatologiques*, 2000, 19, 8, 607-610.

17. S. Foucart, « Les ordinateurs à la conquête des sens artificiels », *Le Monde*, 5 juillet 2000.

18. Merleau-Ponty M., 1962, *Le Visible et l'Invisible*, Gallimard, « Tel », p. 308.

19. Anzieu D., « La machine à décroire », *Nouvelle Revue de psychanalyse*, 1978, 18, p. 162.

20. Loisy (de) D., « Du reflet à la grotte ou l'émergence d'un double interne? », *Psychanalystes*, 1989, 32, p. 45.

21. Winnicott D. W. (1971), *Jeu et réalité. L'espace potentiel*, trad. fr. Monod C. et Pontalis J.-B., Gallimard, 1975, p. 188.

22. Stendhal (1830), *Le Rouge et le Noir*, Flammarion, 1964, p. 77-79.

23. Laurrent É., *Ne pas toucher*, Minuit, 2002, p. 181.

24. Chrétien J.-L., *L'Appel et la réponse*, Minuit, 1992, p. 128-129.

25. Rosenzweig M. P., Leiman A. L., Breedlove M. (1996), *Psychobiologie*, trad. et adapt. fr. Bonaventure N. et Will B., De Boëck Université, 1998, p. 265.

26. Woolf V. (1925), *Mrs Dalloway*, Gallimard, « Folio Classique », 1994, p. 115.

27. Diderot D. (1749), *Lettre sur les aveugles*, Flammarion, « GF », 1972, p. 114.

28. *Ibid.*, p. 102.

29. Bergson H., (1934), *La Pensée et le mouvant*, in *Œuvres*, PUF, 1970, p. 1382.

30. Laurrent É., *op. cit.*, p. 164-165.
31. Diderot D., *op. cit.*, p. 87.

CHAPITRE II

La peau malade

1. Guillet G., *L'âme à fleur de peau. Rites, croyances et signes*, Albin Michel, 1995, p. 83 et 84.
2. Wallach D., « Jean-Louis Alibert (1768-1837) », *Clinical and Experimental Dermatology*, 2000, 25 : 90-93.
3. Lipsker D, Chosidow O, Grosshans E., « Lésions élémentaires de la peau : séméiologie cutanée », *Encycl. Med. Chir.* (Éditions scientifiques et médicales Elsevier SAS, Paris), *Dermatologie*, 2000, 98-O45A10, p. 1.
4. *Ibid.*, p. 3.
5. Dagognet F., *La Peau découverte*, Les Empêcheurs de penser en rond, 1993, p. 47.
6. *Ibid.*, p. 34.
7. Lahfa M., *Tacrolimus*, in *Thérapeutique Dermatologique*, coordonné par Louis Dubertret et coll., Flammarion, 2001, p. 1209-1214.
8. Gupta M.A., Gupta A.K., « Depression and suicidal ideation in dermatologic patients with acne, alopecia areata, atopic dermatitis and psoriasis », *Br. J. Dermatol*, 1998, 139 : 846-850.
9. Kent G., Al-Abadie M., « The Psoriasis Disability Index further analyses », *Clin. Exp. Dermatol.*, 1993, 18 : 414-416.
10. Rapp S.R., Feldman S.R., Exum M.L., Fleisher A.B., Reboussin D.M., « Psoriasis causes as much as disability as other major medical disease », *J. Am. Acad. Dermatol.*, 1999; 41 : 401-407.
11. Fortune D.G., Main C.J., O'Sullivan T.M., Griffiths C.E., « Quality of life in patients with psoriasis-specific stress », *Br. J. Dermatol.*, 1997, 137 : 755-760.
12. Benazeraf C., *Les Chagrins de la peau*, Grasset, 1994, p. 169.
13. Brocq L., Jacquet L., « Note pour servir à l'histoire des nevrodermites », *Ann. Derm. Syph.*, 1891, 78 : 273-291.
14. Besnier E., Brocq L., Jacquet L., *La pratique dermatologique. Eczéma*, tome II, Masson, 1901.
15. Fredet L., « Alopécie complète à la suite d'une frayeur », *Arch. Gen. Med.*, 1879, 740.
16. Sabouraud R., « La séborrhée grasse et la pelade », *Annales de l'Institut Pasteur*, 1897, 11 : 134-159.
17. Lambergeon S., « Contribution à l'étude de la psycho-dermatologie somatique », thèse de Médecine, 1949, Paris.
18. Degos P., *Dermatologie*, Flammarion, 1953.
19. Graciansky P. (de), Stern E., « Analyse psycho-somatique de quelques dermatoses et en particulier de l'eczéma », *Sem. Hôp. Paris*, 1950, 44 : 2127-2133.
20. Groddek G., 1923, *Le Livre du Ça*, trad. fr. Jumel L., NRF, « Connaissance de l'Inconscient », 1974, p. 217.

21. Bolgert M., Soulé M., « Étude clinique et psychosomatique de 200 cas de psoriasis », *Sem. Hôp. Paris*, 1955, 22 : 1251-1261.

22. Graciansky P. (de), Poligny O. (de), « Dermatologie psychosomatique », *Encycl. Méd. Chir., Dermatologie*, 1973, *12965 A10*.

23. Marty P., M'Uzan M. (de), David C., *L'investigation psychosomatique*, PUF, 1936.

24. Gupta M.A., Gupta A.K., Shork N.J., Ellis C.N., « Depression modulates pruritus perception : a study of pruritus in psoriasis atopic dermatitis and chronic idiopathic urticaria », *Psychosom. Med.*, 1994, 56 : 36-40.

25. Régnier C., 2001, *Petite histoire de l'acné*, in *Cahier Pratique des Informations Dermatologiques et Cosmétologiques*, 2001, 57, p. 7.

26. Poli F., « Acnés », in *Traité de Médecine interne*, dirigé par Godeau P., Herson S., Piette J.-C., Flammarion, 1996, 755.

27. Halioua B., « Une pathomimie chez un lutteur? », *Bulletin d'esthétique dermatologique et de cosmétologie*, 2002, 10 (3) : 83-84.

28. Zachariae R., Bjerring P., « Increase and decrease of delayed cutaneous reactions obtained by hypnotic suggestions during sensitization. Studies on dinitrochlorobenzene and diphenylcyclopropenone », *Allergy*, 1993, 48 : 6-11.

29. Fawzy F.I, Fawzy N.W, Hyuncs, Elashoff R., Guthrie D., Fahey J.L., Morton D.L. 1993 Malignant melanoma. Effects of an early structured psychiatric interventi on, coping, and affective State on recurrence and survival 6 years later. Archives of General Psychiatry 50(9) : 681-689.

30. Bronzage plus sûr qu'avec le soleil, en français

31. Oliphant J.A., Foster J.L., Mc Bride C.M., « The use of commercial tanning facilities by suburban Minnesota adolescents », *Am. J. Public. Health.*, 1994, 81 (3) : 476-478.

32. Boldeman C., Jansson B., Nilsson B., Ullen H., « Sunbed use in Swedish Urban Adolescents related to behavioral characteristics », *Prev. Med.*, 1997, 26 : 114-119.

33. De Luca E., (1998), *Tu, mio*, trad. de l'italien par Valin D., Rivages poche / Bibliothèque étrangère, 2000, p. 12-13.

34. Robinson J.K., Rigel D.S., Amonette R.A., « Trends in sun exposure knowledge, attitudes, and behaviors », 1986 to 1996, *J. Am. Acad. Dermatol.*, 1997, 37 (2) : 179-186.

35. Beasley T.M., Kittel B.S., « Factors that influence health risk behaviors among tanning salon patrons », *Eval Health Prof*, 1997, 20 (4) : 371-388.

36. Chosidow O., « Urgences dermatologiques », *traité de Médecine interne* dirigé par Godeau P., Herson S. Piette JC., Flammarion, 1996, 685-687.

CHAPITRE III

L'art du toucher

1. Racine J. (1677), *Phèdre*, « Folio », 1997, vers 273.
2. Wharton E., (1928), *Ethan Frome*, 10/18, 1993, p. 84.

3. *Dictionnaire historique de la langue française*, sous la dir. de Alain Rey, 2, Le Robert, 1999, p. 3859-3860.
4. Derrida J., *Le toucher*, Jean-Luc Nancy, Galilée, 2000, p. 117-120.
5. Le Roy Ladurie E., « La peau – prétexte ou le toucher royal des écrouelles », *Prospective & Santé*, 1983, 27, p. 11.
6. *Le Corps, miroir du Monde. Voyage dans le musée imaginaire de Nicolas Bouvier*, sous la dir. de Jean Starobinski, Zoé éd., 2000, p. 75.
7. Enriquez M., Du corps en souffrance au corps de souffrance, *Champ Psychosomatique*, 19, 2000, p. 36.
8. Guillet G., *L'âme à fleur de peau. Rites, croyances et signes*, Albin Michel, 1995, p. 166.
9. Faure M., « Psyché et peintures », *Les Nouvelles dermatologiques*, 20, 2001, 8 p. 519.
10. Serres M., *Les Cinq Sens*, Grasset, 1995, p. 33.
11. Quilleriet A.-L., *Les ailleurs de la mode*, Le « Monde » du 15 août 2000.
12. Brunel J., supplément du *Monde* consacré à la mode masculine, 3 mars 2001.
13. Baricco A., *Soie*, Albin Michel, 2000, p. 106.
14. Clérambault (de) G.G., *Passion érotique des étoffes chez la femme*, Les empêcheurs de penser en Rond, 1991, p. 12.
15. *Ibid.*, p. 46.
16. *Ibid.*, p 105.
17. Tronche A., *Les Enneigés blessés*, Gina Pane, exposition du 22 janvier au 4 mars 2000, Le Mans, Beaux Arts, École supérieure, Le Mans.
18. Jelinek E., (1983), *La Pianiste*, trad. Hoffmann Y. et Litaize M., J. Chambon, 1988, p. 222.
19. Starobinski J., *op. cit.*, p. 45.
20. Steinbeck J., (1937), *Des souris et des hommes*, trad. fr. Coindreau M.E., Gallimard, « Folio », 2000, p. 38.
21. *Ibid.*, p. 145.
22. Gamblin J., *Le toucher de la hanche*, Le Dilettante, 1997, p. 22.
23. *Ibid.*, p. 32.
24. Conrad J., (1912), *Un sourire de la fortune*, trad. par Lamolle O., Autrement, 1996, p. 106-107.
25. Montagu A., (1971), *La Peau et le Toucher. Un premier langage*, trad. de l'anglais (Etats-Unis) par Erhel C., Seuil, 1979, p. 189.
26. *Ibid.*, p. 190.
27. Jourard S.M., « An exploratory study of body accessibility », *British Journal of Social and Clinical Psychology*, 1996, 5 : 221-231.
28. Field T., « Preschoolers in America are touched less and are more agressive than preschoolers in France », *Early Child Development and Care*, 1999, 51 : 11-17.
29. Kraemer G.W., « Effects of differences in early social experience on primate neurobiological – behavioral development » *in* Psychobiology of Attachment and Separation, Reite M. et Field T., eds, 1985, p. 135-137.
30. Rogeness G.A., Javors M.A. et Pliska S.R., « Neurochemistry and child and adolescent psychiatry », *Journal of the American Academy of Child and adolescent Psychiatry*, 1992, 31 : 765-781.

31. Kuhn C., Schanberg S., Field T. Symanski R., Zimmerman E., Scafidi F. et Roberts J., « Tactile/kinesthetic stimulation effects on sympathetic and adrenocortical function in preterm infants », *Journal of Pediatrics*, 1991, 119 : 434-440.

32. Ironson G., Field T., Kumar A., Price A., Kumar M., Hansen K. et Burman I., « Relaxation through massage is associated with decreased distress and increased serotonin levels », *International Journal of Neuroscience*, 1995.

33. Sirota A., *Jeux de mains, jeux de vilains : une initiative pour refuser le cours des choses, la violence et la loi du silence dans un collège*, 2000, 19, p. 91.

34. *Ibid.*, p. 100.

35. Sacher Masoch (von) L. (1870), *La Vénus à la fourrure*, trad. de l'allemand par Willm A., *in* Deleuze G., présentation de Sacher Masoch, 1973, 10-18, Minuit, p. 187.

36. *Ibid.*, p. 188.

37. Laxenaire M., Diligent J.-M., « L'homme tatoué », *Prospective & Santé*, 1983, 27 : 59-60.

38. Fauveau A., « Le piercing à l'adolescence », université Paris-VII, mémoire de maîtrise de psychologie clinique et psychopathologique, sous la direction du Pr. G. Harrus, 1999, p. 10.

39. *Ibid.*, p. 3.

40. Table ronde autour du livre *Exil et Torture* de Viñar M. et M. in « Psychanalystes Techniques du corps, tabou du toucher », *Revue du Collège de Psychanalystes*, 1989, 32, p. 110.

CHAPITRE IV

Un besoin vital

1. Montagu A., (1971), *La Peau et le Toucher. Un premier langage*, Seuil, 1979, p. 16-17.

2. Gordon T.P., Gust D.A., Wilson M.E., Ahmed-Ansari A., Brodie A.R., McClure H.M., « Social separation and reunion affects immune system in juvenile rhesus monkeys », *Physiol. Behav.*, 1992, 51 (3) : 467-472.

3. Laudenslager M., Capitanio J.-P., Reite M., « Possible effects of early separation experiences on subsequent immune function in adult macaque monkeys », *Physiol. Behav.*, 1987, 142 (7) : 862-864.

4. Ironson G., Field T., Scafidi F., Hashimoto M., Kumar M. *et al.*, « Massage therapy is associated with enhancement of the immune system's cytotoxic capacity », 1996, *Int. J. Neurosci.*, 84 (1-4) : 205-217.

5. Rosenblatt J.-S., « Hormone-behavior relations in the parental behavior », 1992, *in* Becker J.B., Breedlove S.M., Crews D., (eds.) MIT Press, p. 219-259.

6. Leboucher G., « Pourquoi et comment les animaux s'occupent-ils de leurs enfants ? » *in L'attachement. Perspectives actuelles*, sous la direction de Cupa D., 2001, p. 19-27.

7. Harlow H.F., « The nature of love », *American Psychologist*, 1958, 13 : 673-685.

8. Le Camus J., « La place du père dans la théorie de l'attachement », in *L'attachement. Perspectives actuelles*, sous la dir. de Cupa D., 2001, p. 61-62.

CHAPITRE V

Le Moi corporel

1. Anzieu D., *Le Moi-peau*, Dunod, 1985, p. 141.
2. Cahn R., *La Fin du divan ?*, Odile Jacob, 2002, p. 89.
3. Barruel F., « Pour extraire le verbe de la chair », « Réflexions sur le toucher thérapeutique » in *L'activité de la pensée. Emergences et Troubles*, Dunod, 1994, p. 204.
4. Freud S., Breuer J., (1895), *Études sur l'hystérie*, trad. de l'allemand par Berman A., PUF, 1971, p. 37.
5. *Ibid.*, p. 36.
6. *Ibid.*, p. 48.
7. *Ibid.*, p. 78.
8. *Ibid.*, p. 79.
9. Freud S., (1910), À propos de la psychanalyse dite « sauvage » in *La Technique psychanalytique*, PUF, 1975, p. 41.
10. Ferenczi S., (1928), « Élasticité de la technique psychanalytique », trad. fr. par l'équipe du Coq Heron in *Psychanalyse IV. Œuvres complètes*, Payot, 1996, p. 55.
11. Ferenzi S. (1933), « Confusion de langue entre les adultes et l'enfant », trad. fr. par l'équipe du Coq Heron in *Psychanalyse IV. Œuvres complètes*, Payot, 1996, p. 127.
12. *Ibid.*, p. 127.
13. Green A., (1990), *La Folie privée. Psychanalyse des cas-limites*, Gallimard, 2001, p. 28.
14. Cahn R., « Le procès du cadre ou la passion de Ferenczi », *Revue Française de Psychanalyse*, 1983, 47 (5) : 1107-1134.
15. Lehman J.-P., « L'expérience du toucher peut-elle être un apport pour le psychanalyste ? » in « Psychanalystes – Techniques du corps. Tabou du toucher », *Revue du Collège de Psychanalystes*, 1989, 32, p. 25.
16. Freud S., Breuer J., (1895), *Études sur l'hystérie*, PUF, 1971, p. 109.
17. André J., « Borderline transfert » in *Transfert et états limites*, PUF, p. 15.
18. Little M. (1985), « Lorsque Winnicott travaille dans des zones où dominent les angoisses psychotiques – un compte-rendu personnel » in *Transfert et états limites*, PUF, 2002, p. 124.
19. Fua T.H., *La double rencontre : le corps et la parole*, préface de Anzieu D., coll. PGI, 1989, p. 11.
20. Winnicott D.W. (1971), « Jouer. Proposition théorique », in *Jeu et réalité. L'espace potentiel*, trad. fr. Monod C. et Pontalis J.-B., Gallimard, 1976, p. 72.
21. Dolto-Tolitch C., entretien avec Sempe J.-C. et Lemaigre B.,

« L'haptonomie n'est pas une technique corporelle », in « Psychanalystes. Techniques du Corps ». Tabou du Toucher », *Revue du Collège de Psychanalystes*, 1989, 32, p. 58.

22. Sapir M., « Place de la relaxation à induction variable », in *Relaxation. Actualité et Innovation*, sous la dir. de Marvaud J., 1995, L'Esprit du temps, p. 124.

23. Freud S., *Le Moi et le Ça*, (1923) in *Essais de Psychanalyse*, trad. sous la dir. de Bourguignon A., Payot, p. 264.

24. Dejours C., *Le corps, d'abord. Corps biologique, corps érotique et sens moral*, Payot, 2001, p. 183.

25. Freud S. (1912), « Sur le plus général des rabaissements de la vie amoureuse », in « Contributions à la psychologie de la vie amoureuse », *in La vie sexuelle*, trad. fr. Berger D., Laplanche J. *et al.*, PUF, p. 57.

26. Fredriksson M. (1994), *Hanna et ses filles*, trad. fr. Gibson A., « J'ai lu », 2001, p. 26.

27. Michaux H., *L'Espace du dedans. Mes propriétés*, Gallimard, « Poésie », 1929, 12, 998, p. 76.

28. Freud S., *Trois essais sur la théorie de la sexualité*, trad. fr. par Reverchon-Jouve B., Gallimard, 1905, p. 133-34.

29. Parat C., « Avatars du " courant tendre " freudien », *Revue Française de Psychanalyse*, 3, PUF, 1992, p. 788.

30. Anzieu D., « La peau : du plaisir à la pensée », in *L'Attachement*, sous la dir. de Zazzo R., Delachaux et Niestlé, 1996, p. 48.

31. Candilis-Huisman D., Bydlowski M., « Apaisement et emmaillotement des nourrissons, essai d'interprétation », *Gynécologie et Psychosomatique*, 1997, 13 : 5-10.

32. Bainbridge K., Heath A., « Massages pour mon bébé », Hachette, 2000.

33. Hermann I., (1943), *L'Instinct filial*, Denoël, 1972.

34. Bowlby J., « Attachement et perte. I – L'attachement », trad. fr. Kalmanovitch J., Panafieu B. et Weil D.E., PUF, 1978.

35. Cupa D., « La pulsion d'attachement selon Didier Anzieu et la relation de Tendresse », in *L'attachement. Perspectives actuelles*, EDK, p. 97-119.

36. Anzieu D., « L'épiderme nomade et la peau psychique », *Apsygée*, 1990, p. 127.

37. Cupa D., « La pulsion d'attachement selon Didier Anzieu et la relation de Tendresse », *op. cit.*

38. Freud S., *Trois essais sur la théorie de la sexualité*, trad. fr. Reverchon-Jouve B., Gallimard, 1905, p. 100.

39. Golse B., La pulsion d'attachement : info ou intox ? In : L'attachement. Perspectives actuelles, sous la direction de Cupa D., EDK, 2001, p. 129.

40. Winnicott D.W., (1945), « Le développement affectif primaire » in *De la pédiatrie à la psychanalyse*, Petite bibliothèque Payot, 1976, p. 39-40.

41. Winnicott D.W., (1951-1953), « Objets transitionnels et phénomènes transitionnels », in *De la pédiatrie à la psychanalyse*, Petite bibliothèque Payot, 1976, p. 109-125.

42. Freud S., (1905), *Trois essais sur la théorie de la sexualité*, trad. fr. Reverchon-Jouve B., Gallimard, p. 74.

43. Freud S., (1905), Trois essais sur la théorie de la sexualité. Traduction française par Reverchon-Jouve B. Gallimard, p. 76.

44. Smadja C., *Etudes sur les précédés autocalmants. À propos des procédés autocalmants du Moi. La vie opératoire*, PUF, 2001, p. 219-266.

45. Szwec G., *Les galériens volontaires*, « Épîtres », PUF, 1998.

46. Winnicott D.W., (1956), « La préoccupation maternelle primaire » in *De la pédiatrie à la psychanalyse*, Petite bibliothèque Payot, 1976, p. 168-174.

47. David M. (sous la dir.), *Enfants, parents, famille d'accueil*, Érès, 2001, p. 29.

48. Cahn R., *La Fin du divan ?*, Odile Jacob, 2002, p. 47.

49. Thompson C., « Le contre-transfert est-il un cadre ? » in *Transfert et états limites*, sous la dir. de Jacques André et Caroline Thompson, PUF, 2002, p. 32.

50. Spitz R.A., *De la naissance à la parole, la première année de la vie*, trad. Flournzoy L., PUF, 1974, p. 171-185.

51. Freud S., (1910), « Perspectives d'avenir de la thérapeutique analytique », in *La technique psychanalytique*, trad. fr. Beman A., PUF, 1975, p. 31.

52. *Ibid.*, p. 214-218.

53. Fleutiaux P., *Des phrases courtes, ma chérie*, Actes Sud, 2001, p. 219.

54. Tustin F., (1991), « Vues nouvelles sur l'autisme psychogénétique. Traduction française Houzel D. » in *Journal de la psychanalyse de l'enfant*, 1995, Bayard, 17, p. 280.

55. Anzieu D., *Le Moi-peau* in *Nouvelle Revue de Psychanalyse*, Gallimard, 1974, 9, p. 195-208.

56. Fleutiaux P., *op. cit.*, p. 70.

57. Anzieu D., *Fonctions du Moi-peau. L'information psychiatrique*, 1984, 60 (8), p. 874.

58. Pontalis J.-B., *Perdre de vue*, Gallimard, « Connaissance de l'Inconscient », 1988, p. 278-279.

59. Anzieu D., *Le Moi-peau, op. cit.*, p. 136-155.

60. *Ibid.*, p. 155.

61. *Ibid.*, p. 144.

62. *Ibid.*, p. 128.

63. Le test de personnalité de Rorschach est composé de dix planches constituées chacune d'une tache d'encre symétrique noire ou de couleur face auxquelles le sujet examiné est invité à dire ce qu'il perçoit.

64. Corraze J., *De l'hystérie aux pathomimies*, Dunod, 1976, p. 218-221.

65. Cyrulnik B., *Les Vilains Petits Canards*, Odile Jacob, 2001, p. 259.

66. Kafka F., (1914), *La Colonie pénitentiaire*, trad. fr. Vialatte A. in *Œuvres Complètes*, II, Gallimard, « Pléiade », 1997, p. 308-309.

CHAPITRE VI

Histoires singulières

1. Gantheret F., « Remarques sur la place et le statut du corps en psychanalyse » in « Lieux du corps », *Nouvelle Revue de psychanalyse*, Gallimard, 1971, 3, p. 146.
2. Marty P., « La relation objectale allergique », *Revue française de psychanalyse*, 1958, 12 : 5-29.
3. Marty P. de M'Uzan M., David C., *Sept observations cliniques. L'investigation psychosomatique*, PUF, 1962.
4. Smadja C., 2001, *La vie opératoire. Etudes psychanalytiques*, PUF, p. 175.
5. de M'Uzan M., (1976), « Le travail du trépas » in *De l'art à la mort*, Gallimard. 1977, p. 182-199.
6. Schnitzler A., *Mourir*, trad. fr. Dumont R., Stock, 1986, p. 118.
7. Esterling B., Antoni M.H., Kumar M. *et al.*, « Emotional repression, stress disclosure responses, and Epstein-Barr vital capsid antigen titers », *Psychosomatic Medicine*, 1990, 52 : 397-410.
8. Pontalis J.-B., *Fenêtres*, Gallimard, 2000, p. 19.
9. Winnicott D.W. (1934), « Urticaire papuleuse et sensations cutanées » in *L'enfant, la psyché et le corps*, trad. fr. de Michelin M. et Rosuz L., Payot, 1999, p. 210-225.
10. Green A. (1976), « Un autre, neutre : valeur narcissique du même » in *Narcissisme de vie, narcissisme de mort*, Minuit, 1982, p. 67-68.
11. Press J., « Mécanismes de répression, travail de contre-transfert », *Revue française de psychanalyse*, PUF, 2001, p. 92.
12. *Ibid.*, p. 92.
13. Anzieu D., « Machine à décroire : sur un trouble de la croyance dans les états limites », *Nouvelle Revue de psychanalyse*, 1978, 18, p. 165.
14. Pontalis J.-B., « Se fier à... sans croire en... », *Nouvelle Revue de psychanalyse*, Gallimard, 1978, 18, p. 9.
15. Cournut J., « Le problème économique des sentiments », in « Psychosomatique & modèles théoriques », *Revue française de psychosomatique*, 1995, 7, p. 55.
16. Roussillon R., « Quelques remarques épistémologiques à propos du travail psychanalytique en face à face », in *Psychothérapies psychanalytiques*, PUF, 1999, p. 67-76.
17. Field T., Peck M., Krugman S., Tuchel T., Shanberg S., Kuhn C., Burman I., « Burn injuries benefit from massage therapy », *Journal of Burn care and Rehabilitation*, 1998, 19; 3 : 241-244.
18. Field T., Henteleff T., Hernandez-Reif M., Martinez E., Mavunda K., Kuhn C., Shanberg S., « Children with asthma have improved pulmonary functions after massage therapy », *The Journal of Pediatrics*, 1998, 132 (5) : 854-856.
19. De Luca E., (1998), *Tu, mio*, trad. de l'italien par Valin D., Rivages poche/Bibliothèque étrangère, 2000, p. 12-13.

CHAPITRE VII

Pour une tendresse bien tempérée

1. Cournut J., « Le problème économique des sentiments » in « Psycho-somatique & Modèles théoriques », *Revue française de psychosomatique*, 7, PUF, 1995, p. 38.

2. Freud S., « Perspectives d'avenir de la thérapeutique analytique » in *La Technique Psychanalytique*, PUF, 1910, p. 27.

3. Ferenczi S., (1928), « Élasticité de la technique psychanalytique », trad. fr. par l'équipe du Coq Heron in *Psychanalyse IV. Œuvres complètes*, Payot 1996, p. 160.

4. *Ibid.*, p. 61.

5. *Ibid.*, p. 60.

6. Green A., Interview par Fine A. et Smadja C, *Revue française de psychosomatique*, 2000, p. 169-170.

7. Quinodoz D., *Des mots qui touchent*, PUF, p. 190.

8. Miller P., *Le Psychanalyste en séance*, PUF, « Épîtres », 2001, p. 60 et p. 137-138.

9. Parat C., « Avatars du " courant tendre " freudien », *Revue française de psychanalyse*, PUF, 1992, 3, p. 788-789.

10. Cupa D., « La pulsion d'attachement selon Didier Anzieu et la rela-tion de tendresse » in *L'attachement. Perspectives actuelles*, sous la direction de Cupa D., EDK, 2001, p. 114-115.

11. *Le bébé, ses parents, leurs soignants*, sous la direction de David M., Érès, 2001, p. 145.

12. *Ibid.*, p. 146.

13. Winnicott D.W., (1954-1955), « La position dépressive dans le déve-loppement affectif normal » in *De la pédiatrie à la psychanalyse*, trad. fr. Kal-manovitch J., Petit Bibliothèque Payot, 1976, p. 167.

14. Chatillon C., « Éclats d'humeur » in *La Vie urgente*, Autrement, « Le fait de l'analyse », p. 89 et p. 93.

15. *Ibid.*, p. 134.

16. Enriquez M. 1980, « Du corps en souffrance au corps de souf-france » in *Champ psychosomatique*, 2000, 19, L'Esprit du temps, p. 39.

17. Kübler-Ross E., *On death and dying*, Tavistock Publications, 1969.

Épilogue

1. Anzieu D., Préface au livre de Fua T.H., La double rencontre. Le corps et la parole, Cesura Lyon Eds., 1989, p. 12.

2. Dian J., « Les soins du corps. Ils déterminent la qualité des derniers moments de la vie », Revue *du Praticien. Médecine Générale*, 1992, 6 (189), p. 22.

3. Freud S., (1925), « La négation », in Résultats, idées, problèmes, II, 1921-1938, trad. fr. sous la direction de Bourguignon A., Cloet P., Laplanche J., Robert F., PUF, 1985, p. 137.

Remerciements

C'est Willy Pasini que j'ai rencontré plusieurs fois, ici ou là, à l'occasion de congrès, qui a eu l'idée de me demander d'écrire un livre.

Ce livre, donc, a été nourri par mon propre travail analytique ainsi que par les rencontres avec les patients et par les échanges noués avec des collègues dermatologues, internistes et des collègues psychanalystes.

Marie-Lorraine Colas m'a encouragée avec chaleur tout au long de son écriture.

Enfin, seule Pascale Van Vaeck pouvait avoir assez de patience pour m'aider à résoudre mes conflits avec la technologie moderne et, en particulier, avec les ordinateurs.

Que toutes et tous soient ici remerciés.

Table

Cet ouvrage a été composé et imprimé par

FIRMIN DIDOT

GROUPE CPI

Mesnil-sur-l'Estrée

pour le compte des Éditions Odile Jacob
en avril 2003

Imprimé en France
Dépôt légal : avril 2003
N° d'édition : 7381-1277-X – N° d'impression : 63126